Rotweinlaunen
Die elegante Form von Schnapsideen

Über die Autorin:

 Jour Bromann wurde 1965 in Helmstedt geboren und ist derzeit Inhaberin eines kleinen, feinen Restaurants an der Elbe. Jour Bromann ist verheiratet, hat drei erwachsene Kinder und drei Enkel. ›Rotweinlaunen –
die elegante Form von Schnapsideen‹
ist ihr erster Roman.

Dieses Buch ist ein autobiografischer Roman. Ich habe es so geschrieben, wie ich koche: Ich nehme gute Zutaten und ein Rezept. Dann werde ich jedoch kreativ. Ich würze da ein wenig anders als im Rezept, verändere das Mengenverhältnis und improvisiere, wo mir Zutaten fehlen. Ziel ist es, ein ausgewogenes, schmackhaftes Gericht zu servieren.
Die beste Grundzutat ist mein Leben. Dann aber füge ich hinzu oder lasse weg, schmücke aus oder glätte ein wenig, damit meine Leser ein spannendes, interessantes Buch in der Hand halten und gar nicht aufhören können … zu essen … also zu lesen. Bitte den Rotwein dazu nicht vergessen!
  Jour Bromann, im Oktober 2022

JOUR BROMANN

Rotweinlaunen

Die elegante Form von Schnapsideen

Das Buch

Jour Bromann beschließt bereits als kleines Mädchen, eines Tages auf einem Bauernhof zu leben. Sie heiratet sehr jung einen Bauern, hadert mit altbackenen Traditionen und verwirklicht schließlich ihren Traum im Osten – nach der Wende. Der frühe Krebstod ihres Mannes zwingt sie, die Führung des großen Bauernhofes zu übernehmen. Sie kämpft gegen Vorurteile und miese Geschäftspraktiken. Sie kämpft gegen Behörden und Machos. Kämpfen kann sie – gemeinsam mit drei Kindern. Sie verliert dabei nie ihren Humor und hat Spaß am Leben. Aber Jour sucht auch eine neue Liebe.

Ihre Leidenschaft bleibt immer die Landwirtschaft. Sie kann nicht nur, gegen alle Unkenrufe, den Hof erhalten, sie vergrößert und modernisiert ihn auch. Schließlich kann ihr ältester Sohn den Hof übernehmen. Sie verlässt ihr Lebenswerk – den Wunsch, eines Tages zurückzukehren nimmt sie mit.

Ein neues, ungewohntes Leben, immer neue Herausforderungen. Sie landet im Big Business, kommt als Coach weit herum und eröffnet schließlich ein Restaurant. Das Heimweh nach dem Hof ist ihr heimlicher Begleiter. So bleibt sie auf der Suche, bis sich … Fortsetzung folgt.

Viele Personen, Orte, Geschehnisse und Handlungen sind fiktiv.

Für Mieste

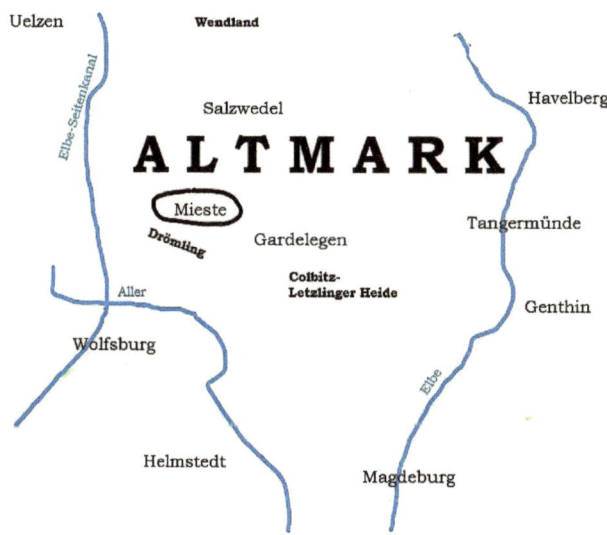

Inhalt

Prolog

Es ist Sonntag, der 30. Oktober 2022, neun Minuten nach drei in der Nacht.

Ich habe soeben beschlossen, ein Buch zu schreiben. Für mich, für meine Kinder und Enkel. Vielleicht auch für die Öffentlichkeit.

Oft habe ich mir vorgestellt, wenn ich einmal ein Buch schriebe, begänne es mit den Worten: Ich hatte eine Farm in der Altmark. Angelehnt an den Film und das Buch ›Jenseits von Afrika‹, die mit den Worten ›Ich hatte eine Farm in Afrika …‹ beginnen.

Dieser Satz – in der deutschen Fassung gesprochen von Hallgeard Bruckhaus, gespielt von Meryl Streep, geschrieben von der Dänin Karen Blixen als Autobiografie – beinhaltet so viel Wärme, Wehmut, Sehnsucht und Dankbarkeit, wie ich sie auch empfinde, wenn ich den Satz denke und meine Heimat in Gedanken vor mir sehe.

In diesem Buch erzähle ich meine Geschichte.

Ich heiße Jour Bromann und ich hatte eine Farm in Mieste.

Buch EINS

Wie kommt die Lehrerstochter zum Bauernhof

1 Schuld war der Spielzeugzoo

Im zarten Alter von vier Jahren lernte ich das Schwimmen. Das ist früh, aber unser Vater war unter anderem auch Sportlehrer, sein sportlicher Ehrgeiz war immer groß.

Damals, 1969, durfte ich mir anlässlich dieses Ereignisses etwas wünschen. Sofort wusste ich, was es sein sollte, denn ich hatte im legendären Quelle-Katalog mir längst den dortigen Spielzeug-Bauernhof auf Seite 405 ausgesucht. Ob meine Eltern nicht genau hingehört hatten oder sie dachten, mir wäre es egal und es käme mir nur auf die Tiere an; ich habe sie nie gefragt. Jedenfalls bekam ich einen Plastikzoo. Tiger, Giraffen und Nashörner anstelle von Kühen, Schweinen und Hühnern. Ich glaube, so wirklich enttäuscht war ich nicht, stellte aber fest, dass ich damit nicht richtig spielen konnte. Außerdem fiel der blöde Zaun immer um. Einen Bauernhof habe ich mir weiterhin gewünscht.

Natürlich nimmt man sich mit vier Jahren noch nicht bewusst vor, einen bestimmten Beruf zu ergreifen, aber ich hatte von klein auf dieses Bild im Kopf: Als Erwachsene würde ich in Gummistiefeln aus der Hintertür eines Bauernhauses treten. Ich tat in den folgenden Jahren alles, um dieses Bild zu verwirklichen. Es gab kurzzeitig den Wunsch, einmal Hebamme werden zu wollen. Für dieses Rollenspiel musste meine Mutter den Teddy unter den Pullover klemmen und dann »Liebling, ich glaube, es ist so weit, wir müssen los!« rufen.

Ja, meine Mutter war mein bester Kumpel. Als Nachkömmling hatte ich ihre besondere Aufmerksamkeit. Meine Schwester Katharina und mein Bruder Michael waren sechs und neun Jahre älter als ich und hatten schon andere Interessen. Vor allen Dingen waren sie vormittags in der Schule und ich hatte die ungeteilte Aufmerksamkeit meiner Mutter. Sie fing erst später wieder an zu arbeiten, als ich ebenfalls in die Schule kam. Gefühlt haben meine Mutter und ich jeden Tag im Sommer an dem kleinen, runden und sehr wackeligen Tisch in unserem großen Garten gefrühstückt. Aber erst nach dem Schwimmen, denn zuvor waren wir mit dem Fahrrad zum Freibad gefahren.

Frisches Brot und Erdbeermarmelade … das sind Kindheitserinnerungen an meine Mutter. Und Gummihandschuhe, Mutter trug bei der Hausarbeit oft Gummihandschuhe, und wenn sie mir die Nase putzte, roch es danach.

Mein Vater war streng und trotzdem liebevoll. Wünsche konnte er mir kaum abschlagen. Er fertigte für meine Freundin Andrea und mich je ein Steckenpferd an. Wochenlang sind wir mit ›Dora‹ und ›Polly‹, einer Picknickdecke, Schmalzstullen und selbst gemachtem Apfelsaft losgezogen.

Wir lebten in einem kleinen Dorf in der Nähe von Helmstedt, sehr ländlich und einsam, direkt an der sogenannten Zonengrenze. Meine Mutter warnte uns Kinder: »Geht dort nicht zu dicht an den Zaun, da sind die Russen.« Ich habe lange Zeit geglaubt, dass Russen sehr große, gefährliche Käfer sind, die dort hinter dem Zaun eingesperrt waren.

Die Themen Landwirtschaft und Bauernhof hatten sich in mir festgesetzt. Mein Vater bastelte mir ein Vogelhäuschen. Ich baute es um und stellte kleine Kühe und Pferde hinein. Woher diese Hinwendung zu Hoftieren kam, weiß niemand. Ich glaube nicht, dass es von dem kleinen Bauernhof in Ostpreußen kam, von dem mein Vater in der Kindheit geflohen war. Das brachte mir aber immerhin ein gewisses Verständnis meines Vaters für diesen Wunsch.

Mit zehn Jahren setzte ich alles daran, mich mit einer Bauerntochter in der Nachbarschaft anzufreunden. Da musste ich bereits über meinen Schatten springen und sie ansprechen. Ich bin einfach auf den Bauernhof gegangen und habe gewartet, bis sie herauskam. Als das endlich geschah, fragte ich sie, ob wir spielen wollten. Der Anfang meiner Landwirtskarriere war gemacht, als Angelika meine Freundin wurde. Täglich war ich dort, wir züchteten gemeinsam im alten Schweinekoben Meerschweinchen und Kaninchen.

Klassischerweise kam dann mit zwölf der Wunsch auf, Reiten zu lernen. Ich musste die Diskussion mit meinen Eltern führen, wie so viele andere Mädchen auch. Unter der Bedingung, dass ich auch Klavierspielen lernte, durfte ich schließlich Reitunterricht nehmen. Diese Logik habe ich damals überhaupt nicht verstanden. Aber ich wusste auch, wie beharrlich meine Eltern sein konnten, und fügte mich. Das eine habe ich geliebt, das andere gehasst. Auf den Reitunterricht habe ich mich gefreut, zur Klavierlehrerin bin ich wöchentlich mit großer Furcht gefahren, denn sie war sehr streng.

Das Hobby Reiten teilte ich mit meiner Schwester Katharina. Nach einem weiteren Jahr hatten wir unsere Eltern so weit, dass ein Pferd angeschafft wurde. Lotte hieß unser Pferd; es stand bei dem benachbarten Bauern, dem Kurt. Kurt war inzwischen geschieden und Angelika leider mit ihrer Mutter weggezogen. Sie kam nur noch regelmäßig zum Reiten auf den Hof.

Wegen tatsächlich eingeschränkter finanzieller Mittel oder als erzieherische Maßnahme musste ich mir das Futter für Lotte dort verdienen. So habe ich mit dreizehn angefangen, Rüben zu hacken, Stroh zu laden und Steine zu sammeln. Futterrüben zu ziehen und zu melken. Das wurde alles gar nicht in dem Umfang von mir verlangt, aber ich hatte Blut geleckt und war nicht mehr von dort wegzubekommen. Die Landwirtschaft bestand für mich nun nicht mehr nur aus Tieren. Die Arbeit auf dem Feld fand ich genauso interessant.

Die Schule, mittlerweile das Gymnasium in Wolfsburg, wurde zur absoluten Nebensache erklärt. Das konnte ich mir auch gerade so erlauben. Es reichte immer noch ohne Aufwand für einen guten Durchschnitt. Schularbeiten wurden im

Bus oder vor Schulbeginn gemacht … na ja … abgeschrieben. Mehr Ehrgeiz hatte ich nicht, hatte ich doch längst beschlossen, einen Bauern zu heiraten. Da war es mir lieber, das Melken vernünftig zu erlernen und Trecker zu fahren.

Der Weg zum eigenen Bauernhof konnte nur über Heiraten gelingen, das war mir klar geworden. Als Lehrer konnten mir meine Eltern keinen Bauernhof aus dem Hut zaubern. Auch Kurt sagte immer: »Jo, Mädel, du musst einen Bauern heiraten, am besten den Matthias hier aus dem Ort, der passt zu dir.«

Mit vierzehn Jahren habe ich den Bauern Kurt eine Woche lang vertreten. Morgens vor der Schule habe ich die neun Kühe gemolken und das restliche Vieh versorgt. Das Futter wurde von einem befreundeten Bauern, dem Otto, in den Stall gefahren; den Trecker durfte ich leider noch immer nicht auf der Straße fahren. Diesen Bauern Otto holte ich dann auch, als die Kuh Hedi kalben sollte. Modernes Gerät wie heute, den sogenannten Geburtshelfer, gab es noch nicht. Nur zwei Stricke mit Schlaufen, die an den Vorderbeinen des Kalbes befestigt wurden, an der einen und Querhölzern an der anderen Seite, an denen mit ganzer Manneskraft gezogen wurde. Bauer Otto zog direkt an der Kuh und ich dahinter. Ottos Frau war auch mit dabei. Das Ganze erinnerte so ein bisschen an das russische Märchen vom Väterchen, das Rüben gesät hatte und alle zur Ernte an der Rübe ziehen. Und natürlich fallen dann alle aufeinander. Das war mit uns und dem Kalb dann auch geschehen. Ich konnte wochenlang nicht sitzen, weil mir das Steißbein höllisch wehtat.

Mein Wunsch, eines Tages auf einem Bauernhof zu leben, war nicht zu ignorieren. Meine Eltern verhielten sich sehr diplomatisch. Direktes Ausreden würde nicht helfen, das hatten sie erkannt. Sie wählten eine andere Taktik. Unter einer Bedingung würden sie mir erlauben, vom Gymnasium abzugehen, um Landwirtschaft zu lernen: Ich sollte während der sechs

Sommerferienwochen auf einem fremden Bauernhof arbeiten. Mitten in der Lüneburger Heide, aber ohne jeglichen Feriencharakter. Ich war begeistert. Das gefiel mir besser als Campingurlaub mit meinen Eltern.

Und es wurde ein voller Erfolg. Das Leben auf dem Bauernhof fand ich trotz des Halb-fünf-Weckers jeden Tag immer noch absolut erstrebenswert. Kühe melken, Stroh einfahren, aber auch Johannisbeeren pflücken und Dorffeste feiern. Ich war bei allem dabei und bin noch viele Male in den Ferien dorthin gefahren. Meine Eltern hielten Wort. Sie sagten zu, dass ich mit der zehnten Klasse das Gymnasium verlassen dürfte, wenn ich es dann immer noch wollte. Das ist meinen Eltern bestimmt nicht leicht gefallen, aber gegen so viel Zielstrebigkeit kamen sie nicht an.

Die Bauernfamilie, bei der ich die Ferien verbracht hatte, hatte mir empfohlen, Hauswirtschaft zu lernen statt Landwirtschaft. Das wäre auf einem Hof sinnvoller für eine Frau. Das hatte ich dort auch so miterlebt, und ich fand den großen Haushalt mit Nutzgarten, Kleingeflügel auch toll. Marmelade kochen, Enten schlachten und immer für einen großen Tisch in der Küche zu kochen. Das gefiel mir, und ich besuchte, nach dem Schulabschluss ein Internat für ›Ländliche Hauswirtschaft‹ in Celle. Ich kam nicht vom Hof, meine Mitschülerinnen schon. Ich war verwundert über die etwas altbackene Art in diesem Internat. Es war traditionell ausgerichtet mit einer Morgenandacht, kirchlichen Liedern und Beten. Das war mir sehr fremd.

Die Art Uniform, die wir zu tragen hatten, widerstrebte mir gewaltig. Aber ich fügte mich und bin heute froh über diese Zeit. Sie hat mir nicht nur eine breite Kenntnis von Liedern gebracht, sondern auch Werte vermittelt, die ich aus meinem Elternhaus nicht kannte.

Bis dahin hatte ich zu Hause eine tolle Jugendzeit. Es gab

inzwischen mehr Pferdebesitzer bei Kurt auf dem Hof und somit war immer etwas los. Kurt selbst hatte eine kleine Hannoveraner-Zucht. Ich verbrachte meine gesamte Pubertät dort. Solange mir das keiner verbot, war ich eine sehr umgängliche Pubertierende.

Meine ersten Alkoholversuche habe ich auf Strohballen vor dem Stall angestellt. Damals war es noch kein Rotwein, sondern Apfelkorn, das Modegetränk. Die Flasche kreiste in unserer Runde. Wir haben lange Ausritte gemacht und gemeinsam Zäune gestrichen. Ich kann mich an keinen Zickenkrieg erinnern. Entweder gab es den nicht, oder ich habe ihn vergessen.

Es waren Andrea, Gabi, meine Schwester Katharina und ich, deren Pferde dort standen. Sonntags erschien der Reitlehrer Wilhelm Kranz, ein Kavallerist der alten Schule. Er kam, um Angelika, der Tochter des Hauses, das Reiten beizubringen, und wir durften mitmachen. Wilhelm Kranz war sehr streng, aber er brachte uns auch viel bei. In seinen altmodischen Reithosen mit einer langen Gerte unter dem Arm stand er auf dem Reitplatz und erteilte uns Anweisungen. Aber auch in der Woche war ich ohne Ausnahme im Stall. Meine Jugendzeit, das hieß also: Schule aus, Ranzen in die Ecke und ab in den Stall.

Den ersten Kuss meines Lebens bekam ich noch vor der Konfirmation, wenn auch nur eine Woche davor. Eines Sonntags im März war Matthias mit seinem Pferd zu unserem Reitunterricht gekommen. Das war eine Sensation in dem Mädelshaufen. Matthias war der Sohn des größten Bauern am Ort. Kurt hatte schon die richtige Vorahnung, als er, schon bevor ich Matthias kennenlernte, witzelte, ich solle den heiraten.

Matthias wurde meine erste große Liebe. Ich kann mich noch sehr gut an meine Unsicherheit erinnern. Matthias war drei Jahre älter als ich. Er kam auch zwischen den Reitstunden mit seinem blauen Mofa auf den Hof gefahren und wir alberten rum, neckten und foppten uns. Ein richtiger Flirt, aber das konnte ich zu dem Zeitpunkt nicht erkennen. Ich wusste nicht, was ein Flirt war.

Am Karfreitag lud er mich auf einen Spaziergang ein. Das war ungewöhnlich. Wer geht denn mit vierzehn spazieren? Aber ich war verliebt, nur wusste ich das nicht, denn ich hatte ja keine Ahnung, was das Kribbeln in meinem Bauch bedeutete. Die ›Bravo‹ war mir von meinem Vater verboten worden. Ab und zu las ich diese legendäre Jugendzeitschrift mal im Bus von einer Freundin. Zu Hause hätte ich mich damit nicht erwischen lassen dürfen. Mich interessierten auch nur die Foto-Lovestory und der Aufklärungsratgeber von Doktor Sommer. Viel Wissen konnte ich bei den wenigen Seiten, die ich las, nicht erlangen. So wichtig war es mir auch nicht; ich hatte andere Interessen.

Matthias wollte nun also mit mir spazieren gehen. Da ich nachmittags ohnehin immer im Stall verschwunden war, musste ich auch keinem sagen, wohin ich gehen würde. Es war nur etwas schwierig, in den hübschesten Klamotten das Haus zu verlassen, ohne blöde Fragen ertragen zu müssen.

Mein schönstes T-Shirt war weiß mit roten Blumen. Leider wurden wir mit Kleidung immer sehr knapp gehalten. Entweder war es die billige Ware oder meine Mutter konnte nicht waschen. Gefühlt war ich die Einzige, die ständig zu kurze T-Shirts trug. Das fand ich schon im Sportunterricht immer peinlich. Auch das besagte T-Shirt rutschte immer aus der Hose. So habe ich es kurzerhand für den Spaziergang mit Matthias mit einer Sicherheitsnadel befestigt. Eine blöde Idee, weil ich mich nicht richtig bewegen konnte, und am Ende zerriss das Shirt dann auch.

Es war warm, die Sonne schien und ich fühlte mich verliebt. Matthias zum Glück auch. Meine erste Jugendliebe bedeutete keine unglückliche, einseitige Schwärmerei, das weiß ich aus heutiger Sicht zu schätzen. Spaziergänge durch die Steinbrüche mit meinen Eltern hatten mich immer genervt. Mit Matthias wurde es wunderschön. Ich fühlte mich plötzlich erwachsen. Er legte zwischendurch immer mal wieder seinen Arm um meine Schulter. Das war so angenehm, aber auch so unge-wohnt, dass es mir fast peinlich war. Ich wusste einfach nicht, wie ich reagieren sollte. Das hat mir keiner beigebracht.

Ich meinen Kindern auch nicht, fällt mir gerade beim Schrei-ben auf.

Aber dadurch war es sehr, sehr aufregend. Aufregender als, viel später, der erste Sex.

Dann wollte Matthias mit mir Eis essen. Es gab im Ort eine Eisdiele, die ich natürlich kannte. Schon oft hatten wir uns dort ein Eis geholt. Was ich nicht kannte, war Eisessen gehen. Es war 1979 und unsere Eltern waren immer sehr sparsam in solchen Dingen. Ein Eis gab es auf die Hand. Oder ›Fürst-Pückler-Eis‹ aus der Packung zum Nachtisch am Sonntag. An-deres konnte ich mir nicht vorstellen.

So kamen wir an der Eisdiele an und Matthias verschwand durch die Tür. Ich war zwar verwundert und wartete, dass er wieder kam. Denn das Eis konnte man sich doch über den Straßentresen geben lassen.

Einen kleinen Moment später kam er auch wieder raus und fragte mich, wo ich denn bleiben würde. So bin ich, immer noch verwundert, mit hinein, sollte mich dort an einen Tisch setzen und ein Eis aus der Karte bestellen. Das war alles fremd für mich. Ich habe meinen ersten Eisbecher in einer Eisdiele mit meiner ersten Jugendliebe gegessen. ›Eis im Schatten‹, Va-nille mit Schokosoße und einem Fähnchen. Sehr aufregend.

Am folgenden Tag, dem Ostersamstag, wollten wir uns selbstverständlich wiedersehen. Wir wollten uns ständig wie-dersehen. Das war Sehnsucht, aber auch das war mir nicht klar. War man mit vierzehn tatsächlich so naiv oder war ich es nur? Hatte ich vor lauter Pferden und Kühen entscheidendes Wissen nicht mitbekommen? Ich hatte auf jeden Fall am Rande mitbekommen, dass sich die meisten meiner Klassenkameradinnen stundenlang über Popbands ausgetauscht und irgendwelche Poster, von denen an die Wand gepinnt hatten. Das hat mich nie interessiert. Bei mir hingen Hunderte Pferdepostkarten an den Wänden. Musik? Ich hatte von der Schlagerparade zwei Kassetten aufgenommen. Das war es. Wann sollte ich die auch hören? Ich war ja nur im Stall.

Ostersamstag wollten wir zum örtlichen Osterfeuer gehen, Matthias und ich. Offiziell sind wir mit der ganzen Stalltruppe hin. Matthias hat mich zweihundert Meter vor unserem Haus zur vereinbarten Zeit abgeholt, wie wir es am Vortag verabredet hatten.

In der leichten Dämmerung kamen wir beim Osterfeuer an. Die Sommerzeit gab es noch nicht und somit war die Sonne schon hinter dem Horizont untergegangen. Es war sehr romantisch, dort am Feuer zu stehen und im Schutz der Dunkelheit Händchen zu halten. Ich hätte es als ›schön‹ beschrieben, denn auch das Wort ›romantisch‹ kam mir mit gerade mal vierzehn noch nicht in den Sinn.

Auf dem Rückweg dann der erste Kuss. Wahnsinn, mir klopfte das Herz wie verrückt. Ungeschickt waren wir beide.

Zu Hause dachte ich, dieses einschneidende Ereignis müsse man mir doch ansehen. Ich bin in die Stube hinein, um Gute Nacht zu sagen, aber es schaute keiner der Familie richtig auf. »Hol mal für Oma noch eine Decke aus dem Schlafzimmer«, war die Ansage.

Nun ›gingen‹ Matthias und ich also zusammen. Das durfte aber keiner wissen, denn meine Eltern waren in manchen Dingen sehr streng. Ich war vierzehn und mein Vater, mittlerweile Schulleiter an unserer Schule, vor allem auf unseren guten Ruf bedacht. Das hätte viel Ärger gegeben.

Heimlich war es aber auch viel schöner. Matthias und ich

dachten uns eine Kommunikation aus, denn Matthias hat bei sich auf dem Hof mitgeholfen und konnte seine Zeit nicht frei einteilen. Wir konnten nicht einmal telefonieren. Stattdessen versteckten wir Zettelchen tief im Sattelschrank, weil sie kein anderer finden durfte. So habe ich nach der Schule, noch bevor ich zum Mittagessen nach Hause gegangen bin, im Stall nach dem sehnsüchtig erwarteten Zettelchen geschaut. Auf diesem Zettelchen las ich dann, wann und wo wir uns das nächste Mal treffen würden.

Matthias war meine große und unschuldige Jugendliebe. Wir haben im piksenden Heu rumgeknutscht und die Luft angehalten, wenn Kurt uns auf dem Heuboden beinahe erwischt hat. Ich habe mich abends noch spät mit Matthias getroffen, wenn meine Eltern ausgegangen waren. Einmal ging es meiner Mutter nicht gut und sie sind sehr früh wieder nach Hause gekommen. Das war haarscharf vor der Entdeckung, sie gingen hundert Meter vor mir und haben den Schlüssel innen in der Haustür stecken lassen, da sie alle im Haus wähnten. Zum Glück hatte meine große Schwester Katharina mein Problem erkannt und mich reingelassen, als die Luft rein war.

Das ging ein knappes Jahr so. Warum wir auseinandergegangen sind, weiß ich gar nicht mehr. Aber es war auf keinen Fall im Zorn, denn wir haben uns noch viele Jahre gut verstanden. Später hat er eine Freundin von mir geheiratet. So war das auf dem Dorf!

Nun musste ich wieder auf die Suche nach einem Bauern gehen. Inzwischen war ich fünfzehn und meine Eltern hielten mich für alt genug, zur Landjugend zu dürfen. Die hatte einen seriösen Ruf. Ich war dort auch inmitten unserer Stallclique, meine Eltern kannten sie alle. Ich denke, mir kam mein Nesthäkchen-Status zugute. Beim jüngsten von drei Kindern ist man nicht mehr so streng. Meine Geschwister hätten das noch nicht gedurft, das stand fest.

Aber so zogen wir durch den Landkreis von einer Fete zur nächsten. Jede Landjugendgruppe organisierte einmal im Jahr einen Landjugendball. Mit einer Live-Band. Das kann man sich heute gar nicht mehr vorstellen und schon gar nicht leisten. Das war auch die Gelegenheit, sich schick anzuziehen. Ich glaube, die Männer kamen sogar mit Krawatte. Wir Mädels jedenfalls im Kleid oder Rock. Selten mal in schicker Hose. Jeans wäre ein No-Go gewesen. Da es häufiger solche Bälle gab, habe ich angefangen, mir Kleider selbst zu nähen. Das fanden meine Eltern kreativ und nützlich für die Zukunft. Stoff durfte ich immer kaufen, Kleider fast nie. Besonders schön fand ich mich in einem gelben Wickelrock mit einem schwarzen Shirt.

Wir tourten an den Wochenenden übers Land und sind erst im Hellen wieder nach Hause gekommen. Meistens erst, nachdem wir ›Eierback‹ bei einem der Älteren von uns gemacht hatten. ›Eierback‹? Rührei mit Speck. Einer aus unserer Clique, Jörg, konnte bestens den gewürfelten Speck rückwärst über die Schulter in die Pfanne werfen. Das Kunststück haben wir alle bewundert und mit weniger Erfolg nachgeahmt. Fröhlich und manchmal albern. Das wurde mir von meinen Eltern erlaubt, da ich ja mit der, wie sie sagten ›seriösen‹ Landjugend unterwegs war. Vielleicht haben meine Eltern mehr gewusst oder geahnt, als sie zugaben. Wegschauen war einfacher, als Diskussionen zu führen.

Genauso habe ich es später bei meinen Kindern auch gehandhabt. Wenn nichts aus dem Ruder läuft, kann man ahnungslos spielen und ihnen den Spaß lassen.

Ich hatte auch die ein oder andere Liebelei in dieser Zeit, alles keine Bauern. Das war doof, aber nicht aussichtslos. Es gab zwar noch nicht ›Bauer sucht Frau‹, aber es war auch damals für Landwirte schon schwierig, Frauen für das Hofleben zu begeistern. Die jungen Landwirte waren fast alle in der Landjugend organisiert und daher auf den Landjugendbällen anzutreffen. Wenn ich dort erwähnt hatte, dass ich melken konnte, hatte ich den ganzen Abend Tänzer. Sehr oft wurde ich danach angerufen für ein weiteres Date, auch wenn das damals noch nicht Date hieß. Es gab keine Handys und die Anrufe liefen alle über meine Eltern, die davon ziemlich genervt waren. Ich aber war zufrieden, denn so hatte ich eine maximale Auswahl bei den Landwirten. Es wäre nur eine Frage der Zeit, bis der Richtige dabei wäre.

Dann sind wir mit der Landjugend auf das Schützenfest im Nachbarort zum Tanz gegangen: dem Heimatort von Johannes. Er fiel mir auch gleich auf, eigentlich fiel er immer allen gleich auf. Sehr groß und sehr südländischer Typ. Ein außergewöhnlicher Anblick. Woher diese südlichen Gene kamen, verschweigt die Kirchenchronik. Seine Mutter, meine spätere Schwiegermutter, war in jungen Jahren ebenso schwarzhaarig mit dunklem Teint. Ich konnte in dem Moment nicht ahnen, dass ich zum einen die große Liebe meines Lebens sah, zum anderen meine Bauernhof-Wünsche kurz vor der Erfüllung standen. Aber kennenlernen wollte ich ihn um jeden Preis. Zumal er auch gut tanzen konnte, wie ich sah.

So naiv wie drei Jahre zuvor war ich nun längst nicht mehr. Inzwischen war ich siebzehn und hatte schon einige Erfahrungen gemacht, die übers Knutschen hinausgingen. Ich passte also den Augenblick ab, in dem er mit seiner Tanzpartnerin in die Sektbar ging. Ich drängte daraufhin meinen Tanzpartner auch dorthin. Nun ein Gespräch mit Johannes anzufangen war ein Leichtes, den nächsten Tanz mit ihm zu tanzen dann schon logisch.

Ich konnte es kaum fassen, ich war am Ziel meines zwölf Jahre andauernden Traumes. Und dann sah der Bauer auch noch so verflixt gut aus. Mehr Glück im Leben konnte man schon nicht mehr haben.

Und das sehe ich heute immer noch so!

Ich war siebzehn und er vierundzwanzig. Wir waren unzertrennlich. Auch bei der Hofarbeit war ich dabei, solange es meine Zeit erlaubte. Es war für damalige Verhältnisse ein eher mittelgroßer Hof mit neunzehn Kühen und der dazugehörigen Nachzucht: ein kleiner Dreiseitenhof mit einem Bauernhaus, das direkt am Stall angebaut war. Wir konnten vom Flur in die Stiefelkammer gehen und von dort direkt in den Kälberstall. Das war durchaus üblich, jedoch mit dementsprechendem Duft verbunden. Und im Sommer mit Unmengen von Fliegen.

Schwere Handarbeit gehörte zum Alltag. Jeden Tag, dreihundertfünfundsechzig Tage im Jahr, musste die erledigt werden. Begeistert war ich immer dabei.

Nach einem halben Jahr bekam ich meinen ersten Heiratsantrag eher beiläufig in der Stiefelkammer zwischen Gummistiefeln und alten Jacken, als wir uns nach der Stallarbeit umzogen. So beiläufig wie die Feststellung, dass am nächsten Tag Mittwoch sei. Ich war nicht überrascht, denn beides war mir klar, dass es morgen Mittwoch werden und dass wir heiraten würden. Romantischen Firlefanz vermisste ich nicht.

Johannes hat dann offiziell und nach alter Sitte um meine Hand angehalten. Dafür haben wir Wiesenschaumkraut und andere Wiesenblumen gepflückt. Ich war zu Hause bei meinen Eltern, als Johannes klingelte. Meine Mutter erkannte durch die Blumen in seiner Hand und seiner ernsten Miene, dass er nicht nur mich besuchen wollte.

»Paul, Johannes ist da!«

Sie rief nach Vater. Mit einem komischen Unterton. Mein Vater sah gerade die ›Sportschau‹. Daran hätte ich auch denken können, das war ein unglücklicher Zeitpunkt. Meine Mutter wiederholte ihren Satz nachdrücklicher. »Paul, Johannes ist da!«

»Schön, möchte er ein Bier?«

Dann stellte meine Mutter den Fernseher aus und Johannes konnte seine Frage loswerden. Meine Eltern waren entsetzt. Sie fanden mich zu jung und die bäuerlichen Verhältnisse zu arm. Aber sie haben sich das nicht anmerken lassen und auch nicht einmal den Versuch unternommen, mich oder uns umzustimmen. Johannes' Eltern waren auch entsetzt, aber aus anderen Gründen. Sie fanden eine Lehrerstochter nicht standesgemäß; dabei waren das noch gar nicht die Vorurteile, die den Lehrern heute entgegengehalten werden. Sie waren der Meinung, ich würde nicht genug mitbringen und wäre nicht für die harte Arbeit auf dem Hof geeignet.

Das haben wir beide, Johannes und ich, aber nur vage wahrgenommen, denn wir waren so von unserer Liebe überzeugt, dass alles andere im Nebel war. Und direkten Widerstand gab es von unseren Eltern nicht, nur die Bedenken. Und die fanden wir absolut überflüssig.

Die Verlobung wurde gefeiert.

Ein weiteres Jahr später haben wir eine große Dorfhochzeit gefeiert. Polterabend, Standesamt, Kirche und Feier mit hundertzwanzig Gästen. Die Eltern der Braut waren für die Ausrichtung der Feier zuständig, das war so üblich, und mein Vater wollte sich da auch nicht lumpen lassen. Aber wir durften wählen, ob wir die geplante Summe für unsere Einrichtung ausgeben wollten oder für eine große Hochzeitsfeier. Wir haben überhaupt nicht überlegen müssen. Eine Feier kann man nicht nachholen, Möbel waren unwichtig. Meine Schwiegereltern boten an, die Hälfte der Hochzeit zu zahlen. Johannes war ihr einziger Sohn – und es somit logisch für sie.

Wir haben alles nach alter Tradition durchgeführt. Nur das Hochzeitsessen nicht, da hatten wir andere Vorstellungen. Es war, so erfuhr ich ›immer so‹, dass es Hochzeitssuppe, Ragout fin, Braten und Zitronencreme geben würde. Das betonte meine Schwiegermutter ständig und sie war sehr unglücklich, dass wir nur die Hochzeitssuppe in der Menüfolge ließen. Es gab kein Ragout fin, sondern die Pastetchen wurden mit Krabben gefüllt. Es gab keinen Rinderbraten, sondern Wildschwein, das Johannes erlegt hatte. Statt Zitronencreme Mousse au Chocolat. Im Grunde war es noch sehr ähnlich, aber der Kompromiss war schon damit ausgereizt.

Die Gästeliste barg ähnliche Schwierigkeiten. Da die Eltern zahlten, bestimmten sie die Gäste. So war das. Das führte dazu, dass ich ungefähr zwanzig Gäste noch nie gesehen hatte: Verwandtschaft von Johannes Seite. Die Freunde meiner Eltern kannte dafür Johannes nicht. Natürlich hatten wir auch eigene Freunde da. Heute wäre das alles anders, aber wir kamen gar nicht auf die Idee, das System infrage zu stellen.

Wenn es die Fotos nicht gäbe, hätte ich an unsere Hochzeit nur zwei Erinnerungen:

In der Kirche, vor dem Altar sitzend und auf den Pastor wartend, fiel mir ein, wie die Sitzordnung noch hätte besser gelöst werden können. Und Johannes flüsterte mir dort zu, dass er vergessen hatte, seine knallgrünen Socken gegen schwarze zu tauschen.

Die Hochzeiten von damals sind mit dem heutigen Aufwand nicht mehr zu vergleichen. Viele Gäste, üppig essen und trinken, viel Tanz mit Live-Band. Wenn ich sehe, dass es heute Fernsehdokus gibt, die mit dem Kauf eines Brautkleides beginnen, finde ich mich immer noch sehr bescheiden. Ich habe mein Brautkleid gebraucht gekauft und wieder verkauft. Es hat mich lediglich die Reinigung gekostet.

Glücklich gewesen sind wir trotzdem.

2 Du bist jetzt eine Bromann, benimm dich auch so

Die Hochzeit war vorüber. Ehrlich gesagt, ich hatte sie etwas wie im Nebel wahrgenommen.

Der glücklichste Tag war es nicht gewesen. Warum auch? Ich war glücklich, dass sich mein Lebenstraum vom Bauernhof mit dem besten Mann der Welt erfüllte. Was sollte ich da von einem einzelnen Tag erwarten? Aus heutiger Sicht war es ›himmelhochjauchzend und voller Tatendrang‹. Wenn ich jetzt darüber nachdenke, achtunddreißig Jahre später, wie kleinkariert es doch war. Glück empfinde ich heute ganz anders. Ehrlicher, sicherer. Und verdienter. Vor allem aber dankbarer. Und das macht mich noch glücklicher!

Auf jeden Fall hatte ich mein Ziel erreicht. Ich hatte einen Bauernhof. Fünfzehn Jahre nach meinem erstmals formulierten Wunsch. Ich hatte nie daran gezweifelt. Was ich nicht in Betracht gezogen hatte: dass es anders sein könnte, als ich erwartet hatte.

Dinge, die ein weit älterer Mensch mit mehr Lebenserfahrung gesehen hätte. Meine Eltern zum Beispiel waren nicht froh. Sie sahen die gewaltige Arbeitsbelastung unter relativ armen Verhältnissen.

Meine Schwiegereltern waren 1956 aus der DDR geflohen. Das hatte sie geprägt und erklärte auch viele ihrer Ansichten und Verhaltensweisen. Sie haben dort sehr große Höfe verlassen und sind nur mit einer Aktentasche über Berlin in den Westen gekommen. Sie gehörten in ihrer Heimat zu den angesehenen Großbauern mit vierhundert Jahren Familientradition. Für sie war klar, dass sie wieder einen Bauernhof aufbauen würden. Das ging jedoch nur mit eiserner Disziplin und sehr sparsamen

Leben. Dies ergab eine Mischung aus Dünkel und Bescheidenheit. Sie hatten es geschafft. Heute habe ich hohe Achtung vor ihrer Lebensleistung. Sie haben das vollbracht, trotz Trauer um die verlorene Heimat, die zurückgebliebenen Freunde und Verwandtschaft. Auch den Verlust eines Sohnes, der im Babyalter gestorben war, mussten sie verkraften. Heute sehe ich das. Bei meiner Heirat war ich neunzehn und habe mir keine Gedanken darüber gemacht.

Meine Eltern sahen das deutlich und machten sich Sorgen. Auch die unterschiedliche Erziehung von Johannes und mir spielte eine Rolle. Das alles hatte ich natürlich vor Liebe und Bauernhofleidenschaft nicht gesehen. Zum Glück gingen aber nicht alle Vorahnungen meiner Eltern in Erfüllung.

Zunächst musste ich noch weiter zur Schule ins Internat. Das schmeckte mir gar nicht, ich wollte endlich Bäuerin auf meinem Hof sein. Aber vernünftigerweise fügte ich mich. Es war öde dort, ich war mittlerweile schwanger und konnte bei vielen Aktivitäten meiner Klassenkameradinnen nicht mehr dabei sein.

Am Wochenende fuhr ich nach Hause, nicht mehr in mein Elternhaus, sondern auf meinen Bauernhof. Dort richteten wir uns eine kleine Wohnung im Obergeschoss ein. Die war bescheiden, aber gemütlich und vor allem unser eigenes Reich. Mit niedriger Deckenhöhe; bei einigen Dachbalken musste sich Johannes mit seiner Größe bücken. Wir hatten kein Geld. Johannes kam frisch vom Studium und meine Schule kostete zusätzlich Geld. Wir haben vierhundert Mark jeden Monat von meinen Schwiegereltern bekommen. Es war vereinbart, dass wir ab dem nächsten Wirtschaftsjahr, also ab 1. Juli 1985 den Hof pachten sollten. Aber bis dahin erhielten wir nur ein Taschengeld. Meine Schwiegereltern bekamen auch erst zum 1. Juli ihre Rente.

So traf eine Ahnung meiner Eltern doch ein. Es war finanziell verdammt knapp. Wir hatten den Stolz, dass wir uns von meinen Eltern mein Schulgeld nicht zahlen lassen wollten. Sodass wir tatsächlich nur zweihundertfünfzig Mark zum Leben hatten. Das störte uns nicht im Geringsten. Wir waren keinen Luxus gewohnt und die Liebe und Freude über uns half über den Engpass. Von den Geldgeschenken zur Hochzeit kauften wir uns eine Spülmaschine, die erschien uns sinnvoller als alles andere. Weitere Haushaltsgegenstände holten wir uns gebraucht von Verwandten zusammen. So hatten wir eine alte Küche von Tante Ilse, bei der die Backofentür nur per Tritt zuging.

Neu war außerdem der Wickeltisch, denn wir wollten mindestens fünf Kinder. Es würde sich also lohnen, gleich beim ersten Kind eine ergonomische Körperhaltung beim Wickeln einzunehmen. Unser erster Fernseher war ein kleines Schwarz-Weiß-Gerät ohne Fernbedienung, das meine Mutter von ihrem ersten Gehalt für uns Kinder gekauft hatte, damit mein Vater ›Sportschau‹ und wir Kinder gleichzeitig ›Daktari‹ schauen konnten.

Überrascht war ich, als mir seitens meiner Schwiegereltern Verschwendungssucht vorgeworfen wurde. Eine Spülmaschine wäre doch absolut nicht nötig gewesen, in ihrem Leben gab es doch auch keine.

Ja, so war es, sie hatte eine in meinen Augen vorsintflutliche Kücheneinrichtung. Der Kühlschrank hatte schon Museumswert, den sogenannten Ausguss hatte ich ebenfalls bis zu diesem Zeitpunkt nur in einem Museumsdorf gesehen. Schwiegermutter saß am Küchentisch auf einem alten Holzschemel und der Ablauf der Waschmaschine war nur in die Spüle – immerhin aus Edelstahl – gehängt. Ich hatte aber auch gesehen, dass Schwiegermutter spät abends, nach Stall und Abendbrot, noch das Mittagsgeschirr abwusch, weil es nach dem Mittagessen sofort auf den Acker zum Rübenhacken ging.

Das wollte ich auf keinen Fall. Auch einen Wickeltisch fanden sie überflüssig; sie hatten ihren Sohn Johannes auf einer Kommode gewickelt, die wäre ja schließlich noch da. Da waren sie, die beiden Welten, die aufeinanderprallten. Ich fand mich bescheiden und war empört, dass andere das nicht so sahen.

Hier war also die Ahnung meiner Eltern ebenfalls Gewissheit geworden. Wir wurden beobachtet und man mischte sich, ohne Verständnis für junge Leute, ein. Darüber hatte ich in meinem Streben nach einem Bauernhof nie nachgedacht. Es trübte unsere Stimmung ein wenig. Allerdings hat Johannes sich bei unserem gemeinsamen Weg nie beirren lassen. Seine Mutter war eine starke Frau, das war ich auch. Einschüchtern ließ ich mich nicht. Aber durch meine Jugend, ich war zwanzig, bin ich manchmal mit dem Kopf durch die Wand und übers Ziel hinausgeschossen. Aber auch da hat Johannes – schon etwas reifer mit seinen siebenundzwanzig – mich höchstens einmal unter vier Augen zum Nachdenken angeregt.

Sicherlich hatten meine Schwiegereltern mit ihren Erfahrungen und Erlebnissen eine andere Sichtweise. Der Altersunterschied zwischen ihnen und mir betrug fünfundvierzig Jahre, das sind schon fast zwei Generationen. Dazu kam noch die unterschiedliche Herkunft. Das Verständnis füreinander war schwer zu erringen.

Mich störte es zudem sehr, dass ich ›Mutti‹ zu meiner Schwiegermutter sagen sollte. Das brachte ich nicht über die Lippen. Damit sprach ich nur meine Mutter an, das war kein Name, sondern eine Institution. Ich fand es auch nicht mehr zeitgemäß; in meinem Freundeskreis war es durchweg schon üblich, die Schwiegereltern mit Vornamen anzusprechen. ›Vati‹ für meinen Schwiegervater fand ich nur deswegen leichter, weil ich zu meinem Vater ›Papa‹ sagte. Sie duzten alle meine Freunde, aber selbst waren sie sehr zugeknöpft und wären empört gewesen, wenn diese das ebenfalls getan hätten.

Ich erlebte zum ersten Mal, was Prüderie ist. Selbst als Johannes und ich schon verlobt waren und gemeinsam in den Urlaub fuhren, wurde für mich immer das Bett im Gästezimmer gemacht. Anfangs haben wir es der Form halber unter viel Gekicher wenigstens noch zerknüllt. Ich hatte das überhaupt nicht begriffen, in meinem Elternhaus dachte sich niemand etwas dabei, wenn Freund oder Freundin der Kinder mit im Zimmer übernachteten. Es herrschten im Haus meiner Schwiegereltern noch total andere Moralvorstellungen. Einmal ist meine Schwiegermutter in Unterwäsche auf dem Flur gewesen, als ich gerade reinkam. Ich wollte nur ›Guten Morgen‹ sagen, als sie mit leichter Panik in den Augen rief: »Schaust mal eben in eine andere Richtung bitte!« Genierte sie sich etwa?

Wir hatten getrennte Wohnungen, aber einen gemeinsamen Flur, Keller und den Garten haben wir uns geteilt. Sie haben den Keller immer extra abgeschlossen, obwohl der nur den einen Zugang vom Flur hatte. Das waren sie aus Nachkriegszeiten so gewohnt, als einquartierte Flüchtlinge im Haus waren und Hunger durchaus ein Thema waren. Das war allerdings schon über zwanzig Jahre her. Ich hatte nicht vor, mir jedes Mal den Schlüssel aus ihrer Küche zu holen. So ließ ich ihn stecken mit ebendieser Begründung. Logisch, dass der Schlüssel bald wieder am Haken in Schwiegermutters Küche über dem Ofen hing und die Kellertür verschlossen war. Das spielten wir ein paar Mal, dann ging mein Temperament mit mir durch und ich warf den Schlüssel in den Ofen.

Meine Jugend, gepaart mit dem Temperament gegen die Sichtweise einer Kriegsgeneration, das knallte manchmal heftig. Aber dann war die Luft meist auch wieder rein. Eines verband uns: die Leidenschaft und Liebe zur Landwirtschaft. Auf dem Hof und im Stall haben wir uns prima verstanden, wenn ich nicht gerade das Licht in der Milchkammer brennen ließ. Aber ich erlebte auch, dass sie mich lobten. Vor allem für meinen ruhigen Umgang mit dem Vieh und meinen unermüdlichen Arbeitseifer.

Draußen auf dem Hof lebte ich das Bäuerinnenleben, das ich mir immer vorgestellt hatte. Das war ein großes Glück, denn später ist mir bewusst geworden, dass ich das als Kind vielleicht zu romantisch gesehen haben könnte. Allerdings war ich durch meine vielen Hilfe-Stunden auf dem Nachbarhof gut vorbereitet. Wir haben uns alle vier zusammen über eine geglückte Schwergeburt bei einem Kalb gefreut und waren gemeinsam traurig, als der Hofhund starb. Diskussionen gab es nie, wenn es um den Außenbetrieb ging, dort zogen wir gemeinsam an einem Strang. Schwiegervater hatte Johannes' neuere Ansätze in eine modernere Landwirtschaft unterstützt und war erleichtert, die Verantwortung abgeben zu können.

Im Haus gab es noch einige Machtproben. Da wir uns den Flur teilten, war es selbstverständlich, dass wir diesen im Wochenrhythmus wechselseitig wischen würden.

Üblich war es seit dreißig Jahren, es samstags zu tun. Das war mir aber nicht recht, denn ich wollte gern am Samstag schon ein wenig Wochenende leben. Stallarbeit hatten wir sowieso. Also wischte ich bereits am Freitag. Das führte dann dazu, dass meine Schwiegermutter den Flur unter größtem Getöse am Samstag nochmals wischte und sich im Dorf beschwerte, dass sie im Alter das immer noch machen müsse, weil ich es nicht täte.

Logischerweise machte mich das wütend. Ich fühlte mich trotzdem ein wenig schlecht dabei und das machte mich noch wütender.

Zur Heuzeit habe ich es an einem Wochenende gar nicht geschafft, weder Freitag noch Samstag. Da wischte sie um elf Uhr abends noch. Wir waren schon erschöpft im Bett, hatten wir doch zwei Tage lang Heu eingefahren. Ich wollte mit schlechtem Gewissen aufstehen und es machen. Da hat Johannes mich festgehalten und gesagt: »Lass sie doch, wir machen Besseres!«

Sie haben sogar meine Eltern gebeten, auf mich doch einmal ›mäßigend‹ einzuwirken. Da waren sie aber bei meinem Vater an der falschen Adresse. Er wäre in seinem Beruf als Schulleiter nicht weit gekommen, wenn er kein Verständnis für die Jugend aufgebracht hätte. Er ließ sie auflaufen und stärkte mir den Rücken.

Bei aller Verschiedenheit der Generationen, meinte er, müssten die Älteren mit ihrer Lebensweisheit erkennen, dass es ständige Veränderung gäbe, und diese eben von der Jugend ausginge. Die Art, hinter meinem Rücken Menschen aus meinem Umfeld zu Hilfe zu holen, um mein Verhalten zu ändern, sollte mir achtzehn Jahre später noch einmal schmerzlich begegnen.

Mein Trotz brachte auch witzige Situationen zutage. Wir hatten im Dorf einen Tante-Emma-Laden. Ich dachte mir nichts dabei, als ich dort einkaufen ging. Das Einkaufen war auch in den Augen meiner Schwiegermutter kein Stein des Anstoßes, aber meine Kleidung war es.

»So kannst du nicht rumlaufen!«, herrschte sie mich an. Ich sah an mir herunter und habe überhaupt nichts verstanden, ich war weder bekleckert noch fehlte ein Knopf.

»Ein so kurzer Rock gehört sich nicht als verheiratete Frau!«, klärte sie mich auf. Wie bitte?

Ich habe gar nichts gesagt, bin in mein Schlafzimmer gegangen und, habe mir einen Bikini angezogen. Danach holte ich mein Fahrrad aus dem Schuppen und bin so lange die Dorfstraße rauf und runter gefahren, bis ich fast einen Sonnenbrand bekam.

Diesen Vorfall fanden meine Schwiegereltern so schwerwiegend, dass sie um eine Aussprache baten. Sie müssten mir unbedingt erklären, was ich zu tun und lassen hätte. Heute hätte ich darüber gelacht, aber damals hat mich der Satz »Du bist jetzt eine Bromann, benimm dich auch so!« fassungslos werden lassen, aber nicht einsichtig.

Ein ähnliches Vorkommnis hatten wir, als ich ahnungslos meinen ersten Sohn in den Kinderwagen legte und mit ihm spazieren fuhr. Jeden Tag möglichst. Dabei dachte ich mir gar nichts. Nach einer Woche wurde mir mitgeteilt, das ginge nicht.

»Was sollten die Leute denn denken?«

»Ja, was denn?«

»Als Bäuerin hast du keine Zeit für solchen Firlefanz zu haben. Die denken, du hättest nichts zu tun!«

Dieses Erlebnis schilderte ich viele Jahre später noch häufig in meinen Seminaren, die ich zum Thema ›Zeitmanagement‹ gab. Sie hatte mich nachdenklich gemacht. Während ich weiterhin den Kinderwagen, später das Dreirad durch das Dorf schob, wann immer ich dazu Zeit hatte, grübelte ich über den Vorfall und die Konsequenzen. Mich störte noch nie, was ›Leute‹ über mich sagten. Aber ich fand es merkwürdig, dass es anscheinend so eine Art Ehrenkodex gab mit diesem Inhalt: ›Gute Menschen sind fleißig. Bauern sind besonders gute und fleißige Menschen und haben keine Zeit für Freizeit zu haben.‹

Mir war klar, dass so eine Meinung in allen anderen Berufsgruppen nicht mehr galt. War hier des Pudels Kern für den mangelnden Nachwuchs in der Landwirtschaft? War es das Bild, das wir vermittelten? Wir schrieben das Jahr 1985, die Fünfunddreißig-Stunden-Woche war in einigen Branchen bereits üblich. Über vierzig Stunden gab es selten. Nur wir Bauern sollten mehr arbeiten und auch noch stolz darauf sein?

Trotz und Ehrgeiz packten mich. Intelligente Bauern müssten auch mit guten Arbeitsabläufen, Technisierung und gutem Willen in ähnliche Bereiche kommen. Ja, wir waren klein, hatten Vieh und keine Mitarbeiter. Ein Wochenende freizuhaben, war undenkbar. Es wäre zwar mit Abwechslung gegangen, aber da meine Schwiegereltern das nicht für nötig hielten, konnten wir das nicht umsetzen. So setzte ich mir andere Ziele, die ich, solange ich auf einem Bauernhof lebte, einhielt. Samstags ab Mittag nur noch Viehversorgung, das gab immerhin drei bis vier Stunden mehr Freizeit. Abends sitzt die Familie um sechs am Abendbrottisch. Da Johannes mittlerweile den Hof führte, konnten wir das durchsetzen, wenn auch gegen viel Widerstand.

Ausnahmen waren Ernte und Extra-Einsätze beim Vieh. Siehe da, es ging. So konnten wir unsere Arbeitszeit auf fünfundfünfzig Stunden reduzieren. Immer noch kein freies Wochenende und kein Urlaub. Vereinzelt haben wir mal drei Tage wegfahren können. Wenn meine Schwiegereltern mit unserem Ziel einverstanden waren, haben sie uns auch vertreten. Einverstanden waren sie in der Regel nur, wenn wir zur Verwandtschaft fuhren, das passte in ihr Weltbild.

Johannes und ich versuchten, uns gegenseitig etwas zusätzliche Luft zu verschaffen, indem wir uns vertraten. Johannes ist zur Jagd gegangen und ich bin zu Seminaren gefahren.

Insgesamt gesehen fanden wir die hohe Arbeitsbelastung aber gar nicht so schlimm. Wir waren jung und brannten für unseren Hof. Nervlich war das zu den Zeiten ohne Förderanträge und Milchquote – zehn Prozent der heutigen Bürokratie – kein Problem.

Wir planten, uns in kleinen Schritten zu vergrößern, mehr Gedanken verschwendeten wir nicht an die Zukunft. Unsere Familie wurde größer; nach Simon 1985 folgte Felix 1987 – und die Familie stand neben dem Hof im Mittelpunkt.

Wir waren froh, uns gefunden zu haben, denn in unserem Umfeld bemerkten wir die ersten Ehen, die auseinanderbrachen. Das war einfach auch Glück, denn im Grunde wussten wir beim Kennenlernen voneinander nicht, wie wir im Alltag funktionieren würden. Das hat harmoniert und es war perfekt. Bis auf die Reibereien mit der älteren Generation waren wir sehr glücklich und zufrieden.

Alles in allem haben wir nur drei Jahre zusammen mit Johannes' Eltern in einem Haus gelebt. Wir haben uns das Leben gegenseitig schwergemacht und gestritten. Zum Glück waren wir alle kaum nachtragend und haben uns schnell wieder versöhnt. Wir waren keine schlechten Menschen, aber es trennten uns fast zwei Generationen vom Alter her und noch mehr bei Traditionen im Leben.

Traditionen sind nicht per se schlecht. Sie haben oder hatten einen Sinn. Sie können Halt und Struktur geben oder gegenseitige Hilfe bedeuten. So auch in dem Fall …

»Bring mal fünfzig Eier und vier Stück Butter zu Hamanns.«

»Wozu denn das?«, wunderte ich mich.

»Die haben am Wochenende Silberhochzeit.«

»Warum brauchen sie denn Eier und Butter?«

»Das ist so üblich!«

Diesen Satz habe ich hassen gelernt. Und er ist mir sehr oft im Leben begegnet. Nicht nur als junge Bäuerin. Eier und Butter, ich habe lange darüber nachgedacht, Johannes gefragt, aber keiner wusste den Grund, nur, dass es immer so gemacht wurde.

Stunden später kam mir die Erleuchtung: Früher einmal, als es keine Supermärkte gab, waren Feiern für die Logistik eine Herausforderung. Die Hühner haben nicht mehr Eier gelegt, nur weil eine Hochzeit anstand. Bei einer hochgradigen Selbstversorgung ist alles auf den normalen, täglichen Bedarf abgestellt. Damit wurde ein Schuh daraus. Mir wäre es sowieso peinlich gewesen, mit Eiern dort aufzukreuzen. Ich hatte schon die Erfahrung gemacht, dass die Schwiegereltern nicht in der Vergangenheit, sondern manchmal nahe dem Mittelalter lebten.

Den Gedanken, sich bei Feiern zu helfen, fand ich schön und er ist auch nicht ungewöhnlich. Ich bot Hilfe an, wie ich es kannte: Ich backte einen Kuchen. Das kam gut bei den Nachbarn an. Ich fand, das war nun eine modernisierte Tradition.

Neu war für mich auch der Besuch von ›drüben‹. Es gab leichte Reiseerleichterungen auch für jüngere Menschen aus der DDR: Vereinzelt, aber nie mit Familie, durften sie uns besuchen. Verwandtschaftsbesuch. Kündigte sich ein solcher Besuch an, wurde überlegt, was wir dem bieten könnten oder was sie interessieren würde. Mit Frauen gingen wir shoppen, mit dem Tierarzt in eine Tierklinik. Für mich waren diese Besuche eine Offenbarung über das Leben in der DDR: Ich kannte sonst keinen dort und wusste nur das, was ich in der Schule gelernt hatte. Die Versorgungsnöte und die Angst vor Denunziantentum aus erster Hand zu hören, erleichterte mir ein Verständnis für die Situation dort sehr. Das sollte mir später viel nützen.

Das Familienleben war toll. Die Arbeit auf dem Hof gefiel mir auch sehr. Bis wir alle drei Generationen eine schwere Magen-Darm-Grippe bekamen. Plötzlich war selbst die Viehversorgung fast unmöglich geworden. Uns war so elend. Nacheinander, jeweils nur eine Viertel-Stunde, gingen wir in den Stall zum Füttern und Melken, das Allernotwendigste nur. Das schwere Misten ging gar nicht, das musste zwei Tage ausfallen.

Diese Magen-Darm-Grippe hat mich dann doch sehr nachdenklich gemacht. Wir hatten täglich viel Hilfe von Johannes' Eltern, ohne sie wäre es gar nicht gegangen. Sie waren aber auch schon fast siebzig Jahre alt. Es wäre abzusehen, dass wir eines Tages ohne sie würden auskommen müssen. Jeden Tag, die kleinen Freiheiten, die wir so dann doch noch hatten, würden wegfallen. Der Plan, uns zu vergrößern und dann mit Angestellten zu arbeiten, damit es auf mehr Schultern verteilt würde, ließ sich nicht umsetzen.

Es gaben immer wieder Höfe auf. Im Ort gab es bei unserer Hochzeit noch dreizehn Bauernhöfe, heute sind es noch zwei. Wir profitierten davon jedoch nicht. Hier waren wir dann doch wieder die Flüchtlinge, die Zugereisten, wie gesagt wurde. Frei werdendes Land wurde an Nachbarn oder Verwandte vergeben, nie an uns. Der von uns geplante große Kuhstall ist an der politisch eingeführten Obergrenze, der Milchquote, gescheitert.

Es war sehr traurig, aber wir beschlossen zu gehen. Dreihundertfünfundsechzig Tage im Jahr die nächsten fünfzig Jahre wollte ich dann doch nicht arbeiten. Mir lag nicht daran viel Urlaub zu machen, das wollte ich nie, auch später nicht. Aber ab und zu mal mit den Kindern ein paar Tage, sie begleiten bei ihren wichtigen Anlässen, ohne zum Melken zurück sein zu müssen – das wäre mir in der Zukunft schon sehr wichtig gewesen.

Johannes bekam eine Stelle als Verwalter auf einem Schloss in Ostwestfalen. So zogen wir schweren Herzens dorthin. Johannes ist zuerst gegangen, ich sollte drei Monate später folgen und noch alles abwickeln. Die Kühe vom Hof zu geben hat mir das Herz gebrochen. Wenn die Kinder und damit die Zukunft der Kinder nicht vor meinem inneren Auge gestanden hätten, hätte ich am liebsten alles rückgängig gemacht.

Auch Eltern und Schwiegereltern waren traurig, sehr traurig. Nicht nur die Aufgabe des Hofes betrübte sie, auch die künftige Entfernung. Es waren sehr schlimme drei Monate. Johannes hatte in der Ferne zu kämpfen. Nach vier Wochen meinte er schon, dass wir da nicht ewig bleiben würden; der Graf, also sein Chef, das ginge gar nicht. Wir hatten echten Kummer und unsere erste Belastungsprobe. Unsere Liebe ist jedoch daran gewachsen, viel reifer geworden.

Wir zogen dort in ein wunderschönes fünfhundert Jahre altes Schloss. Unsere Toilettenfenster waren Schießscharten, der Kamin ging als ehemalige Esse über die ganze Breite der Stirnseite des Wohnzimmers. Da es sich um ein Wasserschloss handelte, konnten wir sogar vom Wohnzimmerfenster aus in ein Boot steigen.

An der Wohnung lag es nicht, dass wir uns dort überhaupt

nicht wohlfühlten. Es ging damit los, dass wir zu unserem Garten über die Straße mussten und wegen des Wassers ringsum konnten wir die Kinder keine Millisekunde aus den Augen lassen. Die Freiheit, die wir kannten, sie war dort nicht möglich. Einen Babysitter konnten wir nicht organisieren.

Johannes war es nicht gewohnt, einen Chef zu haben. Und er musste für den ständig verfügbar sein. Der Umgang der Eigentümer mit den Mitarbeitern war schon noch etwas hochherrschaftlich, ja, adelig angehaucht. Der Graf wohnte im Hauptschloss, das ebenso wie unser ›Altes Schloss‹ auf dem Wassergrundstück lag. Wenn der Graf abends um elf Uhr von der Jagd heimkam und bei uns noch Licht sah, rief er noch an, um betriebliche Dinge zu besprechen. Wir gewöhnten uns daran, im Dunkeln zu sitzen und auf allen vieren die Treppe hinaufzukrabbeln, die in einem Turm lag und gut vom Büro des Grafen einsehbar. Ich war reduziert auf Kinder und Küche, kannte dort keinen. Es war auch schwierig, private Kontakte zu knüpfen.

Wir hatten uns vorgenommen, dass diese Zeit als Sprungbrett genutzt werden sollte, denn die Position, die Johannes hatte, war in Fachkreisen sehr angesehen. Nach einiger Zeit könnte er sich neu bewerben und hätte große Chancen. Er verdiente, aus unserer kleinbäuerlichen Sicht, sehr viel Geld. Ich konnte im Sommer etwas mit in der Direktvermarktung helfen. Zufrieden waren wir aber gar nicht mit unserem Leben dort. Ich hatte eine Fehlgeburt, die uns auch noch zusätzlich runtergezogen hat.

Dann kam der Spätsommer 1989 , ich war wieder schwanger und heulte vor dem Fernseher, als die ersten DDR-Flüchtlinge aus Budapest und Prag kamen. Die Mauer fiel.

Dort in NRW interessierte das die Menschen sehr viel weniger. Wir, die wir direkt an der deutsch-deutschen Grenze aufgewachsen und gelebt hatten, waren euphorisiert.

Buch ZWEI

Aufbruch und Umbruch

3 Jo, das ist das Leben …

In unserer alten Heimat gingen täglich immer weitere Türen und Grenzzäune auf. Und wir waren in Nordrhein-Westfalen so weit weg, dort interessierte sich nach dem ersten Mauerfall kaum einer für die Vorgänge an der Grenze.

Wenn ich sage, wir hätten früher direkt an der Mauer gelebt, so sind das tatsächlich nur Meter gewesen. Der Anblick von Mauer und Stacheldraht war selbstverständlich für uns. Die Mitte der Aller war die Grenze. Staunender Besuch wurde auf den Grenzaussichtsturm geführt. Alte Heizkörper wurden für die Verwandtschaft ›drüben‹ aufbewahrt.

Meine Schwiegereltern waren 1956 aus der Altmark geflohen, um der Inhaftierung zu umgehen. Sogenannte Großbauern wurden mit immer höheren Abgaben belegt, wenn sie diese nicht leisten konnten, kamen sie ins Gefängnis. Sie haben sich in Grafleben eine neue Existenz aufgebaut. Auch wenn wir nie sehr gut miteinander ausgekommen sind, habe ich sie dafür immer bewundert. Für die Kraft und die Entschlossenheit. Für den Glauben, dass es das einzig Richtige war.

Ihre Vergangenheit hatte mich als junger Mensch anfangs nicht besonders interessiert. »Ist halt so«, würde man heute flapsig sagen. Die Liebe zur Heimat, zur Altmark und insbesondere zu Mieste, konnte ich erst viel später nachvollziehen. Wenn es zuvor hieß: »In Mieste haben wir …«, habe ich innerlich die Augen gerollt. Das Festhalten an der Vergangenheit, an alten Sitten und Gewohnheiten war etwas, worunter ich gelitten habe, deswegen haben mich diese alten Geschichten immer genervt.

Wir haben uns die alte Heimat meiner Schwiegereltern zeigen lassen, jetzt, 1990, ging das. Wir sind über ihre ehemaligen Höfe gelaufen und über die Felder. Ich konnte gar nicht genug davon bekommen. Durch die Schwangerschaft war ich ständig vor Rührung den Tränen nah. Ich bekam die Sehnsucht nach Freiheit. Nicht nach der politischen Freiheit, die war jetzt da. Freiheit und Unabhängigkeit für unsere Familie, sie schienen wieder zum Greifen nah. Egal, wie es sich politisch entwickeln würde, es würde sich eine Chance für uns entwickeln, das hatte ich mir fest vorgenommen.

Vorerst haben wir uns alles angeschaut. Die alte DDR war noch nicht tot. Es war nicht zu erkennen, welche Staatsform es geben würde. An die Rückgabe der alten Höfe haben wir zu diesem Zeitpunkt nicht gedacht. Erst recht nicht an das, was dann passierte, dass es noch unsere kühnsten Träume übertreffen würde.

Zunächst passierte uns unsere Tochter Franziska. Sie kam am 14. Juni 1990 zur Welt. Nun war die Familie perfekt. Geboren in eine aufregende Zeit. Ich lag mit ihr im Krankenhaus und hörte nebenbei Radio. Der Nachrichtensprecher sagte monoton, dass das Eigentum im Osten zurückgegeben würde. Ich konnte es kaum glauben und wollte sofort mit Johannes darüber reden. Ich war so aufgeregt, dass ich kaum noch Luft bekam. Ich rollte meine Tochter in ihrem Bettchen zur Telefonzelle im Foyer und rief Johannes an. Zunächst war ich sehr irritiert, da im Hintergrund lautes Gelächter zu hören war.

»Ihr wisst es also schon?«, fragte ich. Johannes war etwas verwundert: »Ja, wir wissen es seit zweiunddreißig Jahren, dass ich am 17. Juni Geburtstag habe.« Oh je, das hatte ich völlig vergessen. Das war mir aber durch die gigantischen Nachrichten völlig egal.

»Wir können nach Mieste!«, klärte ich ihn voller Euphorie auf.

Trotz aller Begeisterung und unbändigem Tatendrang konnten wir die Entscheidung nicht kopflos treffen. Wir konsultierten einen Berater und stellten eigene Berechnungen an. Es war uns klar, dass es nicht der einfachste Weg werden würde, den wir einschlagen wollten. Wir waren jung, gut ausgebildet und nicht mehr gänzlich unerfahren. Weiterhin hatten wir Unterstützung von unseren Eltern. Ein kleines, finanzielles Polster war auch vorhanden. Das musste für unseren großen Lebenstraum reichen.

Dann hat Johannes mit großem Triumph beim Grafen in Nordrhein-Westfalen gekündigt. Wir haben den Möbelwagen bestellt und es ging zurück! Zurück in die alte Heimat, zurück zu den Wurzeln der Familie, zurück in die Selbstständigkeit!

Ich durfte doch wieder einen Bauernhof haben. Die zwei Jahre Zwischenspiel beim Grafen haben uns nur noch mehr gezeigt, wie sehr wir selbstständige Bauern sein wollten. Wir beide. Wir gehörten auf einen Hof. Mit unseren drei Kindern.

Wir mussten für die Übergangszeit wieder bei meinen Schwiegereltern einziehen. Wir haben uns diesmal super verstanden. Ich denke, sie hatten mich mittlerweile als erwachsene Frau mit eigenem Willen hingenommen. Die Begeisterung trug uns alle vier Erwachsenen, nein alle sieben, wir steckten auch die Kinder damit an.

Auf den alten Höfen war vorerst keine Wohnmöglichkeit für uns. Auf dem Hof meines Schwiegervaters in Fuchsdorf war das Wohnhaus zusammengefallen und das meiner Schwiegermutter in Mieste war komplett vermietet. Das mussten wir erst alles klären. Wir haben aber dann schon den Acker wieder bewirtschaftet und Kühe angeschafft. Keine neunzehn, keine dreißig, nein, achtundsiebzig Kühe in einem alten DDR-Stall. Nun hatte ich wieder einen Melkschemel angeschnallt und hockte unter unseren Kühen. Sehr modern war das nicht.

Eine Anbindehaltung – also die Kühe den Winter über an der Kette – gab es in dieser Größenordnung im Westen nicht. Die Stallgebäude für unsere Viehhaltung befanden sich in

Fuchsdorf auf dem ehemaligen Hof meines Schwiegervaters, einem Nachbardorf von Mieste.

Die Ereignisse überschlugen sich. Wir haben erst einen, dann zwei, dann drei Mitarbeiter eingestellt. Wir konnten uns die besten auswählen, da viele LPGen, also die DDR-Landwirtschaftsbetriebe, ihren Betrieb eingestellt hatten. Die Arbeitslosigkeit war groß. Wir bekamen viel Land angeboten, das kann sich heute gar keiner mehr vorstellen. Vieles war im Umbruch und für fast alle Menschen die Situation ungewohnt.

Wir mussten auch die Technik komplett neu anschaffen. An den einen Trecker-Einkauf erinnere ich mich besonders. Das Bankensystem war noch nicht zusammengeführt in West und Ost. Der Händler, bei dem wir kauften, wollte eine Anzahlung in Höhe von fünfundsechzigtausend Mark. Er traute aber der Schnittstelle Ost-West nicht, sodass er auf Barzahlung bestand. Vorsichtshalber bin ich am Vortag der vereinbarten Zahlung in die Sparkasse, um die große Barabhebung anzukündigen.

Ich flüsterte also über den Tresen: »Guten Tag, ich würde gern morgen fünfundsechzigtausend Mark abheben.«

Die Reaktion war laut und drang durch die ganze Filiale, die gut besucht war: »Isolde, Frau Bromann möchte morgen fünfundsechzigtausend Mark mitnehmen!«

Man hätte die vielzitierte Stecknadel fallen hören können. Alle hielten inne und schauten mich an. Vorsichtshalber bin ich erst am übernächsten Tag hingegangen und habe den Händler überredet, die Übergabe bereits in der Bank stattfinden zu lassen.

Es war ein Jahr nach Mauerfall. Politisch hatte sich viel getan, aber wirtschaftlich ging es nur langsam voran. Wir waren wieder zu Hause. Es war eine Distanz von nur siebzehn Kilometern zwischen Grafleben und Mieste. Die Welten hätten verschiedener nicht sein können. Aber der Drömling in der Altmark, das war Heimat, in dieser Landschaft hatten wir doch auf der anderen Seite, auf der westlichen Seite des Grenzzaunes viele Jahre gelebt. Wiesen und Moore, sandige Böden und kaum Menschen. Kiefern und Birken. Ein Duft, den es nur dort gab. Wann immer ich Zeit hatte, verschlang ich nun die Ostpreußenromane. Nicht weil Ostpreußen räumlich nahe gewesen wäre, aber die Beschreibung der Autoren von Landschaft, aber auch über Heimatgefühl drückte mein Empfinden aus.

Viel Zeit zum Lesen hatte ich allerdings nicht. Mithilfe der Gemeinde hatten wir eine Wohnung in dem ehemaligen Haus meiner Schwiegermutter für uns frei bekommen, sodass wir am 24. Februar 1991, meinem sechsundzwanzigsten Geburtstag, dort einzogen. Am Abend saßen wir erschöpft am Tisch und waren so zufrieden. Das erste Mal in Mieste am Tisch!

Die Kinder schliefen bereits in ihrem neuen Zuhause, als es klingelte. Das Ehepaar aus dem Nachbarhaus stand vor uns mit Blumen und Schokolade. Unser Haus in Mieste stand neben der Kirche und so waren unsere Nachbarn Hilke und Albrecht, die Pfarrersfamilie. Das war der Beginn einer langen und sehr guten Freundschaft. Auch deren drei Kinder wurden die Freunde unserer Kinder. Wir haben lange an diesem Abend gesessen und uns gegenseitig unsere so unterschiedlichen Leben erzählt.

Entgegen vielen Erzählungen anderer Menschen nach der ›Wende‹ sind wir sehr, sehr herzlich aufgenommen worden und haben viel Hilfe und Unterstützung bekommen. Auch seitens der Behörden lief es zunächst sehr unbürokratisch und fair.

Die Wohnung in Mieste, im ehemaligen Haus meiner Schwiegermutter, war klein und renovierungsbedürftig. Sie war ordentlich und sauber, aber der Mieter hatte eben nur als Mieter gehandelt und viele Möglichkeiten zur Modernisierung hatte es zu DDR-Zeiten nicht gegeben. Immerhin hatten die Eltern meiner Schwiegermutter schon 1928 eine Zentralheizung installiert. Die war dampfbetrieben, von der Küche aus zu befeuern und brachte nur bei voller Leistung überhaupt Wärme bis in die letzten Räume. Zumal die schweren, gusseisernen Heizkörper wegen der kürzeren Wege an den innen liegenden Wänden montiert waren. Die Fenster waren alt und schlechte DDR-Qualität. Es zog.

Ich war im Westen aufgewachsen. In den Wohnungen und Häusern meiner Eltern musste ich nur am Thermostat drehen und es wurde kuschelig. In Grafleben hatten wir Nachtspeicheröfen gehabt. Nur Schwiegermutter hatte in ihrer Küche dort noch einen Holzofen, auf dem sie gekocht hatte. Den habe ich aber nie angefasst.

Nun war ich also dafür zuständig, es der Familie warm genug zu machen. Es war immer noch Februar 1991 und immer noch Winter. Als Erstes musste morgens die Asche per Hand aus dem Ofen in der Küche gekratzt werden, das war schon mal ein fürchterlicher Dreck. Dann Anzünder hinein, Kleinholz – irgendwie war das mein Leben lang immer zu knapp – darauf schichten und Brennholz zum Schluss. Wenn das dann ordentlich brannte, konnte ich Kohlen darauf schütten. Das setzte aber voraus, dass ich am Abend zuvor Kohlen aus dem Kohlenschuppen geholt hatte, was leider häufig genug nicht der Fall war. Wie oft bin ich im Bademantel durch den Schnee zum Kohlenschuppen gelaufen?

Genauso oft habe ich das Feuer nicht richtig zum Brennen gebracht. Dann haben die Kinder bei brummendem Heizlüfter frühstücken müssen. Im Jahr darauf wurde dann eine Gasheizung installiert – eine große Erleichterung.

Das Badezimmer sah kurz vor unserem Einzug auch noch so aus, wie meine Schwiegermutter es verlassen hatte. Die uralten Fliesen waren leider nicht zu retten, es wurden kreuz und quer neue Wasserleitungen gelegt, das heißt: Der Boden war zu DDR-Zeiten aufgestemmt und nur zubetoniert worden.

Es gab einen riesengroßen Boiler direkt über der Badewanne. Der brachte zwar genug warmes Wasser, aber aufrecht stehen konnte man darunter nicht – auch nicht krumm stehen. Also war Duschen nicht möglich. Das konnten wir uns nun so gar nicht mehr vorstellen, ohne Dusche auszukommen. Also haben wir das Badezimmer schnell vor dem Einzug erneuert. Alles anderen Zimmer wurde nur neu tapeziert oder gestrichen. Ein paar Tage hatten wir Hilfe von meiner Schwester und Schwager, ansonsten war das Renovieren jahrelang meine Arbeit nach Feierabend, wenn wir weitere Räume hinzubekamen, die durch Tod oder Auszug der Mieter frei wurden. Johannes war im Betrieb und ich wollte tagsüber nicht die Kinder zwischen den Farbeimern haben. Gefühlt haben wir ununterbrochen in dem Haus renoviert.

Das Haus selbst war ein großer Klotz; den Zuschnitt der Räume fand ich sehr unpraktisch. So wurde 1789 gebaut, da hatten alle Häuser einen ähnlichen Grundriss. Eigentlich war es ein Flickenteppich, da wir immer nur Stück für Stück renovierten. Besser wäre eine komplette Entkernung gewesen mit fachgerechter Sanierung. Es war mir egal. Es war unser Haus!

Es war unser Bauernhof!

Über uns lebte in einer großen Wohnung der Ottmar, ein etwa fünfzigjähriger Schwerstalkoholiker. Ich hatte zunächst ein wenig Angst vor ihm. Er stellte sich aber harmlos heraus. Allerdings konnte es gefährlich werden, denn er war des Öfteren im Delirium. Ihm war der Strom schon vor längerer Zeit abgestellt worden und er machte sich Licht mit Kerzen. Gekocht hatte er ebenfalls nicht mehr. Heizung funktionierte bei allen Mietern im Haus noch mit einzelnen Öfen. So lebte ich in der Angst, dass er das Haus unabsichtlich in Brand setzen würde. Es kam zwar täglich der Sozialdienst, aber der schaute im Grunde nur nach, ob er noch lebte. So konnte es nicht weitergehen.

Ich besprach mich mit dem Sozialdienst. Sie meinten, sie könnten nichts machen. Jeder dürfe sich freiwillig zu Tode saufen. Sie waren auch schon frustriert. Sie kamen, räumten auf, damit die Saufkumpel am Abend wieder Platz für ihr nächstes Gelage hatten. Von denen hatte ich keine Unterstützung zu erwarten. Dann bin ich zur Gemeindeverwaltung gegangen und fragte nach einer möglichen Ersatzwohnung für Ottmar. Sie versprachen, eine zu reservieren und an Ottmar zu vermieten, wenn er einen erfolgreichen Entzug hinter sich hätte. Das war ein Zwischenschritt, brachte mich meinem Ziel vorerst nicht weiter.

Eines Tages ging es dann sehr schnell und fast von allein. Ottmar selbst klingelte bei mir an der Tür. Als ich öffnete, sah ich zunächst niemanden. Erst als ich meinen Blick abwärts richtete, sah ich ihn vor meinen Füßen kauern. »Bitte helfen Sie mir, ich kann nicht mehr!« Das war zwar der Moment, auf den ich lange gewartet hatte, aber nun musste alles blitzschnell und glattgehen, damit wir ihn endgültig aus dem Haus hätten.

Ich setzte ihn auf die Hofbank und bat ihn, nein, ich befahl ihm, sich dort nicht vom Fleck zu rühren. Dann bin ich zu Albrecht, unserem Nachbarn. Ich hatte Glück, er war daheim. Er als Pfarrer hatte gute Kontakte und wir bekamen einen Platz für Ottmar in der Entzugsklinik. Danach bin ich in die Gemeindeverwaltung und erinnerte sie an die Zusage, eine kleine Wohnung zur Verfügung zu stellen.

Der Entzug würde zwar noch etwas dauern, aber ich wollte ihn auf keinen Fall mehr bei seiner Rückkehr bei uns im Haus haben. Die Gemeinde handelte schnell. Innerhalb einer halben Stunde hatte ich einen Mietvertrag für Ottmar, für den ich für zwei Monate als Bürge einsprang, falls die Zahlung nicht kommen würde. Das war aber kein Problem, denn ich wusste, dass das Sozialamt sowieso schon die Miete zahlte.

Dann habe ich zu Hause ein Schreiben aufgesetzt, in dem

stand, dass wir die Wohnung bei uns auf unsere Kosten räumen konnten. Zusammen mit dem Mietvertrag hat Ottmar alles unterschrieben. Albrecht hatte sich inzwischen einen kräftigen Mann zur Unterstützung geholt und sie haben Ottmar gemeinsam in die Entzugsklinik gebracht. Das passierte alles zwischen Frühstück und Kartoffelschälen.

Unser Haus in Mieste war riesengroß. Es waren auch noch andere Mieter darin. Alle freuten sich über Ottmars Auszug. Sie waren erleichtert, dass keine dubiosen Gestalten mehr im Hausflur anzutreffen waren, die Gefahr eines Brandes vorbei war und der Gestank aufhören würde. Die Erleichterung war so groß, dass wir sofort alle gemeinsam Ottmars Wohnung ausräumten. Als wir die Wohnung in Augenschein nahmen, verstärkte sich der Gestank und wir konnten den Grund dafür auch sehen: Ottmar hatte nur eine gemeinsame Toilette mit der Nachbarin von gegenüber, quer über den Hausflur. Diesen Weg hat er nicht immer geschafft. Die Ausdünstungen der menschlichen Exkremente in einem Eimer und teilweise daneben waren unerträglich. Wir konnten es nicht fassen, wie ein Mensch so leben konnte.

Ich holte mein Parfüm und versprühte es in der gesamten Wohnung. Später musste ich die Marke wechseln, ich verband diesen Duft immer mit der Aktion in Ottmars Wohnung. Tapfer trug ich den Eimer mit vorgebundenem Tuch im Gesicht hinunter in den Hof. Ich entleerte ihn in die Jauchegrube. Dann entleerte sich mein Magen ebenfalls. Aber dann gab es kein Halten mehr. Wir räumten und entsorgten mit großem Elan.

Als Johannes zum Mittag kam, standen schon die noch brauchbaren Möbel zum Abtransport bereit. Das waren nicht viele, aber er benötigte in seiner neuen Wohnung auch nur wenige. Den Rest warfen wir aus dem Fenster direkt auf einen Treckeranhänger, den wir anschließend zur Mülldeponie fuhren.

Es gab dann so eine Art tragisches Happy End. Ottmar ist tatsächlich trocken geworden, der Alkohol-Entzug war geglückt. Er saß oft vor seiner neuen Wohnung, war ein netter und hilfsbereiter Mann und trug so manche Tasche für ältere Damen nach Hause. Arbeiten konnte er nicht mehr, sein körperlicher Verfall war auch durch den Entzug nicht zu stoppen gewesen. Ein dreiviertel Jahr später starb er an einem Herzversagen.

Der Alltag bestand für uns aus einem fast normalen Bauernhofleben. Fast normal, aber der Betrieb war nun um Etliches größer, als wir es gewohnt waren. Wir hatten vier Mitarbeiter und starke Trecker mit hundertsiebzig PS, das war damals eine Sensation. Es ermöglichte uns aber auch etwas Freizeit. Das waren keine großen Auszeiten, denn wir hatten ja mit dem Ausbau des Betriebes und der Hofstelle zu tun. Der Garten war für die vielen Mietparteien unseres Hauses aufgeteilt gewesen, damit jeder Mieter eine Parzelle hatte, die er gestalten konnte.

Mit der Verringerung der Mieterzahl gingen auch diese Parzellen wieder an uns und wir hatten etliche Garagen, Zäune und Schuppen abzureißen. Auch der alte Hühnerstall aus Großmutters Zeiten brach im Garten zusammen. Beim Abriss dieses Bretterbaus waren wir besonders gespannt, hatte doch der Urgroßvater dort seine Jagdwaffen vor dem Zugriff der Obrigkeit versteckt. Sehr sorgsam entfernten wir Brett für Brett, fanden sie leider nicht mehr; da war uns jemand zuvorgekommen.

Diese Aufräumarbeiten erledigten Johannes und ich selbst. Dafür konnten wir nicht die Mitarbeiter einspannen, denn im Betrieb sah es nicht anders aus. Es gab so viel Altlasten zu beseitigen, dass selbst unser Sohn Simon damit heute noch, dreißig Jahre später, zu tun hat. Stück für Stück eroberten wir uns unser Zuhause wieder. Über jedes Stück haben wir uns gefreut und auch gefeiert. Wir hatten schnell einen tollen

Freundeskreis. Scheunenparty, Gartenteich-Einweihungsparty, es gab viele Anlässe.

Trotzdem war unser Leben natürlich von Arbeit geprägt. Sehr viel Arbeit. Der Haushalt war kaum zu schaffen, bei drei Kindern, oftmals Mitarbeitern am Mittagstisch und zunehmendem politischen Engagement. Ich beschloss, eine Hauswirtschafterin auszubilden. Ich hatte alle erforderlichen Berechtigungen mit meiner Hauswirtschaftsmeister-Ausbildung erworben.

So kam Anja zu uns ins Haus. Sie fügte sich prima in unsere Familie ein, verstand sich sehr gut mit den Kindern und war uns eine große Hilfe. Gern sprang sie auch im Betrieb mit ein. Um die die Berufsschule zu erreichen, haben wir ihr einen Führerschein finanziert. Sie ist zweimal durchgefallen, die ganze Familie hat mit gezittert, als sie zum dritten Mal losfuhr. An das endlich erfolgte Bestehen erinnert heute noch eine Delle im Terrassendach; Ursache: fliegende Sektkorken. Für mich war Anja eine große Erleichterung, ihre Anwesenheit gab mir mehr Freiheit und Flexibilität. Das ging so lange gut, bis Anja einen Freund hatte. Natürlich hatte ich bei einer Achtzehnjährigen kein Problem damit, wenn sie ihren Freund, den Janosch, mit auf ihr Zimmer nahm.

Damit gingen aber die Probleme los. Janosch war arbeitslos, und wir hatten nicht den Eindruck, dass er an diesem Zustand etwas ändern wollte. Ständig hat Anja verschlafen und war unkonzentriert. Kuchen brannten an, das Hühnerstallschließen vergaß sie am Abend; und ähnliche Vorfälle waren an der Tagesordnung. Ein ernstes Wort brachte nur vorübergehend Besserung. Janosch lag in ihrem Zimmer auf dem Sofa, während sie arbeitete. Sie zahlte für ihn die Mobilfunkgebühren, wenn die Mahnung kam. Sie war verliebt und merkte nicht, wie sehr er schmarotzte.

Dann kam der Sommer und Janosch lag nicht mehr in Anjas

Zimmer auf der faulen Haut, sondern auf dem Rasen. Ghettoblaster und Kippen dabei. Direkt vor unseren Augen. Das ging so nicht weiter, ich wurde langsam aggressiv, wenn ich ihn schon von Weitem sah. Als ich Rasen mähte und ihn bitten musste, seine Liege an die Seite zu stellen, platzte mir der Kragen und ich beschimpfte ihn ziemlich.

Das brachte Anja auf den Plan: »Wenn du so mit Janosch umgehst, kündige ich!« Das hatte ich ursprünglich zwar nicht gewollt, erschien mit in dem Moment aber die beste Lösung. Dann lieber den Haushalt wieder allein bewältigen.

Viel Arbeit, viel Freude und Erfolg. Wir bauten einen neuen Kuhstall nach modernsten Anforderungen und stellten unseren Betrieb auf ökologischen Anbau um. Die Kinder wuchsen heran. Sie erzählen heute noch gern von der Zeit und sind sich bewusst, eine schöne Kindheit gehabt zu haben.

Ich glaube, in dieser Zeit unterschieden wir uns wenig von anderen Landwirtsfamilien. Kurzum, es war die glücklichste Zeit für uns als Familie. Gerade weil wir dafür einige Umwege gehen mussten und wir Glück hatten, zur rechten Zeit die Wende erlebt zu haben, war dieses Glück für uns nicht selbstverständlich. Ich erinnere mich ganz genau an einen speziellen Moment. Ich hatte meine Melkschicht beendet, eine Melkschicht ohne Stress und böse Überraschungen. Die Kühe waren gut drauf (das sind sie nicht immer, auch sie können Launen haben) und haben viel Milch gegeben, die Sonne ging gerade rot hinter unseren Feldern unter. Bester Stimmung fuhr ich im Auto nach Mieste und freute mich auf den Abend mit der Familie.

Meine Stimmung war, mit Herbert Grönemeyers Worten: ›Friedvoll, liebestoll, überwältigt von dir, schön, dass es dich gibt.‹

Grönemeyer meinte sicherlich eine Frau, seine Frau wahrscheinlich. Ich meinte damit mein Leben. Ich war so ergriffen von meinen eigenen Gedanken, dass ich anhielt, ausstieg, in den Sonnenuntergang schaute und dachte:

»Jo, das ist das Leben, von dem du immer geträumt hast. Genauso und nicht anders. Ich beneide keinen einzigen anderen Menschen auf dieser Welt.«

Ich dachte aber auch: »Das ist so viel Glück, genieße es und sei dankbar, denn es wird nicht sein können, dass ein Mensch ein Leben lang in so einem Rundum-Glück leben kann!«

Damit wäre das Buch hier zu Ende, wenn meine Ahnung sich nicht bewahrheitet hätte, denn es sollte uns ein harter Schicksalsschlag treffen. Aber dort in dem Moment auf der Straße nach Mieste, war ich dankbar, glücklich und demütig, dass ich dieses Leben hatte, genau dieses Leben und kein anderes.

4   Von Machos und der Frauenquote

Neben Hof und Familie hatten Johannes und ich auch noch Hobbys, jeder für sich. Das war uns wichtig. Da wir schon gemeinsam arbeiteten, sollte auch jeder eigene Freiräume haben. Das hört sich gut und modern an und war es auch.

Johannes ging zur Jagd, davon hatte er schließlich auch sein Leben lang geträumt; er wäre sogar beinahe Förster geworden. Und im Drömling hatte er nun ein Revier, in das ihm keiner hineinreden konnte.

Ich hatte bereits als Jugendliche erste Schritte in die Politik unternommen. Das war ein Erbe aus meinem Elternhaus. Mein Vater war, solange er geistig fit war, in der Kommunalpolitik aktiv. Als Lehrer der älteren Generation in einer eher konservativen Partei. Dort fühlte ich mich auch zugehörig.

1991, als wir nach Mieste kamen, war die örtliche Politik ein noch brachliegendes Feld. Die alten Seilschaften waren weg, und die engagierten Menschen, die die Wende herbeigeführt hatten, wollten nun auch die Politik gestalten. In dieser Stimmung bin ich dazu gestoßen. Ich war begeistert von der Aufbruchstimmung, denn ich kannte aus dem Westen nur eine etwas muffige Politik, in der es schwer war, sich als Neue zu behaupten. Ämter und Mandate waren im Westen oft sogar Erbhöfe. Hier wurde ich herzlich willkommen geheißen, es gab überhaupt keine Vorbehalte gegen mich.

Vom ersten Tag an hatte ich einen Platz im neugewählten Vorstand. Es waren alle neu dabei. Viele Menschen aus den Anfängen dieser Politik sind heute noch meine Freunde. Es waren und sind großartige Menschen. Es ging um Mieste und darum, Demokratie zu leben. Zaghafte Schritte waren es zuerst, die wir machten. Immerhin hatten wir den neu gewählten Bürgermeister unter uns. Das öffnete das Tor in die höheren

Ebenen. Wir wollten uns bekannt machen im Dorf, anderen die Scheu vor der Politik nehmen. Politiker waren zu DDR-Zeiten eine andere Sorte Mensch gewesen und sind mit Argwohn betrachtet worden.

Mein erster Auftritt in der Öffentlichkeit in meiner neuen Funktion fand auf dem Weihnachtsmarkt statt, auch der etwas Neues für den Ort. Er ist bis heute eine feste Größe in Mieste geblieben. Wir haben zuvor in unserer Küche Schmalzstullen geschmiert. Die haben wir auf unseren Glühweinstand zusammen mit dem Glühwein verkauft und den Erlös für einen neuen Kinderspielplatz gespendet. Wir wurden mutiger und haben richtige Wahlkampfstände gemacht. Es standen bald verschiedene Wahlen an. Leider wurde unsere Vorsitzende, Elli, schwer krank und starb nach einem halben Jahr an Krebs. Damit war ich als ihre Stellvertreterin in vorderster Front, das wurde dann bei neuen Vorstandswahlen auch so bestätigt. Ich stand damit dem mitgliederstärksten Ortsverband in Sachsen-Anhalt vor. Damit konnten wir uns schon Respekt bis in die oberste Etage verschaffen. Wir luden Landespolitiker ein, unter anderem den damaligen Ministerpräsidenten Christoph Bergner. Mit ihm unternahmen wir eine Radtour durch den Drömling und grillten bei uns auf dem Hof.

Im Vorstand saß auch Silke, die bald meine Freundin wurde. Wir waren gleich alt, hatten je drei Kinder im selben Alter und ihr Mann Karl-Friedrich ging mit Johannes gemeinsam zur Jagd; Silke und ich haben so viel miteinander erlebt.

Eines Tages gab es von einer Stiftung eine Einladung nach Berlin zu einem Workshop für berufstätige Frauen. Da gehörten wir hin, so dachten wir. Silke war Kauffrau in einem Industriebetrieb. Wir fühlten uns sehr angetan, dass es für Frauen wie uns extra Veranstaltungen geben würde und planten den Besuch der Großstadt, die damals noch nicht Bundeshauptstadt war. Kinderbetreuung und Fahrt mussten wir zuvor organisieren. Wir wollten mit der Bahn anreisen – das scheiterte schon in Mieste, als wir dort den Zug verpassten. Johannes fuhr uns nach Gardelegen, damit wir dort den Anschlusszug nehmen konnten. Im Berliner Hauptbahnhof sollten wir nur vier Stationen mit der U-Bahn weiter, das hatten wir herausgefunden. Aber der Umgang mit Fahrkartenautomaten überforderte uns Frauen vom Land. Wir mussten einem Herrn den Vortritt lassen, damit wir abgucken konnten. So richtig hatten wir augenscheinlich nicht geschaut, denn ich bekam nur eine Hundefahrkarte aus dem Schlitz.

Kurzerhand kaufte ich noch eine Hundefahrkarte, denn Hunde kosteten die Hälfte. Silke gelang es dann, eine echte Erwachsenenfahrkarte zu lösen. So ausgestattet sind wir in die vermeintlich richtige U-Bahn gesprungen, um dann zum einen festzustellen, dass wir unsere Fahrkarten hätten auf dem Bahnsteig entwerten müssen. Außerdem erkannten wir, dass zwar die richtige Nummer an der U-Bahn stand, diese leider aber in die entgegengesetzte Richtung fuhr. Noch heute habe ich leichte Panik, wenn ich in Großstädten U-Bahn nutzen muss.

Den Workshop erreichten wir mit einer halben Stunde Verspätung, aber wir bekamen trotzdem noch eine Suppe am Buffet. Die Veranstaltung begann mit einem Vortrag, in dem etliche Empfehlungen gegeben wurden, wie wir unsere Männer zur Hausarbeit und Kinderbetreuung einspannen könnten. Silke und ich konnten es nicht fassen: »In welchem Jahrhundert waren die denn stehen geblieben?«

Wir mussten ständig lachen und kommentieren. Das war wohl nicht immer im Flüsterton, denn vor uns drehte sich eine Frau um und fragte, ob wir zu einem Interview bereit wären. Sie schriebe für die ›Brigitte‹ und hätte den Eindruck, dass wir das Problem ›bequeme Ehemänner‹ im Griff hätten. Gern würde sie ihren Leserinnen darüber berichten. Nun war es mit unserer Beherrschung gänzlich vorbei. Wir sollten anderen Frauen Tipps geben, wie sie ihre Männer zur partnerschaftlichen Familienarbeit bewegen könnten? Wir sind wie die Teenager kichernd aus dem Saal und haben lieber Sightseeing in Berlin gemacht.

Wir waren engagiert und kreativ. Als der Drömling zusätzlich künstlich unter Wasser gesetzt werden sollte und die Landwirte damit weitere Flächen verlieren würden, haben wir Trecker-Demonstrationen und eine Sternfahrt zum Landtag ins Leben gerufen. Es war viel Aufwand, aber wir wollten die Zukunft unserer Region gestalten. Es wurde um jede Schule gekämpft, die geschlossen werden sollte, Alternativkonzepte erarbeitet und auch gemeinsam gefeiert. Die Politik machte zu diesem Zeitpunkt Spaß.

Wie überall im Land gab es auch in unseren Landkreisen Kreisgebietsreformen, aus drei Landkreisen wurde einer. Das hat für viel Streit gesorgt, denn zwei Drittel der Amtsträger mussten auf ihre Posten verzichten.

Komischerweise habe ich davon profitiert. Es stand die Wahl zum Kreisvorsitzenden des nun vergrößerten Landkreises an. An einem Montagmittag bekam ich einen Anruf vom Büro unseres Landtagsabgeordneten. Ich wurde zum Gespräch gebeten. Ich war verwundert und fühlte mich geehrt. Ich packte am nächsten Tag Franziska mit ihrem Malbuch ein und erschien pünktlich zum Termin. Zu meiner größten Überraschung bat Doktor Kühlke mich, für den Posten als Kreisvorsitzende zu kandidieren. Wow, dass er mir das zutraute! Der Verband umfasste immerhin zwölfhundert Mitglieder.

Mein Ortsverband war ebenfalls der Meinung, dass wir als größter Verband im Landkreis Altmark West einen Kandidaten schicken müssten. Damit wurde ich vorgeschlagen.

Das ging mir ganz schön schnell. Ich war dreißig und wurde von Kindern, Kühen und Ehemann gebraucht. Genauso fing ich dann meine Bewerbungsrede an:

»Ich heiße Jour Bromann, dreißig Jahre alt, bin Bäuerin aus Mieste, habe drei Kinder, hundert Kühe und einen Mann.«

Damit war das Eis gebrochen. Ich hatte richtiggehend Spaß daran, vor den vierhundert Anwesenden zu reden, nachdem ich zuvor mit wackeligen Knien zum Rednerpult gegangen war. Zu meinem großen Erstaunen bin ich gewählt worden. Da stand ich, dreißig Jahre alt und war mitten in der Politik angelangt. In der nicht mehr so unschuldigen Politik wie die, die ich auf dem Dorf erlebt hatte.

Nun begann erst mal ein Hauen und Stechen. Es mussten Pflöcke eingesteckt, jeder wollte sich behaupten. Der unterlegene Kandidat mit seinem Verband machte Stimmung gegen mich. Das war die Zeit, in der Johannes vor mir die Zeitung lesen musste, weil die Möglichkeit bestand, dass es wieder Vorwürfe gegen mich gab oder ich falsch zitiert worden war. Ich bin damals noch kein Profi in solchen Dingen gewesen.

Dann wurde es etwas ruhiger, ich wurde akzeptiert, hatte aber sehr viel Arbeit. Ich wollte durch Engagement überzeugen und nicht durch Intrigen. Dazu hatte ich zwei Jahre Zeit. Zusätzlich wurde ich in den Landesvorstand gewählt. Damit war ich in der Runde mit Ministern, Ministerpräsident und Staatssekretären, also mit den ganz hohen Politikern. Ich lernte schnell, mich dort zu bewegen. Einige Male war ich aber zu spontan. Erst denken, dann reden … das gelang mir nicht immer. Einmal hatte ich vormittags stundenlang mit Tierarzt und Mitarbeitern die Kühe ›geblutet‹. Das bedeutet, dass Blutproben gezogen werden, um bestimmte Seuchen auszuschließen. Die Stelle, bei der es bei einer Kuh am besten gelingt, eine Nadel dafür hineinzupiksen, ist unter dem Schwanz. Der Jargon ist in der Landwirtschaft durchaus ein wenig rauer. Es gab ständig das Kommando: »Heb mal den Schwanz hoch!« Und dann amüsierte man sich über die Zweideutigkeit. Das konnte ich auch, denn ich war viele

Stunden dabei und musste lernen, in genau diesem Jargon zu kontern.

Mittags bin ich schnell nach Hause gefahren, zum Essen, Duschen, zum businessmäßigen Einkleiden und dann los in die Landeshauptstadt Magdeburg.

Dort bin ich etwas zu spät angekommen, weil ich keinen Parkplatz gefunden hatte. Ich kam gerade zur Tür herein, als ein Teilnehmer sagte: »Die hat doch von Tuten und Blasen keine Ahnung.«

Statt einer Begrüßung sagte ich dann spontan: »Vor allem von Letzterem nicht!« Das löste nach einem Moment der Schockstarre erstauntes Gelächter aus, es war von einer Ministerin die Rede gewesen. Wie peinlich!

Eine weitere Spontanität kostete mich beinahe die Wiederwahl in den Landesvorstand. Bei einer Sitzung wurden Wahlmänner gesucht für die Wahl des Bundespräsidenten. Unsere Ober-Feministin mit zweifachem Doppelnamen bemängelte die schwache Anzahl von Frauen unter den Wahlmännern; da fand ich schon die Formulierung total komisch. Es waren aber noch einige Plätze zu vergeben. Es hätten sich also auch Frauen melden können. Der Vorsitzende schaute mich erwartungsvoll an und fragte, ob ich denn Interesse hätte oder noch eine Frau vorschlagen könnte.

»Herr Vorsitzender, wenn ich das richtig verstanden habe, ist die Wahl zum Bundespräsidenten an einem Sonntag, da müssen die Frauen kochen und können nicht weg.«

Ich hatte das provokativ-ironisch gemeint, mit einem Fitzelchen Wahrheit. Denn ich hatte meinem Mann und meinen Kindern versprochen, den Sonntag nur in allergrößten Notfällen der Politik zu opfern. Ich war ja in der Woche schon viel unterwegs, vor allem abends. Es war oft so, dass ich morgens nicht mitreden konnte, weil Johannes den Kindern abends vorlas und ich nicht wusste, worum es bei den ›Sams‹-Geschichten ging. Also einen Sonntag zu opfern, um in Berlin Roman Herzog zu wählen, kam für mich nicht infrage. Er würde es auch ohne meine Stimme schaffen können. Die Ober-Feministin nahm mir meinen Einwurf sehr übel und empfahl ihrem Frauenarbeitskreis, mich bei den anschließenden Vorstandswahlen nicht zu wählen, da ich mit den Männern »gemeinsame Sache« machen würde. Ich hatte zwar weniger Stimmen, aber gewählt worden bin ich trotzdem.

Frauen in der Politik. Ich hatte mich immer geweigert zu akzeptieren und tue es heute noch, dass es für sie andere Regeln geben sollte. Wir sind Menschen in der Politik und keine Geschlechter. Ich hatte nie das Gefühl, wegen meines Geschlechts irgendetwas nicht zu erreichen.

Ich war und bin gegen jegliche Frauenquote. Egal, wenn ich mit dieser Aussage jemandem auf die Füße trete, das stört mich nicht. Ich wollte schon immer aus eigener Kraft weiterkommen und nicht durch eine Quote.

Es gab in dieser Partei bis zu diesem Zeitpunkt keine Frauenquote. Ich habe dafür gekämpft, dass es so bleiben würde. Aber verloren, indem ich gar nicht in den Ring durfte. Wir waren als Landesverband zum Bundesparteitag gefahren. Ich mochte diese Parteitage. Vor allem wegen des Balles am zweiten Abend. Es waren immer tolle Tänzer da, ohne ihre eigenen Frauen. Da ich als weibliche Person in der Minderheit war, hatte ich die Auswahl. Mir fiel auf, dass eine Frauenquote auch die Auswahl beim Tanz erheblich einschränken würde, beziehungsweise: Ich hätte wesentlich mehr Konkurrenz. Das war eine amüsante Erkenntnis.

Am nächsten Tag sollte das Plenum von ungefähr fünfzehnhundert Delegierten über die Einführung der Frauenquote abstimmen. Es hatten alle Stimmrecht, Frauen und Männer. Das war schon merkwürdig, denn die Männer waren in großer Zahl dafür, weil sie Angst hatten, sonst als frauenfeindlich zu gelten.

Vor jeder Abstimmung gab es eine Diskussion. Jeder konnte für seinen Standpunkt werben, alle Argumente sollten auf den Tisch. Nun war die Frauenquote eine Herzenssache der Führung, die der Meinung war, eine moderne Partei brauche eine Frauenquote. Daher hatte unser Landesverbandsvorsitzender den Auftrag, möglichst Stimmen gegen die Quote zu unterdrücken. Er fragte also und insbesondere mich, weil er meine Einstellung kannte, ob ich denn gedenke, mich an der Diskussion zu beteiligen.

»Und ob!«, war meine Antwort. Ich solle das bitte unterlassen, er würde es mir hiermit untersagen. Ich glaubte, mich verhört zu haben und war rechtschaffen empört. Selbstverständlich habe ich mich nicht an sein Verbot gehalten. Ich habe die ganze Nacht vor dem Spiegel im Hotelzimmer meine Rede geübt, denn ich war sehr aufgeregt, vor fünfzehnhundert Menschen zu sprechen, möglicherweise sogar im Fernsehen übertragen. Und das auch noch gegen den Mainstream.

Am nächsten Tag gab ich bei der Saalaufsicht meine Wortmeldung, also meine Anmeldung für einen Redebeitrag ab. Und wurde immer nervöser. Der Zeitpunkt der Diskussion näherte sich. Dann sagte der Tagungsleiter lapidar ins Mikrofon: »Sehr geehrte Delegierte, der Vorstand hat beschlossen, auf die Diskussion zu verzichten und nunmehr gleich in die Abstimmung zu gehen!«

Meine Illusion war dahin. Mitbestimmung in Parteien konnte auch nur eine Farce sein.

Egal, ich fand mich anerkannt und hoffte: aufgrund meines Handelns und nicht wegen meines Geschlechts. Das Geschlecht spielte in einem anderen Zusammenhang durchaus eine Rolle. Denn natürlich ist man im Umgang miteinander in der Politik auch Mann und Frau. Da war ich anfangs sehr naiv. Auch was grundsätzliche Treue in einer Ehe betraf. Ich bin nicht auf die Idee gekommen, dass es munter zuging in dieser Hinsicht.

Nach einer haushoch verlorenen Landtagswahl versammelten wir uns zu einer Klausurtagung in einem Hotel in Halle an der Saale. Wir tagten bis nachts um drei Uhr, Wunden lecken, gegenseitige Schuldzuweisungen, Lösungsansätze, weitere Schritte. Alles das, was an solchen Sitzungen gesagt werden muss. Im Flur verabschiedete ich mich von meinem Vorstandskollegen Karsten mit den Worten: »Na, dann bis gleich!« Wir hatten immer einen sehr guten Draht zueinander. Dass er meine Worte missverstehen konnte, fiel mir gar nicht auf. Ich meinte doch damit nur, dass die Frühstückszeit nicht mehr weit gewesen wäre.

Ein zartes Klopfen an meiner Tür hat mich eines Besseren belehrt. Ich bin mucksmäuschenstill liegen geblieben. Dann war Ruhe. Vorerst.

Zweimal im Jahr gab es in einem hübschen Schloss mit Park Klausurtagungen der Partei. Es begann am Freitagnachmittag mit dem lockeren Eintreffen, ›Get-together‹ würde man heute sagen, und ging in einen Kaminabend über. Die eigentliche Sitzung begann am folgenden Morgen. Immer. Mit meinem Kollegen Karsten hatte ich wenige Tage vor einer dieser Tagungen telefoniert und sagte dann zum Abschluss »Wir sehen uns am Freitag!« Ich hatte mir absolut nichts dabei gedacht. Ich hatte aber auch die schriftliche Einladung nicht gelesen, sondern nur den Termin im Kalender notiert.

Am Freitagnachmittag fuhr ich auf den Parkplatz und wunderte mich, dass dort kaum Autos standen. Nur der Wagen von Karsten und zwei Kleinwagen parkten dort. Oh, dachte ich nur, bin ich also die Erste.

An der Rezeption sah ich nur drei Personen auf der Übernachtungsliste. Die Klausurtagung fand ausnahmsweise nur am Samstag statt. Es war nicht meine Absicht gewesen, Karsten zu signalisieren, mich bereits am Freitag dort zu treffen. Ich war verheiratet, er war verheiratet. Was sollte das also? Zurück wollte ich auch nicht mehr, das waren über zweihundert Kilometer. Außerdem wollte ich ihn irgendwie auch nicht brüskieren. Sich in der Politik Feinde zu machen, weil man die Eitelkeit eines Mannes gekränkt hat, wäre sehr unüberlegt gewesen.

Was sollte ich tun? Da lief mir Beate über den Weg. Die Praktikantin aus dem Büro des Fraktionsvorsitzenden war ebenfalls schon gekommen. Die dritte Person auf der Übernachtungsliste. Sie sollte einiges vorbereiten für die Sitzung am anderen Tag. Die nahm ich mir zur Seite.

»Beate, egal, was hier heute passiert, du weichst nicht von meiner Seite, kapiert?« Etwas verwundert nickte sie, aber ich muss sagen, sie hielt sich vorbildlich an meinen Auftrag.

Karsten hatte für uns beide einen schönen Tisch reservieren lassen. Beate stand da: »Oh prima, ich habe auch gerade Hunger.« Und schon saß sie dann mit am Tisch. Karsten guckte angesäuert, konnte aber nichts dagegen sagen.

Nach dem Essen schlug mir Karsten einen Spaziergang im Schlosspark vor. Beate: »Oh ja, frische Luft kann ich auch gut gebrauchen.« Und bewegte sich nicht einen Meter von unserer Seite. Ich konnte gar nicht genug bekommen von dieser wunderbaren Luft und wir gingen Runde um Runde. Beate lief immer neben uns.

Er fragte: »Sag mal, Beate, ist denn für morgen schon alles vorbereitet?« Sie strahlte: »Selbstverständlich!« Es fing an zu nieseln, ich fand die Luft immer noch herrlich. Ich glaube, es waren über zwei Stunden. Dann wollte ich nur noch meinen Abgang aufs Zimmer. Zu meiner Überraschung gab es keine Diskussion, als ich ins Bett gehen wollte.

Beate entließ ich mit einem Kopfnicken und bin hoch in mein Hotelzimmer gegangen. Ein Klopfen könnte ich ja wieder überhören, so dachte ich. Es gab zwar inzwischen schon Handys, aber auf diesem Schloss war kein Netzempfang. Die Gefahr war jedoch noch nicht vorüber, sie kam über den Balkon.

Karsten hatte es hinbekommen, dass unsere Zimmer über den Balkon miteinander verbunden waren, so stand er plötzlich mit einer Flasche Sekt in meinem Zimmer. Da half jetzt nur noch die Flucht nach vorn und ich musste ihm klar artikulieren, dass ich kein Interesse an Sex mit ihm hätte. Ich hatte ein bisschen schlechtes Gewissen, denn ich hatte ihm unwissentlich das falsche Signal gegeben. Zum Glück war Karsten nicht nachtragend, wir haben oft noch über dieses Missverständnis gelacht.

Tatsächlich ist mir das häufig begegnet. Ich bin oft angebaggert worden. Klar, ich war jung. Meine politische Karriere spielte sich im Alter zwischen dreißig und bis zu meinem Parteiaustritt mit fünfundvierzig Jahren ab. Abends an der Bar nach einer Sitzung spielte der Rang, die Funktion keine Rolle mehr. Da waren es Männer und Frauen. Es gab genauso Minister wie andere Kollegen, die ihre Hände nicht bei sich behalten konnten oder offen nachfragten, ob man die Nacht zusammen verbringen wolle. Als Kind vom Dorfe hat mich das anfangs sehr geschockt, aber auch etwas fasziniert. Ich gebe es zu, dass ich mich geschmeichelt gefühlt habe. Aber es war nie ein Mann dabei, bei dem ich hätte schwach werden können. Mein Lieblingsmensch war zu Hause.

Ich habe in der Politik auch sehr tiefgehende Erlebnisse gehabt. Gleich in der ersten Zeit als Kreisvorsitzende wurde an mich der Wunsch von DDR-Opferorganisationen herangetragen, den Vorsitz eines neu zu gründenden Vereins zu übernehmen. Der Verein sollte das Ziel haben, die Erinnerung an die Verfolgung durch die Stasi wachzuhalten.

Ich fand mich nicht geeignet, da ich doch die DDR gar nicht persönlich erlebt habe. Ich erklärte mich aber bereit, einige Veranstaltungen zu dem Thema zu organisieren. Ohne Kenntnis darüber, auf welches gefährliche Terrain ich mich da begab. Nachdem ich die ersten Einladungen für eine Gedenkveranstaltung in einem ehemaligen Stasigefängnis ausgesprochen und verschickt hatte, bekam ich mysteriöse Anrufe, denunzierende Schreiben und Morddrohungen in den Briefkasten. Ich interviewte zu diesem Thema Zeitzeugen, ehemalige Gefängnisinsassen von Stasi-Gefängnissen. Deren Geschichten haben mich tief erschüttert. Es schockierte mich, dass es augenscheinlich noch einen Untergrund gab, der mich nun bedrohte.

Dieser Untergrund schaffte es, dem von mir geladenen TV-Sender ein Drehverbot auf einer von mir organisierten Veranstaltung erteilen zu lassen. Das ging alles gewaltig unter die Haut.

Als die nächsten Bundestagswahlen in Sicht kamen, wurde ich von verschiedenen Seiten gefragt, ob ich kandidieren würde. Das schmeichelte, aber mein erster Gedanke war: »Weg von zu Hause?« Nein.

Dann habe ich intensiver darüber nachgedacht und mich mit Johannes besprochen. Berlin hatte von uns aus eine perfekte Bahnanbindung. Er redete mir zu, und ich gestand, dass die Position mich reizen würde.

Wieder übte ich vor dem Spiegel meine Bewerbungsrede. Freundin Silke musste kommen und mich in der Kleiderfrage beraten. Der Busunternehmer hatte einen Bus für unsere Ortsmitglieder organisiert, damit auch möglichst viele dabei sein würden; es kam auf jede Stimme an.

Aus unserem Verband waren wir zwar sehr viele, aber der Gegenkandidat hatte den Vorteil, dass die Wahl in seinem Heimatort stattfand. Und wieder geschah das Unfassbare. Ich stand auf dem Podium und hatte Spaß an meiner Rede. Ich bekam Szenenapplaus. Trotzdem reichte es nicht ganz. Der Heimvorteil des Gegenkandidaten war zu groß. Außerdem hat er bei vielen Delegierten damit geworben, dass ich als Frau über die Quote bestimmt einen guten Listenplatz bekäme, dann hätte der Wahlkreis, die Region, zwei Abgeordnete in Berlin. Da hatten wir die Bescherung, blöde Frauenquote.

5   Zumindest war meistens alles gut

Ein wenig enttäuscht war ich schon über das Ergebnis der
Nominierungsveranstaltung, aber ich war noch jung, meine
Karriere in der Politik damit noch längst nicht beendet. Tatsächlich bekam ich einen Listenplatz auf der Bundestagswahl-
liste, von der Position her nicht gerade ein Selbstläufer, aber
durchaus aussichtsreich.

Kurze Zeit später hatte ich ganz andere Sorgen.

Mittags kam Johannes mit Rückenschmerzen heim. Er legte
sich hin und ich übernahm das Melken. Als es am nächsten
Morgen noch immer nicht besser war, ging es zum Arzt und
von dort ins Krankenhaus zum MRT. Ehrlich gesagt, ich weiß
überhaupt nicht mehr, was die Ursache für die Rückenschmerzen war, denn der Neben-Zufallsbefund haute uns aus den
Latschen.

Metastasen in nicht unerheblichem Ausmaß in der Leber. Ich
sehe noch heute sein Gesicht vor mir, als er sagte, ich solle jetzt
sehr tapfer sein, da käme eine Menge auf mich zu. Der Begriff
›aschfahl‹ war bei ihm sehr zutreffend. Ich war zu dem Zeitpunkt zweiunddreißig Jahre alt, die Kinder sieben, zehn und
zwölf Jahre. Wir standen im Krankenhausflur. Wir konnten
uns gegenseitig nicht trösten. Er war neununddreißig Jahre alt.

Außer so blöde Sätze wie ›Wir schaffen das schon‹ bekamen
wir nichts heraus. Dann mussten wir entscheiden, wie wir nach
außen damit umgehen. Johannes' Wunsch war es, niemanden
davon zu erzählen, zumindest nicht, bis wir eine spezialisierte
Diagnose hätten. Für seine Verlegung in die Uniklinik sollte
ich mir einen anderen Grund ausdenken.

Mit dieser Diagnose, die unser Leben komplett verändern
würde, bin ich nach Hause gefahren. Ich war so geschockt,
es tat nicht einmal weh. Trotzdem wollte ich mit jemandem

darüber reden, aber ich durfte ja nicht. Zum Glück war unser Nachbar nicht nur unser Freund, sondern auch Pfarrer. Denn es ist selbst bei Freunden nicht einfach zu reden, vor allem, wenn die es ebenfalls geheim halten sollen. Damit würde man sie sehr belasten.

Albrecht kannte solche Situationen von Berufs wegen, kannte uns aber auch gut genug, um uns sehr persönlich beistehen zu können. Ich fühlte mich ihm gegenüber nicht an mein Versprechen Johannes gegenüber gebunden, keinem etwas zu sagen. Wenn mir jemand helfen konnte, dann er, der Freund und Pfarrer gleichzeitig war. Albrecht war natürlich auch sehr geschockt. Ein kerngesunder Neununddreißigjähriger hat Krebs. Der Neununddreißigjährige ist ein guter Freund.

Er hatte glücklicherweise gleich Zeit für mich. In seinem Dienstzimmer schaffte er es durch seine behutsame Art, seine Fragen und Anmerkungen, meine Gedanken zu lösen. Ich bekam das Gefühl, nicht allein damit zu sein. Mehr konnte ich für den Moment nicht erwarten. Wenn wir das schaffen sollten, dann musste ich klar und stark sein. Dafür würde ich einen Notnagel brauchen, also einen, dem ich uneingeschränkt vertrauen, aber auch mit dermaßen schwerwiegenden Sorgen belasten konnte. Ich ging zurück, machte Abendbrot für die Kinder, grüßte sie von ihrem Vater und brachte sie ins Bett.

Dann trank ich einen dreifachen Whisky und heulte die ganze Nacht Rotz und Wasser. Das war die Trauer um den Verlust unserer Sorglosigkeit. Die Angst vor der Zukunft und dem grausamen Schmerz, Johannes nicht helfen zu können. Nicht wirklich helfen zu können. Was musste er für eine Scheiß-Angst haben?

Danach habe ich nie wieder aus Trauer und Verzweiflung geheult.

Ja, mir kamen noch oft die Tränen, auch heute noch bei einigen Anlässen, aber Taschentücher lautstark voll geheult – das war mit dieser Nacht erledigt.

Der nächste Tag begann. Wie immer. Kinder wecken, Frühstück machen, zur Schule schicken.

Dann fuhr ich in den Betrieb, um den Tag mit den Mitarbeitern zu planen. Das war, zu meiner Erleichterung, im November nicht besonders schwer. Den Mitarbeitern erklärte ich, dass Johannes zu weiteren Untersuchungen in die Uniklinik müsse. Die waren mit der Erklärung zufrieden.

Anders war es schon mit den Schwiegereltern. Die wollten Details wissen und unbedingt mit ihm sprechen. Vorerst konnte ich sie noch davon abhalten. Johannes wollte nicht mit ihnen reden, denn er wollte selbst erst mit der Situation klarkommen.

Seine Krankenhaus-Telefonnummer durfte ich ihnen nicht geben, die Erklärung, dass er keines dort hätte, haben sie nicht geglaubt. Das war eine Baustelle, die ich wirklich nicht brauchen konnte, wegen Johannes aber aushalten musste.

Sein Aufenthalt in der Uniklinik dauerte zum Glück nur eine Woche. Leider konnten sie in dieser Woche den Ursprung für die Metastasen nicht herausfinden. So war auch eine Behandlung nicht möglich. Wir erfuhren im Abschlussgespräch, dass es sich um eine sehr langsam wachsende Krebsart handeln würde, die allenfalls noch weiter verzögert werden könne. Dazu sollte er einmal im Monat für eine Depot-Spritze vorbeikommen. Auf Johannes Frage, wie lange, sagte der Professor, dass es zwei, fünf, zehn oder zwanzig Jahre sein könnten. Johannes meinte mit seiner Frage die Behandlung, der Professor bei seiner Antwort seine Lebenserwartung. Johannes war die Diskrepanz nicht aufgefallen, oder er tat so.

Wir haben uns so oft gegenseitig geschont. Ich wollte ihm dann auch glauben, dass die Behandlung gemeint war. So sind wir fast euphorisch zurück nach Mieste gefahren. Johannes ging es blendend, er hatte nur ein wenig abgenommen, da er für die Untersuchungen ständig nüchtern gewesen sein musste. Einmal im Monat zur Spritze, damit konnten wir unser ›Es ist alles in Ordnung‹-Märchen aufrechterhalten, das würde nicht einmal jemand mitbekommen. Montags morgens haben wir Felix immer ins Internat gefahren; so hat es alle vier Wochen eben Johannes getan, da die Uniklinik auf dem Weg lag.

Johannes ging es so gut, dass wir selbst fast glaubten, die Diagnose wäre ein Irrtum. Wir trieben die Rinder und Johannes rannte schneller als unsere Lehrlinge. Dieser Mann kann doch nicht so schwer krank sein, war mein Gedanke. Wir haben in dieser Zeit auch nicht darüber gesprochen.

Gott sei Dank hatte ich bei Hofübernahme auf einem vernünftigen Testament bestanden, sodass im Grunde auch keine Notwendigkeit war, das Thema zu besprechen. Wir genossen das Gefühl, noch einmal davon gekommen zu sein.

Meine einzige Maßnahme, mich auf den Ernstfall vorzubereiten, war die Teilnahme am Meisterkurs für Landwirte und der Rückzug von der Bundestagskandidatur.

Das ging so lange gut, bis Johannes wieder an einem Montag seine Spritze abholte. Ein halbes Jahr war nach der ersten Diagnose vergangen. Es waren Osterferien und Felix war zu Hause. Felix hatte seinen elften Geburtstag, es sollte am Nachmittag ein zünftiger Kindergeburtstag gefeiert werden.

Johannes muss auf dem Rückweg gewesen sein, als mich sein behandelnder Arzt anrief und mir seine Sorgen mitteilte. Er sagte, er habe den Eindruck, mein Mann würde seine Krankheit nicht ernst genug nehmen. Es könne deutlich schneller als fünf bis zehn Jahre sein, der Krankheitsverlauf sei überhaupt nicht abzuschätzen. Wir sollten unsere persönlichen Dinge unbedingt regeln.

Das war ein brutales Aufreißen aller Sorgen, Ängste und Schmerzen in wenigen Sekunden. Ich fragte ihn, ob er das

Johannes auch gesagt hätte, was er verneinte. Er wollte ihm nicht die Illusion nehmen, das solle ich machen, wenn ich es für nötig hielte.

Das war die schwerste Bürde, die mir je in meinem Leben auferlegt wurde. Sofort bin ich zu Albrecht hinübergelaufen. Ich hatte, wie beim letzten Mal, Glück, dass er daheim war und Zeit für mich hatte. Ich wusste nicht, wie ich mit diesen Informationen umgehen sollte. Wie sollte ich mich Johannes gegenüber verhalten? Ich wollte es so, wie er es sich wünschte, aber kannte ich diesen Wunsch denn so genau? Konnte ich ihn anlügen, ihm etwas verheimlichen? Albrecht tat sein Bestes, aber im Grunde konnte er mir auch nicht raten, denn diese Entscheidung konnte mir keiner abnehmen.

Ich war verzweifelt und bin nur mäßig getröstet von Albrecht zurück.

Nun musste ich auf jeden Fall Felix' Kindergeburtstag durchhalten. Nichts anmerken lassen. So fiel Johannes auch nichts auf, als er heimkam, denn ich war im Kindergeburtagsstress. Ehrlich gesagt, konnte ich den Nachmittag nur aushalten, indem ich ein paar Mal an die Whiskyflasche ging.

Parallel überlegte ich immer noch, wie ich mich Johannes gegenüber verhalten sollte. Ihm dieses Telefonat zu verschweigen, kam gar nicht infrage. Ich entschied mich für Herantasten.

Als der Kindergeburtstag vorüber war, unsere eigenen Kinder, glückselig im Bett schliefen, fing ich vorsichtig an:

»Spatz, dein Professor hat heute Mittag angerufen, du sollst deine Krankheit ernster nehmen.«

Ich habe abgewartet, wie er reagierte, um dann zu entscheiden, was ich weiterhin sagen würde.

»Ja, ich habe inzwischen auch mitbekommen, meinen achtzigsten Geburtstag werde ich nicht erleben.« Das war alles, er hat nicht weiter nachgefragt. Damit war für mich klar, dass er kein ausführliches Gespräch über dieses Thema wünschte.

Ich hätte nicht einmal gewusst, ob es mir lieber gewesen wäre, einmal alles auszusprechen, was ich seit der Diagnose in mir trug. Aber sein Wunsch war maßgeblich und so haben wir uns dann beide zusammen noch weiter betrunken.

Wir haben es dann noch fast eineinhalb Jahre geschafft, das Thema komplett auszublenden. Wir hatten eine schöne Zeit. Es war die richtige Entscheidung gewesen, keinem etwas zu sagen. Bis zum Sommer 1999 hatten wir die Illusion, es wäre alles in Ordnung. Instinktiv haben wir mehr Zeit miteinander verbracht: zu zweit einen ganz spontanen Urlaub auf Mallorca, mehr Zeit mit der Familie. Nach außen hin unbeschwert. Die meiste Zeit konnte ich die Sorgen auch verdrängen. Wie es bei Johannes war, wusste ich nicht. Irgendwie war es oberflächlich und intensiv zugleich. Aber so fragte keiner nach und alles war gut. Zumindest war meistens alles gut. Meistens konnte ich anderen und mir etwas vormachen.

6   Tiramisu, italienischer Rotwein und Italo-Hits

Es ging gut bis zum Spätsommer 1999. Johannes war fit und durchtrainiert. Es kamen kleine Symptome, die ihn aber nicht davon abhielten, mit den Jungs eine Fahrradtour von über hundert Kilometern zu meiner Schwester nach Bienenbüttel zu machen. Das war allerdings die letzte große Aktion. Danach stellte man im Krankenhaus, nach nun stärker auftretenden Beschwerden fest, dass sich die Metastasen sehr vermehrt und vergrößert hätten. Es wurden nun doch Chemos festgelegt, ohne genau zu wissen, ob diese helfen könnten.

Der war Zeitpunkt da, mit unserem Umfeld zu reden. Das ließ sich nun nicht mehr verbergen und man konnte Johannes die Krankheit auch ansehen. Bei den Mitarbeitern bin ich mit gewesen. Bei den Schwiegereltern nicht. Bei meinen Eltern war ich zu feige, da meine Mutter, genau wie ich, sehr nahe am Wasser gebaut hatte. Ich wollte aber nicht zusammenbrechen! Die Übermittlung der schlimmen Nachricht überließ ich meiner Schwester. Den Kindern erklärten wir eine stark abgeschwächte Version. Aber allen erklärten wir, dass er wieder gesund werden würde. Ich wollte es glauben, aber ich hatte auch noch das Telefonat an Felix' Geburtstag im Kopf: die Aussage des Professors, es gäbe keine Heilung.

Der nun eintretende innere Zwiespalt zerriss mich fast. Hoffnung haben und sich gleichzeitig auf den Tod und die Folgen vorzubereiten, ging eigentlich nicht. Ich wollte nicht glauben, dass er stirbt. Ich habe es auch nicht geglaubt. Aber allein die Vorstellung vom Tod ist schon unbegreiflich, wenn man abstrakt darüber nachdenkt. Die Vorstellung, dass die große Liebe stirbt und nicht mehr da ist, die konnte ich nicht entwickeln. Und trotzdem hat sich ein Teil von mir darauf vorbereitet. Aber diesen Teil in mir mochte ich nicht. Obwohl dieser Teil in mir auch gleichzeitig eine Gewissheit gab, dass es auch ein Leben ohne ihn geben wird und muss. Die Emotionale in mir wollte es nicht wahrhaben, die Pragmatische dachte über die Beerdigung nach. Die Emotionale suchte mit ihm zwischen zwei Chemos einen Jagdhund aus, die Pragmatische kämpfte sich durch die Meisterprüfung zum Landwirtschaftsmeister. Die beiden in mir mochten sich nicht, sie waren sich im Weg, es gewann keine die Oberhand. Es gab aber auch keine auf. Die eine wollte mit Johannes darüber reden und die andere verleugnete Krankheit und Tod komplett. Ich wollte trösten und getröstet werden, hatte aber Angst, dass ein Wort über den Tod und das Sterben eine Mauer in mir einstürzen lassen würde, die mir ein Funktionieren nicht mehr erlauben würde.

Denn mein Funktionieren wurde nun auf vielfältiger Ebene gebraucht. Das Wichtigste waren die Kinder. Sie sollten möglichst unbeschwert weiterleben. Diese Zeit könnten sie nicht nachholen. Ihnen eine unbeschwerte Kindheit zu geben, war mir sehr wichtig. Da Johannes zwischen den Chemos körperlich nicht mehr so leistungsfähig war, hat er die Kinder oft zum Karatetraining gefahren, das hat zusätzliche Zeit für das Zusammensein von Vater und Kindern gebracht. Seine körperliche Arbeit im Betrieb habe ich zu ersetzen versucht. Ich wollte für Johannes fröhlich sein, denn ich wollte es ihm durch meine Ängste nicht noch schwerer machen. Als großes Glück entpuppte sich der Meisterlehrgang, der zwar weitere Zeit in Anspruch nahm, aber es ging nur noch um die schriftliche Meisterarbeit. Das war eine gute Gelegenheit, da es um den eigenen Betrieb ging, Fragen an Johannes zu stellen. Fragen, die nicht unterschwellig ›Ich muss das wissen, weil du bald nicht mehr da bist‹ bedeuteten. So haben wir betrieblich vieles noch besprechen können unter dem Vorwand, es für meine Meisterprüfung zu benötigen. Das hat es uns leichter gemacht.

Wir vermieden das Gespräch über die Zukunft nach seinem Tod.

Bis zum Mai 2000 haben wir ein halbwegs normales Leben durchgehalten. Ostern sind wir mit dem Rad zum Picknick rausgefahren. Nicht sehr weit, drei Kilometer nur, aber es war ein sehr schöner Tag. Die Kinder bekamen neue Badehosen und das Wetter war so warm, dass sie die vor Ort im Wäldchen am Jagdschuppen nach dem Eiersuchen gleich anzogen.

Im Mai starb auch Tante Frieda, Schwiegervaters Schwester. Das war für mich ein erleichternder Hinweis, denn an diesem Beispiel konnte mir Johannes sagen, wie er ein Begräbnis oder einen Bestattungsort wählen würde. Damit vermieden wir erneut ein Gespräch über seinen möglichen Tod.

Für Johannes war der Tod von Tante Frieda schlecht, nicht nur, weil er seine Tante mochte, sondern auch, weil meine Schwiegermutter von Stund an schwarz trug. Auch bei Besuchen bei Johannes noch im August, kurz vor seinem Tod. Da war das Festhalten an dem, was sich gehört, stärker als die empathische Bindung an ihren Sohn. Das hat er ihr sehr deutlich gesagt: »Du siehst aus, als ob du zu meiner Beerdigung kommen würdest und nicht auf Besuch!« Ich glaube, sie hat es nicht verstanden, denn beim nächsten Besuch war es nicht anders. Wir schafften es, darüber immerhin zu lächeln. Sie konnte nicht aus ihrer Haut, die sie achtzig Jahre geschützt hatte.

Zuvor, im April, hatten wir uns auch noch einen zweiten Jagdhund, den Günter, geholt, weil Johannes nach seiner Genesung ganz viel zur Jagd wollte und ihm der eine Hund, unser Harald, zu wenig erschien. Das war für mich ein eindeutiges Zeichen, dass er fest damit rechnete, die Krankheit zu besiegen. Er plante und plante. Unser Verleugnen half ihm also am meisten, da war ich mir in dem Moment sicher. Wer wäre ich gewesen, ihm seine Hoffnung zu nehmen? Die Hoffnung war so groß, sie hielt mich mit.

Obwohl es merklich und in großen Schritten bergab ging. Seinen immer schwächer werdenden Zustand erklärten wir den anderen und uns mit den Chemos. »Denn die Chemo ist ein Gift, das die Krebszellen besiegen soll, das greift natürlich auch den Rest des Körpers mit an.«

Im Mai war er dann das letzte Mal auf Ansitzjagd, so wichtig für ihn. Er hatte im März noch für eine Verlängerung der Jagdpacht bis 2020 gesorgt. Freunde sagten mir später, das habe er schon für Simon getan. Ich weiß es nicht. Einmal, ganz am Anfang in Mieste, sagte er zu mir: »Schau mal den Kalle an, der ist über achtzig und geht noch voller Leidenschaft zur Jagd. So möchte ich auch alt werden.«

Am 18. Juni sollte meine Meisterprüfung sein. Da sein Geburtstag am 17. Juni war, planten wir eine große Scheunen-Party am 20. Juni. Motto: Italienische Nacht. Johannes wollte gern mitkochen, er liebte es, in der Küche für Feiern mitzubrutzeln. Leider hatte er nicht mehr viel Kraft dafür. Als ich von der bestandenen Meisterprüfung nachmittags heimkam, lag er auf dem Sofa. Er weinte vor Freude über meinen Erfolg.

Danach ist er nur noch selten aufgestanden. Fast durchgängig lag er entweder auf dem Sofa oder auf der Terrasse. Eine tägliche Rundfahrt im Betrieb haben wir noch gemacht und die anfallende Arbeit besprochen.

Für die Feier hat er sich noch einmal kräftig aufgerafft. Wir hatten eine schöne Party mit unseren Freunden. Unsere Scheune wurde mit italienischen Farben und Birkengrün geschmückt. Pizza, Pasta und andere landestypische Kleinigkeit zubereitet. Tiramisu und italienischer Rotwein. Johannes kramte aus irgendeiner Ecke noch CD mit Italo-Hits heraus; in solchen Dingen konnten wir sehr kreativ sein. Es waren fast vierzig Gäste geladen. Die ganze Familie, Kinder und

Eltern, alle halfen mit: eine laue Sommernacht, eine richtig italienische Nacht und eine gelöste Stimmung lag in der Luft. Aber ich weiß auch, dass viele Freunde insgeheim Abschied von ihm nahmen. Ich hatte heimlich noch Weggefährten aus dem Studium eingeladen, die Freude war groß, sich wiederzusehen. Aber Johannes sah schon aus wie der wandelnde Tod. Inzwischen trug er eine Augenklappe, weil er das eine Auge nicht mehr koordinieren konnte.

Aber er war fröhlich und feierte voller Zuversicht mit. Er erklärte allen, wie stolz er auf die bestandene Meisterprüfung seiner Frau sei und dass er gesund werden würde. Noch heute kommen mir beim Anblick unseres italienischen Kochbuches manchmal die Tränen.

Danach ging es noch schneller. Erst habe ich noch die tägliche Rundfahrt mit ihm gemacht, bis er das auch nicht mehr schaffte. Aber er kämpfte immer weiter, jeden Tag von weiter unten, aber er kämpfte. Jeden Abend musste ich ihm in unseren Schwimmteich helfen, weil er Kräfte sammeln wollte.

Ich habe mich jeden Tag auf den abendlichen Whisky gefreut, der mir für ganz kurze Zeit Linderung meiner Panik nahm. Die Panik, ihm im Moment des Sterbens nicht zur Seite stehen zu können, im entscheidenden Moment zusammenzubrechen. Aber auch Panik, dass er irgendwann nicht mehr aufwacht. Das war ein Dauerschmerz, der kaum auszuhalten war. Aber ich lernte auch die große Kraft kennen, die einen immer das aushalten lässt, was man aushalten muss. Und ich eignete mir eine Disziplin dem Alkohol gegenüber an. Dass hier eine große Gefahr lag, das war mir bewusst. Jeden Abend nur einen Whisky und nie vor sechs. Aber die zwanzig Minuten Erleichterung und Luftholen gönnte ich mir.

Johannes plante die Zukunft. Unser Berater musste kommen, mit ihm plante er den Anbau von Raps in biologischem Anbau. Ein absolut neues Verfahren, aber Johannes war neugierig darauf. Er war fest davon überzeugt, dass er den Raps im kommenden Jahr ernten würde. Das gab wieder Hoffnung und tat weh zugleich.

An diesem Abend ging es wieder in den Teich. Ich musste Simon bitten, mit anzufassen, weil ich es kräftemäßig gar nicht geschafft hätte.

Am 10. August konnte er es am frühen Morgen plötzlich vor Schmerzen nicht mehr aushalten. Die hatte er vorher glücklicherweise so nie gehabt.

Der Hausarzt sagte mir im Flur: »Die Sache geht jetzt zu Ende.« Das hatte mich empört, Johannes war doch keine Sache. Aber hier war ich, zum letzten Mal, im Dilemma, was sage ich Johannes? Ich sagte nur: »Doktor Groß kann hier nichts gegen die Schmerzen tun, was sollen wir machen?«

Wir beschlossen, ins Krankenhaus zu wechseln, da Johannes großes Vertrauen zu seinen behandelnden Ärzten hatte. Im Krankenhaus bestätigten sie die Diagnose des Hausarztes, aber in einfühlsameren Worten. Aber eben auch nur mir gegenüber. Ich rief Albrecht an, der inzwischen in Halberstadt wohnte, was ich denn tun solle. Albrecht meinte, Johannes könne vielleicht ruhiger gehen, wenn ich ihm sagen würde, dass er sich um uns keine Sorgen machen müsste. Das widersprach meinem Hoffnungsgedanken, ließ mich aber zweifeln, ob das zum jetzigen Zeitpunkt noch richtig wäre, den nahenden Tod zu leugnen. Die Stunden, vor denen ich seit Monaten Angst hatte, waren nun da.

Ich entschloss mich zu einem Kompromiss und sagte ihm, dass es nun wohl etwas länger im Krankenhaus dauern würde und fragte ihn, ob er wisse, dass er mir alles zutrauen könnte in dieser Zeit.

»Ich habe eine verdammt starke Frau, die packt alles, was ihr begegnet!« Das war der letzte Satz, bevor er im Morphium vor sich hindämmerte. Albrecht kam und stand mir bei.

Johannes starb am Abend unter liebevollen Worten in meinen Armen. Mehr ging nicht.

Aber verdammt, er wollte nicht sterben!

Ich bin bestimmt nicht esoterisch, aber als ich gerade während des Schreibens etwas tränenblind aus dem Fenster schaue, schwebt eine einsame Seifenblase vorbei. Die Liebe bleibt.

Buch DREI

Allein

7 Im ›Ich will aber nicht daran denken‹-Modus

Dieser Zwiespalt zwischen emotionaler und pragmatischer Seite war in mir war fast zwei Jahre präsent gewesen, manchmal allerdings nur schwach. Er steigerte sich mit dem Krankheitsverlauf. Mit Johannes' Tod war er sofort komplett verschwunden. Viele sprechen, mit einem schlechten Gewissen, von einer Erleichterung, wenn der erwartbare Tod eines geliebten Menschen eintritt. Diese Erleichterung fühlte ich in gewisser Weise auch. Die Hoffnung hatte sich erledigt, so war ich traurig, dass der geliebte Mensch nicht mehr da war. Aber die Gewissheit, dass es nun nicht mehr schlimmer werden kann, nahm die schwere Last. Mit der lähmenden Angst war auch die Hilflosigkeit fort. Und in diesem Moment konnten sich die beiden Teile in mir wieder vereinen. Der emotionale Teil war traurig, verlassen und erleichtert zugleich. Der pragmatische konnte nun vorwärts in die Zukunft planen. Das widersprach sich nun nicht mehr. Ich war zwar allein, aber nicht mehr zerrissen.

Zunächst galt es, die Ordnung wieder herzustellen. Eine neue Ordnung würde es sein. Es hieß nun nicht mehr: Wenn er stirbt, dann muss ich, sondern: Er ist nicht mehr da, nun werde ich. Ich musste alles entscheiden, keine einzige Frage konnte ich ihm mehr stellen. Sondern er war nicht mehr da, wirklich nicht mehr. Nie mehr. Kein einziges Mal mehr konnte ich sagen: »Ich liebe dich.« Ich konnte es aber auch nicht mehr hören. Aber fühlen konnte ich es noch. Die Liebe war nicht weg; sie trug weiter.

Ich war cool und stark, hatte jedoch immer das Gefühl, es könnte jederzeit kippen. So ging ich in eine weitere Vermeidungstaktik über. Wollte ich zuvor nicht über Krankheit und Sterben reden, so wollte ich es jetzt nicht über Tod und Trauer. Was Trauer und Rituale anging, habe ich nur das gemacht, was ich für absolut unausweichlich hielt. Jeder zusätzlichen Sentimentalität ging ich aus dem Weg.

Noch in der Nacht nach Johannes' Tod war mein Bruder Michael zu meiner Unterstützung eingetroffen. Sein Verhältnis zu mir war nicht einmal besonders eng, zu Johannes hatte er im Grunde gar keines gehabt. Aber genau das hatte ich gebraucht. Jemanden, der nicht mit mir weint, sondern auf mich aufpasst und dass nichts passiert, was ich nicht wirklich will. Dass das nötig war, wurde leider mehr als einmal deutlich.

Stur und innerlich wund, wie ich war, wollte ich nichts, was man nur macht, weil es so üblich ist. Sondern ich wollte lediglich das machen, was für die Kinder und mich in Ordnung wäre. Dieses Verhalten würde im Dorf und vor allem in der Verwandtschaft auf Unverständnis treffen, das war mir klar. Das hatte ich schon des Öfteren erlebt und im Dagegenhalten geübt. Meine Schwiegereltern konnten meine Art, mit der Trauer umzugehen, nicht akzeptieren, und ich versuchte, ihnen entgegenzukommen. Das haben sie aber nicht verstanden. Für mich wollte ich gar keine Trauerfeier, die mich doch nur quälen würde. Ich bat sogar den Pfarrer, seine Trauerrede so unpersönlich zu halten, wie er verantworten konnte. Johannes hätte das verstanden. Er wollte auch auf dem grünen Rasen beerdigt werden, hatte in dieser Hinsicht seine Erziehung abgeschüttelt. Die Friedhofskultur seiner Eltern hatte er gekannt, respektierte er, hatte sich aber nicht zu eigen gemacht. Ich konnte mich gut an eine Diskussion mit seinen Eltern erinnern, als die die Grabstelle eines Onkels, der kurz nach dem Krieg gestorben war, um weitere fünfzig Jahre verlängern wollten. Das fand er völlig übertrieben.

Johannes wäre wichtig gewesen, dass ich mit der Entscheidung über die Art der Bestattung leben könnte. Ich habe in meinem Elternhaus keine Totenkultur mitbekommen. Ein Auf-den-Friedhof-Gehen war mir fremd. Gern hätte ich die

Trauerfeier wenigstens ohne seinen Leichnam im Sarg gehabt. Die Vorstellung von leblosen Körpern darin fand ich bei Fremden schon immer irgendwie makaber und bei Angehörigen nur furchtbar. Also war die Hinnahme einer Trauerfeier mit seiner Leiche im Sarg für mich auch schon ein Zugeständnis. Das hatte aber keiner so gesehen. Viele fanden mich kalt und gefühllos.

Was dann meine Schwiegereltern veranstalteten, um mich zum Einlenken zu bewegen, machte mich fassungslos. Sie erwarteten von mir eine Beerdigung und eine Grabstätte, wie sie es gewohnt und wie es üblich war. Dass sie die Kraft dafür fanden, mich so unter Druck zu setzen, erstaunte mich sehr. Waren sie denn gar nicht traurig? Kannten sie ihren Sohn so wenig, dass sie ihn nicht verstanden hatten? Seine Liebe zu mir und meine zu ihm war nichts wert?

Sie kamen jeden Tag, um mich umzustimmen, das hatte ich erwartet. Hier hat mein Bruder aufgepasst, dass sie von mir keine weiteren Zugeständnisse rausholten, die ich anschließend bereuen würde. Er ließ sie nur rein, wenn ich mich innerlich darauf eingestellt hatte, eine weitere Diskussion zu führen. Es fühlte sich schmerzhaft an, mich rechtfertigen zu müssen. Ich brauchte meine Kraft noch und wollte sie nicht unnötig einsetzen. Aber als dann Freunde auftauchten, von meinen Schwiegereltern geschickt, mich ›auf den richtigen Weg‹ zurückzuholen, waren einige Freundschaften mit gestorben. Es gab Freunde, die meinen Weg nicht gegangen wären, aber trotzdem meinen Willen respektierten und mich vorbehaltlos unterstützten.

Es gipfelte darin, dass mein Schwiegervater mich anbrüllte, ich hätte Johannes nur aus Berechnung und um des Vermögens willen geheiratet.

»Und nun trittst du sein Andenken mit Füßen.«

Mein Schwiegervater hat nicht verstanden, dass ich so handelte, weil ich es nicht anders aushielt. Und ich mir gleichzeitig absolut sicher war, mit Johannes' Zustimmung zu handeln. Seine Eltern haben seine Veränderung hin zur Modernität nicht verstanden. Sie waren irgendwo in den Sechzigern stehen geblieben. Ich konnte das zwar nachvollziehen, aber nicht ertragen. Er war doch ihr Sohn – warum taten sie uns das an?

Lange Zeit später habe ich verstanden, dass sie für ihre Trauer den äußeren Rahmen als Halt gebraucht hätten. Sie hätten es damit besser ausgehalten. Aber ich weiß nicht, ob sie mich je verstanden haben oder es auch nur versucht haben. Wir haben gegenseitig in den Wunden gestochert. Besser wäre es gewesen, miteinander zu trauern und zu reden und nicht gegeneinander zu kämpfen. Dazu war ich nicht in der Lage. Ich wollte keine Gefühle haben und schon gar nichts, was sie verstärken würde. Auch die Traueranzeige enthielt nur Fakten, kein Herz-Schmerz-Wort. Ich musste meine Liebe nicht öffentlich mit Worten ausdrücken; Johannes kannte sie, das reichte mir völlig. Ich wünschte damals nur, er hätte seinen Willen zum Begräbnis schriftlich hinterlassen, dann wäre es für mich nicht noch ein Spießrutenlaufen gewesen.

Der Vorwurf der Berechnung traf mich tief. Mich, die ich einen kleinen Bauern mit neunzehn Kühen und fünfundvierzig Hektar geheiratet und in den ersten Jahre so ein armes Leben geführt hatte, dass meine Eltern unglücklich darüber waren, obwohl sie ihren Schwiegersohn von Herzen gern hatten.

Ja, ich hatte ein großes Vermögen geerbt. Wenn meine Schwiegereltern sich all die Jahre die Mühe gemacht, mich kennenzulernen und nicht nur die Fassade gesehen hätten, dann hätten sie gewusst, dass ich mich nur als Platzhalter auf dem Hof gesehen habe. Den Hof, der Familientradition folgend, in die nächste Generation zu geben, war mir wichtig. Ich hatte nicht eine Sekunde vor, zu verkaufen und mir damit bis ans Ende meines Lebens einen schönen Lenz zu machen. Wenn ich so gedacht hätte, wären wir gar nicht nach Mieste gegangen. Wir hatten vorher gut verdient und hätten dann das Vermögen des Hofes zusätzlich gehabt.

Im Tragen schwarzer Kleidung sah ich keinen Nutzen. Das hätte die Kinder und mich noch trauriger gemacht. Und es sollte eine Urne auf dem grünen Rasen sein. Ich wollte keine Beileidsbesuche am Grab und keine Blumen, sondern Spenden für die Kinderkrebsstation der Uniklinik. Mit meinen Entscheidungen war ich mir Johannes gegenüber vollkommen im Reinen, aber anderen Personen gegenüber musste ich mich schon wieder rechtfertigen. Ich habe es meinen Söhnen freigestellt, zur Trauerfeier zu gehen. Ich selbst wäre gern ferngeblieben, warum sollte ich sie also zwingen? Franziska war zu klein, hier habe ich eine Entscheidung für sie getroffen und sie bei einer Freundin gelassen. Ich musste aber an der Trauerfeier teilnehmen. Ich wollte es nicht, aber da war die Macht namens ›Es gehört sich so‹ zu groß.

Am Vorabend kam, unaufgefordert, der Hausarzt und hat mir Beruhigungspillen angeboten, um den Tag zu überstehen. Das ist es also, dachte ich, was die Dorfgemeinschaft von mir verlangt? Eine Qual, die nur mit Pillen zu überstehen ist? Das war das einzige Mal, an dem ich das Dorfleben verflucht habe. Ich habe den Tag ohne Pillen überstanden, aber schön war er nicht und ich habe ihn auch für mich nicht gebraucht. Aber ich habe verstanden, dass andere ihn vielleicht brauchten, um sich zu verabschieden. Ich brauchte keinen Abschied; ich war beim Sterben dabei und verschwunden war Johannes für mich nicht. Das, was uns beide, unsere Liebe ausgemacht hatte, war noch da. Indem ich unser gemeinsames Lebenswerk fortführte, die Kinder nun allein großzog, fühlte ich ihn immer neben mir.

Bis dahin war ich von einem hohen Adrenalinspiegel getrieben. Viel zu klären und zu regeln. Nach der Trauerfeier war plötzlich Schluss mit Trubel und Aufmerksamkeit. Nun galt es, den Alltag zu bewältigen. Wichtig war mir, die Kinder nicht zu vernachlässigen. Mir war klar, dass ich mir dazu Freiraum schaffen musste. Jeden Morgen konnte ich somit nicht zum Melken fahren, vorerst nicht. Die drei hatten Ihren Vater verloren, mich sollten sie behalten. Es war meine Aufgabe, ihre Kindheit und Jugendzeit so unbeschwert wie möglich zu gestalten. Die letzten Monate waren schon belastend gewesen. Auch der Betrieb erforderte zusätzliche Aufmerksamkeit, ich war mir nicht sicher, ob in den letzten Wochen alles erledigt worden war. Es gab in der Landwirtschaft nicht nur die Jahreszeit auf dem Acker und im Stall zu berücksichtigen, sondern auch Termine im Büro. Abgabefristen für das Finanzamt, Berufsgenossenschaftsmeldungen, aber auch rechtzeitige Saatgutbestellungen, damit im Herbst alles zur Verfügung stand. Zusätzlich kam hier noch die Bürokratie um Johannes' Tod dazu. Ich konnte mich in meinem ›Ich will aber nicht daran denken‹-Modus kaum aufraffen, mich mit Erbschein, Auszahlung Lebensversicherung, Rechnung der Einäscherung zu beschäftigen. Das würde nur gehen, wenn ich Entlastung an anderer Stelle organisierte.

Als erste Maßnahme bat ich Willi, unseren ehemaligen Melker, aus dem Ruhestand zurückzukehren. Er war erst seit einem halben Jahr Rentner und konnte ohne Einarbeitung meine Stallarbeit in der Morgenschicht vier Tage in der Woche übernehmen, damit ich mit den Kindern frühstücken konnte. Die Abendschicht wollte ich selbst im Stall sein, damit ich den Überblick über die Herde behielt.

Für den Haushalt musste auch eine Lösung gefunden werden. Das wäre aber zunächst ein zu hoher Aufwand, suchen und einarbeiten. Auf Dauer würde ich jemanden für die Aufgaben im Haus, Garten und Geflügelstall benötigen. Diese Person zu finden, wäre nicht einfach. Vorerst sprangen meine Eltern ein. Das war für die Kinder besser als eine Fremde im Haus.

Es war immer noch August und die Getreideernte war noch nicht fertig. Meine Mannschaft hatte das in den letzten Tagen mit minimaler Absprache allein geregelt. Das war gut. Jetzt musste ich Führung zeigen. Meine Ahnung von der Materie war sehr selektiv. Ich hatte mich bisher hauptsächlich um Kuhstall und Buchhaltung gekümmert. Nun kam der Ackerbau hinzu und das ganze Planungswesen, einschließlich Förderanträgen und Lohnbuchhaltung. Von Technik hatte ich leider überhaupt keine Ahnung. Einkauf, Verkauf, das alles war neu für mich. Sicherlich hatte ich einiges mit Johannes besprochen, aber Kontrakte abschließen und Technik einkaufen?

Stück für Stück musste ich mich einarbeiten. Als Erstes habe ich den noch von Johannes geplanten Rapsanbau gestoppt. Experimente konnte ich mir nicht erlauben. Der Berater war sehr erleichtert, denn er hatte Sorge, dass ich die zusätzliche Herausforderung durch den Anbau einer neuen Kultur nicht packen würde. Es gab weitere Berater, von denen ich Informationen benötigte, bevor ich Entscheidungen traf. Es waren nicht immer offizielle Berater, sondern bereits vorhandene Freunde aus der Branche. Ich war sehr enttäuscht, von den Berufskollegen vor Ort keine Hilfsangebote zu bekommen. Eher im Gegenteil. Ich musste erfahren, dass sie von meiner Aufgabe des Betriebes ausgingen; sie haben sich vorsorglich unser Land bereits untereinander aufgeteilt. Dieser Argwohn gegenüber Berufskollegen blieb während meiner gesamten aktiven Wirtschaftszeit bestehen.

Zu dem Zeitpunkt mussten wir noch den Weizen dreschen. Ich hatte während der letzten Wochen immer wieder mitbekommen, dass der neue Mähdrescher, gebraucht gekauft, kaputt war. Etliche Reparaturarbeiten fielen an, das konnte während der Ernte keiner gebrauchen.

Auf den letzten Hektaren kam wieder der Anruf von Ralf: »Chefin, ich muss aufhören, Siebkästen kaputt.« Das waren die

Momente, an die ich mich schwer gewöhnen konnte. Schnell Entscheidungen zu treffen, in Themen, in denen ich nicht sattelfest war. Trotzdem musste ich es tun, Führung zeigen. Meine Mitarbeiter waren klasse. Sie haben mich als Chefin absolut respektiert. Wenn sie meinten, dass ich aus Unkenntnis falschlag, dann waren sie sehr diplomatisch und brachten mich ohne Besserwisserei dazu, noch einmal darüber nachzudenken.

Sie haben es bestimmt nicht leicht gehabt; das ganze Dorf schaute und war gespannt, wie ich es und vor allem, ob ich es schaffen würde. Dass ich es schaffte, daran haben Willi, Bernd, Ralf und Boris einen großen Anteil gehabt.

Der Mähdrescher stellte ein großes Problem dar. Ich ließ ihn von Ralf in die Werkstatt fahren, in der wir den Drescher gekauft hatten. Dann bin ich selbst dorthin gefahren. Herr Hackner kam mit großen Beileidsbekundungen auf mich zu und bot mir jegliche Unterstützung an. Schnell und günstig. Er würde den Austausch der Siebkästen für sechstausend Mark erledigen.

Da ich einen Verdacht hatte, holte mir eine zweite Meinung ein. Roland, ein sehr guter Jagdfreund von Johannes, der selber einen Landmaschinenvertrieb besaß, leider in zu weiter Entfernung für uns und den praktischen Alltag, hat eine andere Werkstatt in der Nähe angefragt. Die bot an, die Siebkästen für sechshundert Mark zu reparieren.

Auch hier habe ich während meines weiteren Betriebsleiterlebens immer ein Grundmisstrauen gegenüber Werkstätten behalten. Austausch, statt Reparatur. Das ging vom Schreibtisch aus, ohne sich die Finger schmutzig zu machen. Vor allem, wenn Frau keine Ahnung hat. Das war in sehr vielen Fällen aber auch sehr viel teurer.

Nachdem ich das bessere Angebot hatte, bin ich wütend zum Herrn Hackner und habe dort meine Maschine und meine defekten Siebkästen abgeholt. Mit dieser Werkstatt habe ich nie wieder Geschäfte gemacht.

Leider musste ich aber viel neue Technik einkaufen – und zwar sofort. Ein neuer, großer Trecker war fällig; hier hatte Johannes sich schon Angebote eingeholt, war aber noch zu keiner Entscheidung gekommen. Auch den erst eine Ernte gelaufenen Mähdrescher wollte ich wegen der Reparaturanfälligkeit wieder abstoßen und ersetzen.

Wie sollte ich das angehen? Ich hatte keine Ahnung von Getrieben, Hydraulik und Ähnlichem. Ich hatte zwar die Meisterprüfung in Landwirtschaft einigermaßen gut bestanden, jedoch war dort nur noch Betriebswirtschaft ein Thema gewesen. Das war im Grunde auch viel hilfreicher für die Zukunft, half mir hier nicht weiter. Roland konnte helfen. Durch seinen Job kannte er sich sehr gut in dieser Materie aus. Er nahm sich trotz Frau und zwei kleinen Kindern immer Zeit für mich, wenn ich darum bat. Ich habe ihn mit an den Tisch geholt und dann verhandelt. Es war mir jedoch wichtig, dass ich das Heft des Handelns in der Hand behielt. Roland sollte nur daneben sitzen und aufpassen. Ich musste es lernen und mir außerdem Respekt bei den Geschäftspartnern verschaffen.

Ich habe dann eine Strategie entwickelt, nach deren Muster ich immer wieder Technik einkaufte. Dem Händler habe ich nicht gesagt, welche Maschine ich kaufen möchte, sondern: was die Maschine können muss, so viel wusste ich vom Anbau der Ackerkulturen. Soweit es ging, habe ich mir die Maschinen dann entweder als Vorführer im eigenen Betrieb oder auf anderen Betrieben angeschaut. Einen Trecker ließ ich wieder zurückgehen, weil sich herausstellte, dass sie mir eine Nummer größer verkauft hatten, als ich brauchte. Nach dem Motto: Eine Nummer größer schadet ja auch nicht. Allerdings kostet so ein Trecker dann eben mal dreißigtausend Mark mehr und die Folgekosten sind auch dementsprechend höher.

Die Händler gewöhnten sich mit der Zeit an meine weibliche Art, Maschinen zu kaufen und kamen nicht mehr mit bunten Prospekten und Technikbegriffen. Das wurde eine Basis, mit der ich gut zurechtkam. Aber vertrauen durfte ich ihnen doch nicht. Es kam immer mal wieder vor, dass sie versucht haben, mich auszutricksen. Das hatte aber sicherlich nichts mit meinem Geschlecht zu tun. Falls es doch so war, dann hatten sie mich unterschätzt, denn ich ließ mir nichts gefallen. Ich scheute mich auch nicht vor einer gerichtlichen Auseinandersetzung, als ich mir mit einer Werkstatt nicht über eine Gewährleistung während der Garantiezeit einig werden konnte. Und angeblich nicht mehr zu reparierende Teile lasse ich mir heute noch auch beim PKW grundsätzlich zeigen.

Vielleicht hatte ich wenig Kenntnis vom Innenleben einer Maschine, aber mein Wille, das Ziel zu erreichen, glich dieses Manko meist aus. So war es auch bei der nächsten Grasernte. Das sind drei wichtige Tage, an denen alles klappen muss, denn das Winterfutter für die Milchkühe muss für beste Qualität und damit auch für beste Milchleistung zügig eingebracht werden. Das sind die wichtigsten drei Tage im Jahr. Alle helfen mit, es wird ängstlich auf den Wetterbericht geschaut, Absprachen mit dem Lohnunternehmer getroffen, der mit einem großen Gerät das Gras einfährt. Gras mähen und Zusammenrechen sind unsere Aufgaben.

Für das Zusammenschwaden, also: das Gras auf eine Reihe harken, haben wir ein sehr großes Gerät, den Schwader.

Simon war auf der Wiese, als gegen Abend ein wichtiges Teil am Schwader brach. Ohne dieses Teil konnte er nicht weiter arbeiten. Damit wurde die ganze Arbeitskette unterbrochen. Der Lohnunternehmer sollte am nächsten Morgen mit einem Grashäcksler und drei Treckergespannen kommen, um das Einfahren zu beginnen. Das würde nicht funktionieren, wenn es keine aufgereihten Grasreihen gäbe. Ich hätte ihn trotzdem auch für den Stillstand bezahlen müssen. Da er bereits für den anderen Tag Aufträge hatte, wäre es schlimmstenfalls passiert, dass ich das Gras hätte gar nicht mehr ernten können. Es bahnte sich eine Katastrophe an. So habe ich um halb sechs in unserer Werkstatt angerufen, um kurze Zeit später zu erfahren, das Ersatzteil frühestens am nächsten Nachmittag zu bekommen.

Was also tun? Ich habe mich fürchterlich aufgeregt, dass das Ersatzteillager in der Haupternte-Phase so früh Feierabend machen würde. Dann habe ich unsere Werkstatt gebeten, eine Lösung zu finden, schließlich stand die ganze Ernte auf dem Spiel. Simon ist inzwischen mit unserem alten Schwader losgefahren, der aber nur ein Viertel der Fläche schaffen würde, weil die alte Maschine viel kleiner war. Das bedeutet, auf jeden Fall, den Trecker die ganze Nacht laufen zu lassen. Das ist im Dunklen eine sehr schwere Aufgabe, dazu kommt unweigerlich irgendwann die Müdigkeit. Und am nächsten Tag keine Chance zur Pause. Meine Mutter zu beauftragen, Simon mit genug Kaffee und Stullen zu versorgen, war der einfachste Schritt.

Die Besorgung des Ersatzteils war jetzt an mir hängen geblieben, da unsere Werkstatt uns nicht helfen konnte oder wollte. Ich hatte nur einen Bleistift und ein Handy vor Ort. Ein Smartphone gab es noch nicht. Mithilfe der Auskunft habe ich dann viele Werkstätten im sehr weiten Umkreis angerufen. Einen Werkstattleiter erwischte ich auf seiner Silberhochzeitsfeier. Er war sehr hilfsbereit und hatte genau dieses benötigte Teil im Lager. Ich bat meine Mutter erneut um eine Thermoskanne Kaffee und weitere Verpflegung, um dann dorthin zu fahren: rund zweihundertfünfzig Kilometer. Ich habe den Werkstattleiter von seiner Silberhochzeitsfeier abgeholt, um mit ihm zu seinem Lager zu fahren, das Ersatzteil für den Schwader herauszuholen. Nachts um halb drei war ich zurück. Ich war so müde, dass ich ohne Duschen und in Arbeitskleidung auf mein Bett fiel und einschlief.

Mit großem Triumph habe ich dieses Ersatzteil morgens um

halb sieben unserem Werkstattleiter auf den Tisch geknallt und gebeten, es einzubauen. Ehrlich gesagt, war das keine Bitte. Dieser Einbau war in einer halben Stunde erledigt. Somit konnte Simon dann, der tatsächlich immer noch mit unserem kleinen, alten Schwader unterwegs war, mit dem großen Gerät weiterarbeiten und wir konnten den Zeitplan einhalten.

Den Hof zu führen war nicht einfach, aber die Erfolgserlebnisse entschädigten für vieles. Wenn ich einmal meinte, nicht mehr weiter zu wissen, habe ich mich morgens sehr beeilt, um als Erste im Kuhstall zu sein, also vor fünf Uhr, um die Kühe selbst von der Weide zu holen. Normalerweise war ich erst die zweite Person im Stall, kam um zehn nach fünf und wartete im Stall auf die Kühe, die Bernd meist in den Stall trieb. Küheholen war die Aufgabe, die mich für Ärger und Sorge entschädigte. Der leichte Nebel über den Wiesen, ab und zu ein Muhen. Oft war einer meiner Hunde dabei, der fröhlich und erfreut über den frühen Ausflug in Mäuselöchern buddelte. Eine halbe Stunde absoluter Frieden.

Der liebe Haushalt kam nun viel zu kurz; meine Eltern konnten da nicht ewig einspringen. Ich stellte in dieser Hinsicht auch einen hohen Anspruch, aber es sollte mittags ein frisch gekochtes Essen auf dem Tisch stehen, Gemüse aus dem eigenen Garten und wenn möglich auch frische Blumen auf dem Tisch. Auf Eier von unseren Hühnern wollte ich nicht mehr verzichten und möglichst auch ein eigenes Schlachtschwein füttern. Das ist ein extrem hohes Anforderungsprofil, wenn nicht gar unerreichbar. Der Betrieb spannte mich ein, die Politik verlangte Aktivität. Mein Privatleben wollte ich dem nicht komplett opfern.

Eine Haushälterin musste gefunden werden.

Die ersten Versuche über das Arbeitsamt schlugen fehl. Ich hatte bereits einige Jahre Hauswirtschafterinnen ausgebildet, aber für Auszubildende fehlte mir jetzt Zeit und Ruhe. Wir benötigten eine gute Fee, die selbstständig den größten Teil des Haushaltes führte. Durch Empfehlung kam dann Frau Helmke zu uns. Sie wurde tatsächlich die gute Fee, die ich mir gewünscht hatte. In kurzer Zeit hatte sie den Haushalt und uns im Griff. Einzig vor dem Schlachtschwein hatte sie Angst. Diese Aufgabe konnten wir einem unserer Mieter im Haus schmackhaft machen, der gleichzeitig sein eigenes Schwein halten durfte – als Lohn.

Frau Helmke war nach kurzer Zeit unentbehrlich. Erst wollte ich wenigstens noch mein Badezimmer selbst sauber machen, kochen und die eigene Unterwäsche waschen. Stück für Stück übernahm Frau Helmke alle Aufgaben an vier Tagen der Woche. Wir haben nur noch abgesprochen, was es zum Mittag geben sollte. Oft hat sie auch den Einkauf mit erledigt. Anfangs habe ich den Frühstückstisch noch abgeräumt, da ich nach meiner Melkschicht morgens die letzte am Tisch war, die Kinder waren zur Schule. Das unterblieb dann irgendwann auch. Schleichend habe ich ihr immer mehr Aufgaben überlassen; sie war ein Schatz, hat alles gesehen, was zu tun war.

Eines Tages ertappte ich mich dabei, dass ich nicht einmal den Teller mit zur Spüle nahm, als ich den Mittagstisch verließ, sondern auf direktem Wege auf das Sofa zur Mittagspause ging. Sie drängte mich aber auch dazu. »Lassen Sie mal, Frau Bromann, ich mach das schon, ruhen Sie sich nur aus.« Ich war kurz davor, ein Pascha zu werden. Später hat sie den Haushalt meiner Mutter nebenan auch noch gemacht. Ebenso Arztfahrten mit meiner Mutter, als die nicht mehr konnte. Sogar Busreisen haben die beiden zusammen unternommen. Wir waren froh darüber, denn es hätte sonst keiner die Zeit gehabt, meine Mutter zu begleiten, allein ging es nicht mehr, seit sie hauptsächlich auf den Rollstuhl angewiesen war. Einmal haben sie eine Tagesfahrt mit dem Bus zu verschiedenen Zielen unternommen. Am Ende des Tages stand die Besichtigung einer Schnapsbrennerei auf dem Plan. Singend und schlingernd mit dem Rollstuhl kamen die beiden nach dem Ausstieg aus dem Bus die Dorfstraße in Mieste hinab. Das war noch viele Wochen Gesprächsthema im Dorf.

Frau Helmke konnte hervorragend kochen. Alte deutsche Küche, manchmal war es ein wenig fett, ich habe zum ersten Mal Apfelmus mit Butter gegessen. Den Entenbraten habe ich nie so gut hinbekommen wie sie und das Bauernfrühstück war legendär. Aber wir konnten das vertragen, und am Wochenende war ich dann dran zu kochen. Sie war unverzichtbar für das reibungslose Gelingen bei uns. Garten, Hühner, sie war sich für nichts zu schade. Wenn Feiern anstanden oder große Mengen für die Feldarbeit gekocht werden musste: Frau Helmke war immer mit großer Begeisterung dabei. Eines mochte sie gar nicht, ich weigerte mich, dass wir uns duzten.

Ich verstand, dass sie darüber etwas beleidigt war, denn wir anderen im Betrieb duzten uns. Für mich war das Siezen in dem Fall noch eine wichtige, persönliche Barriere. Sie bekam so viel von unserem Familienleben mit, ich brauchte diese kleine Schranke Privatsphäre noch. Mit viel Diplomatie erklärte ich ihr, dass sie doch meine ›Frau Helmke‹ war und ›Margot‹ für mich eine andere Person darstellen würde. Ich glaube, sie hat es nicht verstanden. Dreizehn Jahre war sie bei uns, auch noch, als ich schon fort war. Bis zu ihrer Rente gehörte sie dazu.

8 Mädchen, steig aus, dein Auto brennt!

Ein weiteres, großes Problem tauchte von einer Seite auf, von der ich überhaupt nicht gerechnet hatte. Das Amtsgericht wollte mir Vormünder für meine Kinder bestellen. Das haute mich nun wirklich von den Socken, ich verstand es überhaupt nicht!

Ich ging doch davon aus, Johannes und ich hätten für einen Todesfall alles geregelt, was es zu regeln gab. Wenn ein Elternteil ausfällt, seit wann wird dem anderen die Sorgepflicht nicht mehr zugetraut? Natürlich kam diese verstörende Post an einem Freitag. Sie hat mir das ganze Wochenende verdorben, ich war fertig mit den Nerven. Googeln konnte ich dieses Problem damals auch nicht. Es war ein zutiefst mulmiges Gefühl.

Die Erklärung, die ich am Montag bekam, war zwar irgendwie logisch, aber auch demütigend. Etwas, was kein Mensch zu diesem Zeitpunkt gebrauchen hätte können. Da ich Alleinerbe war, sollten Vormünder über den Pflichtteil der Kinder wachen, bis sie im geschäftsfähigen Alter auf diesen Pflichtteil verzichten oder auch einfordern könnten.

Mit anderen Worten, wenn Johannes alles in Monte Carlo verprasst hätte, hätte es keinen interessiert. Ich sollte aber nun den Vormündern nachweisen, dass ich den Pflichtteil der Kinder erhalte. Nicht mehr, aber auch nicht weniger. Das war starker Tobak, aber ich erkannte, dass in dem Fall jeder Widerstand zwecklos gewesen wäre.

Meine gewisse Bekanntheit durch die Kommunalpolitik half mir auch in diesem Fall weiter. Der zuständige Richter kannte mich – seiner Meinung nach als zuverlässige, vertrauenswürdige Person. Er entschuldigte sich beinahe bei mir für dieses Gesetz, beziehungsweise die Situation, in die es mich brachte. Streng genommen hätten sie sogar anordnen können, dass ich jedes Jahr einen Geschäftsabschluss vorlegte. Ob ich auch immer deren Zustimmung bei Käufen über eine bestimmte Größenordnung hätte einholen müssen, hatte dann keiner mehr ausgeführt. Er bot mir entgegenkommend an, die Vormünder selbst bestimmen zu können, statt behördlicherseits amtliche Betreuer einzusetzen.

So überlegte ich mir, Personen auszusuchen, die kraft ihres Amtes den Kindern verpflichtet wären. Ich schlug ihre Taufpaten vor. Drei Taufpaten, die ursprünglich Freunde von Johannes gewesen waren und zu denen ich noch regelmäßig Kontakt hielt. Das fand Zustimmung und wir hatten erst einmal Ruhe.

Zwei Jahre später gab es denn noch einen Ausreißer seitens des Jugendamtes. Sie wollten Auskunft über schulische Leistungen, Gesundheitszustand und Vermögensverhältnisse von Felix. Sein Pate informierte mich. Da wurde ich stinksauer und reichte eine Dienstaufsichtsbeschwerde per Fax ein. Aus meiner Erfahrung nahm ich an, damit die schnellste Reaktion zu bekommen. Dem war auch so, der nette Richter rief mich innerhalb einer Stunde, entschuldigte sich abermals und bat mich, die Beschwerde zurückzuziehen. Bis zur Volljährigkeit der Kinder hörten wir dann nichts mehr aus dieser Richtung, dann war die Akte geschlossen und damit auch dieses Kapitel.

Es passierten dann auch kleinere Dramen. Der Betriebswagen, ein Kastenwagen von Fiat, war in der Werkstatt, weil der Anlasser durchdrehte und der Wagen nur noch schwer ansprang. Der Anlasser wurde neu bestellt, die Lieferung dieses Ersatzteiles zog sich etwas hin.

Täglich musste ich die Rinder auf der Weide mit Getreideschrot füttern, und da ich gern dabei die Hunde mitnahm, war es lästig, nur das ›gute‹ Auto, den Passat, dafür zu nehmen. Kurzerhand holte ich den Betriebswagen vorzeitig aus der Werkstatt, um ihn erst dann wieder hinzubringen, wenn das Ersatzteil eingetroffen wäre.

Es war warm und sonnig, ich hatte das Fenster weit offen, da der Wagen keine Klimaanlage besaß. Ich hatte gefüttert und fuhr langsam wieder ins Dorf hinein. Ich freute mich über die Freundlichkeit der Leute, denn fast alle winkten mir zu. Es roch etwas verbrannt, ich dachte mir jedoch so lange nichts dabei, bis ich im Rückspiegel sah, dass ein Mann mit dem Feuerlöscher hinter mir herlief.

Als ich anhielt, verstand ich auch, was er brüllte:

»Mädchen, steig aus, dein Auto brennt!« In dem Moment schoss auch schon eine Flamme vor mir aus der Motorhaube nach oben. Solange ich fuhr, hatte ich einen Feuerschweif hinter mir. Die Hunde waren auch etwas unruhig gewesen, sie bekamen wohl schon heiße Pfoten. So bin ich schnellstmöglich an die Hecktür und klemmte mir je einen Hund unter den Arm und ging dann auf die Seite, da ich die aufgeregten Hunde direkt neben dem Auto nicht halten konnte.

Nun kam die Feuerwehr; die Kameraden hatten nach einer Feier gerade Katerfrühstück gemacht und waren fast vollzählig. Da sie mich am Rand hockend nicht gesehen haben, versuchten sie noch, mich aus dem Auto zu retten, bis ich ihnen zurief, dass ich doch schon raus sei. Endlich holte jemand zwei Hundeleinen und brachte die Hunde nach Hause, damit ich wieder aktiv ins Geschehen eingreifen konnte. Bei ihrem aufgeregten Gebell konnte ich mich nicht verständlich machen. Die Polizei sperrte mit großer Wichtigkeit die Straße.

Mir war die Löschaktion gar nicht recht, da ich vermutete, dass mir ein richtiges Wrack aus versicherungstechnischen Gründen mehr nützen würde als ein halbes Wrack. Aber die Feuerwehrkameraden waren nicht zu bremsen. Auch der Dorfpolizist war an Eifer nicht zu überbieten. Er rief sogar noch das LKA. Weil ich als Politiker einmal anonyme Morddrohungen erhalten hatte, vermutete er einen Anschlag. Da halfen mein Reden und meine Erklärungen leider nicht.

Inzwischen war das Auto gelöscht, aber trotzdem nicht mehr fahrbereit, alle Reifen waren zudem geplatzt. Als ich die Werkstatt anrief, sie mögen doch bitte mit einem Trailer kommen, erwiderte Werkstattleiter Friedrich: »Jo, dass du immer so dramatisieren musst.« Er kam erst ohne den Trailer angefahren. Ohne auszusteigen wendete er jedoch wieder und war zwanzig Minuten später mit dem Trailer wieder da. Die ganze Aktion war eine Sensation in Mieste, keiner wollte nach Hause gehen. Und das Auto war auch noch nicht freigegeben.

»Frau Bromann, wir warten aber noch schön auf das LKA.«

Als der Mitarbeiter vom LKA endlich da war, schritt um den Wagen. Er schaute in den Fahrerraum und da ging im Zeitlupentempo das Handschuhfach von allein auf. Sichtbar wurde eine große Menge Munition. Ich hatte keine Ahnung, dass die dort drin war, die musste noch von Johannes stammen. Aber da ich noch keinen Jagdschein hatte, war das strafbar. Munition darf nur mitführen, wer einen Waffenschein hat. Die Situation entglitt mir beinahe.

Zum Glück hatte das unser Dorfpolizist mitbekommen und hat mit dem Mitarbeiter des LKA ein Gespräch geführt. Ich nehme an, dass er über meine persönliche Situation aufklärte und ich bekam zum Glück keine Anzeige wegen der Schrotpatronen im Handschuhfach. Dann hätte ich die bevorstehende Jägerprüfung nicht machen dürfen. Lange Wochen habe ich noch darum gefürchtete, aber es gab erfreulicherweise kein Nachspiel. Werkstattleiter Friedrich hat mir in vier Tagen ein neues Auto, einen Renault Rapid, besorgt. Den fand ich sogar viel besser, er war wendiger und für unsere Zwecke noch besser geeignet. Damit war der Vorfall fast erledigt, bis der Gemeinde ein halbes Jahr später einfiel, dass ich den Schaden an der Straße, ein quadratmetergroßer, von der Hitze gedunkelter Fleck im Asphalt, zu zahlen hätte. Das konnte ich dann der Versicherung übergeben und damit war es dann endgültig abgehakt.

Ein anderes Mal hatte ich nicht so viel Glück und erhielt eine Anzeige. Das war eine Verkettung unglücklicher Umstände. Es war in der Erntezeit. Da muss vieles schnell gehen und manchmal auch plötzlich anders entschieden werden. An einem Sonntag waren wir dabei, Roggen zu dreschen, als es anfing zu regnen. Das bedeutete: aufhören. Der Regen war jedoch nur ein kurzer Schauer gewesen, möglicherweise regional sehr begrenzt, vermutete ich. Auf einem anderen Feld hatte es gar nicht geregnet, und ich wies Bernd an, mit dem Mähdrescher dorthin zu fahren. In der Erntezeit ist jede Stunde gutes Druschwetter kostbar. Bernd fuhr mit dem Mähdrescher und ich mit Trecker und zwei Anhängern hinterher. Als ich auf dem Feld ankam, kam das große Entsetzen, denn der hintere Anhänger fehlte. Das versetzte mich in Panik, es hätte ein schwerer Unfall mit einem sich lösenden Anhänger geben können. Ich hielt das nächste Auto an, um auf das vorherige Feld zu fahren. Unterwegs sah ich unseren Anhänger in einer Kurve im Graben neben einer Wiese liegen. Auf den ersten Blick schien nichts weiter passiert, nur hatte der Wagen den Zaun der Wiese plattgedrückt.

Es standen auf der Wiese keine Tiere, und so musste ich nach meiner Einschätzung nicht tätig werden. Lediglich den Besitzer der Wiese rief ich an und schilderte ihm den Vorfall. Ich sagte zu, dass ich mich am Montag sofort um Bergung des Anhängers und Reparatur des Zaunes kümmern würde. Er war sehr verständnisvoll. Als Landwirt konnte er die Lage in der Ernte einschätzen und stimmte meinem Lösungsvorschlag zu.

Damit war die Angelegenheit vorerst aus meinem Kopf. Es galt, noch so viel wie möglich des Getreides trocken zu ernten. Das war mit einem Anhänger weniger ohnehin schwierig. Sehr lange ging der Mähdrusch dann auch nicht mehr weiter, denn es regnete bald flächendeckend und wir mussten abbrechen. Wir hatten somit früh Feierabend und ich ging nach dem obligatorischen ›Tatort‹ ins Bett.

Mein Schlafzimmer lag zur Hofseite und auf dem Kopfstein-pflaster hörte ich sehr gut jedes Auto, das auf den Hof kam. Um zwei Uhr in der Nacht wachte ich von einem Fahrzeug auf, das über das Pflaster fuhr. Als ich die Augen öffnete, sah ich zusätzlich Blaulicht dabei. Einen kurzen Augenblick dachte ich, es wäre immer noch ›Tatort‹ und der Fernseher liefe noch. Da ich aber im Bett lag und dort keinen Fernseher hatte, wurde ich angesichts des blauen, flackernden Lichtes hellwach. Mein nächster Gedanke galt den Kindern, die inzwischen ab und zu auch mal länger am Abend unterwegs waren. Beruhigt erin-nerte ich mich, dass wir gemeinsam zu Abend gegessen hatten und keiner angekündigt hatte, noch einmal fortzuwollen. Egal, was es also war, das Schlimmste konnte es nicht sein. Das gab mir den kurzen Moment, mich immerhin mit Bademantel zu kleiden.

Inzwischen stand meine Mutter mit aufgerissenen Augen schon bei mir im Schlafzimmer. Sie muss wach gewesen sein, denn die Polizei war bis dahin leise gewesen. Zum Glück kein Martinshorn. Das hätte noch gefehlt, alle Mieter wach und am Fenster neugierig, was denn passiert wäre. Das wusste ich allerdings auch immer noch nicht. Der einfachste Weg, das he-rauszufinden war, das Fenster meines im Erdgeschoss liegenden Schlafzimmers aufzumachen und nachzufragen, was denn los sei. Ich hatte überhaupt keinen blassen Schimmer.

»Gehört Ihnen das Fahrzeug mit diesem Kennzeichen?« Er las es mir aus seinen Notizen vor.

Aha, daher wehte der Wind, aber ich war immer noch sie-gessicher.

»Ja, das ist mein Anhänger, wie aufmerksam, dass Sie sich kümmern. Er ist aber nicht gestohlen worden; er liegt zwi-schen Mieste und Fuchsdorf im Graben. Vielen Dank für Ihre Mühe!«

»Sie befinden sich im Irrtum, wir ermitteln im Straftatbestand der Fahrerflucht. Bitte kommen Sie her, bringen Ihre Ausweispapiere und den Führerschein mit!«

Inzwischen hingen sämtliche Nachbarn und Mieter am Fenster, als ich im Bademantel auf den Hof bin, Papiere gezeigt habe und über den Sachverhalt nichts mehr sagte, das gegen mich verwandt werden konnte. Die Nacht war für uns alle vorbei. Ich konnte die weiteren Folgen nicht einschätzen, glaubte aber immer noch an ein Missverständnis, denn ich hatte doch den Besitzer des Zaunes verständigt.

Die Anzeige wegen Fahrerflucht überbrachte mir dann wieder unser Dorfpolizist: »Ach, Frau Bromann, Sie schon wieder«, grinste er. In der Anzeige konnte ich immerhin den Grund für meine angebliche Fahrerflucht lesen. Mir wurde vorgeworfen, einen Leitpfosten mit dem Anhänger umgefahren zu haben. Na gut, dachte ich mir, das könnte ich immerhin übersehen haben. Das wäre ärgerlich, aber müsste ich dann akzeptieren.

Zufällig kam gerade unser Bürgermeister zu Hause vorbei und ich schilderte ihm meinen Ärger. Er wusste zu berichten, dass in der Vorwoche Mäharbeiten an den bewussten Straßengräben durchgeführt worden seien und schlug vor, sich das gemeinsam anzusehen. Die Idee war sehr gut, ich griff noch meine Kamera – an Handyfotos war noch nicht zu denken –, und wir nahmen den Graben, aus dem der Wagen inzwischen herausgeschleppt worden war, in Augenschein. Wir fanden mehrere schiefe Leitpfosten, die eindeutig vom Mähgerät des Landkreises angefahren worden waren. Wir machten mehrere Fotos, auch mit unserem Bürgermeister darauf, und ich ließ sie mit Express-Gebühr in der Kreisstadt entwickeln. Daraufhin konnte ich dann eine Stellungnahme schreiben und unseren Bürgermeister als zusätzlichen Zeugen nennen.

Mehrere Wochen passierte gar nichts. Dann kam ein Brief der Staatsanwaltschaft, dass das Verfahren wegen Fahrerflucht eingestellt worden sei und die Angelegenheit der Stelle für Ordnungswidrigkeiten übergeben wäre. Nach weiteren sechs Wochen kam von dort ein Bußgeldbescheid über hundert Mark. Das habe ich auch nicht eingesehen. Ich hatte mich nicht ordnungswidrig verhalten und habe mich mit einem Widerspruch gewehrt. Dem wurde dann auch nach weiteren zwei Monaten stattgegeben und ich glaubte, die Geschichte sei vorbei.

Nach einem ganzen Jahr erhielt ich vom Landkreis eine Rechnung für das Aufrichten des Leitpfostens über vierzig Euro, inzwischen war die Währung umgestellt. Eigentlich wäre es einfacher gewesen, die Rechnung zu bezahlen. Nur hätte ich damit zugegeben, den Leitpfosten überhaupt beschädigt zu haben. In der Schlussfolgerung hätte ich dann auch die Fahrerflucht begangen. Möglicherweise wäre dann alles von vorn losgegangen. Um dem vorzubeugen, habe ich auch dieser Kostenrechnung widersprochen und den ganzen Vorfall mitsamt der Aktenzeichennummer an den Landkreis geschickt. Auch diese Kostenrechnung wurde zurückgezogen.

Manchmal benötigt man einen langen Atem.

Genügend Arbeitskräfte zu finden, war auch damals schon nicht leicht. Ich beschloss, aus diesem Grund Auszubildende für den Beruf des Landwirts einzustellen. Nicht nur der aktuellen Arbeit wegen, sondern auch, um meiner Verantwortung gerecht zu werden, Fachkräfte für die Zukunft grundsätzlich auszubilden und mit Glück vielleicht auch einen weiteren, festen Mitarbeiter zu gewinnen. Mit Boris war uns das bereits geglückt, er kam als Lehrling und blieb. Daher ließ ich unseren Betrieb auf die Liste der Ausbildungsbetriebe setzen.

Nach wenigen Tagen klingelte mein Handy: »Ich bin schon fünfunddreißig Jahre alt, aber ich habe vor zwei Jahren meine Liebe zur Landwirtschaft entdeckt und habe bereits ein Lehrjahr in Schwerin hinter mir.«

Nun, dachte ich, Alter ist ja kein Problem, und wer Leidenschaft für die Landwirtschaft hat, ist mir sowieso gleich sympathisch.

»Können Sie nächsten Dienstag um zwölf Uhr zu einem Vorstellungsgespräch hier sein?«

Er sagte zu und keiner ahnte, dass wir ein weiteres Abenteuer begannen.

Es begann pünktlich am Dienstag um zwölf Uhr mit einem Klingeln an der Haustür. Zum Glück war ich am dichtesten an der Tür. Frau Helmke öffnet auch ab und zu die Haustür, aber in dem Fall wäre sie in Ohnmacht gefallen. Ich selbst wusste nicht, wie ich reagieren sollte. Es ist ein kleines Fenster in der Haustür, das waren wertvolle Zehntelsekunden für mich, mich zu fangen. Was ich dort durch das Fenster erkennen konnte, war zwar nur ein Teil des Menschen, aber genug, um erst einmal geschockt zu sein. Das Alter von fünfunddreißig Jahren war mir bekannt. Das passte. Wunderschöne Augen. Dunkelgrau. Aber dann wurde es ein wenig aufregender. Passend zur Augenfarbe ein Lidstrich. So exakt würde ich ihn nie hinbekommen. Dazu fehlt mir einfach die Geduld. Später stellte sich heraus, dass der Lidstrich tätowiert war.

Das war nicht der einzige Schmuck im Gesicht. Dazu kamen diverse Piercings. Bunt sah es auf dem Kopf aus. Rasiert bis auf einen Streifen rote Rastalocken. Weitere Tätowierungen waren gut zu erkennen, denn die Kleidung war etwas zerrissen. Ehrlich gesagt, würde ich diese nicht einmal mehr der Kleidersammlung mitgeben.

Tatsächlich war ich ein wenig in Panik und wusste nicht, wie ich reagieren sollte. Mit in die Küche zu Frau Helmke? Wegducken und so tun, als hätte ich das Klingeln nicht gehört? Undenkbar. Er war extra zweihundert Kilometer gefahren für dieses Vorstellungsgespräch.

Also Augen zu und durch!

»Äh, ja, schön, dass Sie da sind. Wir machen am besten gleich eine Betriebsrundfahrt.«

Ich zog ich ihn in den Flur und zur Hintertür gleich wieder hinaus. Dort setzte ich ihn auf den Beifahrersitz meines Wagens, stieg selbst auf der Fahrerseite ein und wir fuhren nach Fuchsdorf zum Kuhstall. Ich wähnte alle Mitarbeiter in der Mittagspause. Dem war an diesem Tag aber nicht so. Nadine, unsere Praktikantin, und Bernd wollten gerade in die Mittagspause und standen noch vor dem Kuhstall, als wir vorfuhren. Ich parkte den Wagen so, dass ich ihnen zugewandt aussteigen konnte, und machte beschwichtigende Gesten in ihre Richtung, mit denen sie logischerweise nichts anfangen konnte. Sie schauten mich an. In dem Moment schob Victor, der Kandidat, seinen Paradiesvogelkopf auf der anderen Seite über das Autodach. Nadine stammelte: »Ich muss zur kalbenden Kuh« und war weg.

Bernd hatte große Mühe, auf sein Fahrrad zu steigen, da er den Blick nicht losreißen konnte.

Zu dem Zeitpunkt hatte ich mich jedoch so gut im Auto mit Victor unterhalten, dass ich meinte, er hätte eine Chance verdient. Es störten mich doch nur die Äußerlichkeiten.

Ich kochte ihm im Haus noch einen Tee, verabschiedete ihn mit den Worten: »Wir melden uns.« Und besprach die Angelegenheit mit unserem Team. Zu einem solch neuen Kollegen muss das ganze Team stehen, sonst würde er scheitern. Meine Mitarbeiter waren sowieso immer cool und unterstützen meine Idee, es mit Victor zu versuchen.

»Er sieht ein bisschen aus wie Chingachgook, der letzte Mohikaner«, sagte Bernd. Damit hatte Victor seinen Spitznamen weg. Ich witzelte: »Dann bekommen wir vielleicht noch Fördermittel wegen der aussterbenden Rasse.«

Victor kam am 1. August, bezog eine kleine Wohnung in der unmittelbaren Nähe und blieb bis Weihnachten. Wir sind mit ihm durch ein Wechselbad der Gefühle gegangen. Von ungläubigem Staunen, über festen Ärger bis hin zum Mitleid. Er wohnte hier in unmittelbarer Nähe von Bernds Haus. Am ersten Abend lud Bernd ihn zu sich nach Hause zum Essen ein. Ich bekam morgens um fünf Uhr seinen Bericht: »Chefin, gestern war Chingachgook bei mir, hat getrunken Feuerwasser und gegessen Fleisch vom zahmen Büffel.«

»Bernd, hör auf, dich über ihn lustig zu machen!«

Aber er grinste nur. Kurze Zeit später wollten wir einige Rinder für die Weide verladen und ich bat Bernd, Victor mitzunehmen und ihm alles zu zeigen. Seine Antwort lautete: »Alles klar, Chefin, ich zeige ihm unsere Weidegründe.«

Ich hielt den Atem an, wie würde Victor auf diesen gutmütigen Spott reagieren? Er stutze, grinste und gab schlagfertig zurück: »Prima, dann zeig mir doch gleich die ganze Prärie!«

So wurde er Teil des Teams. Es war der erste und einzige Auszubildende, der mir das Du angeboten hat. Wir mussten uns an seine Eigenheiten gewöhnen. Die waren oft witzig, manchmal umständlich und oft auch gefährlich.

Der erste Schock ereilte mich, ihn ohne Schuhe zu sehen, also ganz ohne Schuhe, sozusagen barfuß. Warm genug war es zwar, aber während der Arbeit auf einem Hof? Ich konnte sehen, wie sich die Kuhfladen zwischen seinen Zehen hochdrückten. Das verursachte schon ein Kopfschütteln, aber das wären vielleicht bürgerliche Maßstäbe, dachte ich.

Die Gefahr, die davon ausging, konnte ich als Vorgesetzte jedoch nicht ignorieren. Auf meine Ermahnung hin, zog er zwar Gummistiefel an, aber sobald er sich unbeobachtet fühlte, zog er sie wieder aus. Das musste ich auf arbeitsschutzrechtliche Beine stellen und bestellte unseren Arbeitsschutzbeauftragten, der mit ihm eine grundsätzliche Belehrung durchführte. Da er die am Ende unterschreiben musste, war ich zumindest aus der Verantwortung offiziell heraus.

Gefährlich war auch eine andere Aktion von ihm. Als es zum Herbst kühler wurde, bat er darum, bei uns im Wald Holz machen zu dürfen. Das war an sich kein Problem und ich erlaubte es gern. Für den Umgang mit Motorsäge hatte ich ihn bereits auf einen Lehrgang geschickt und konnte unbesorgt sein, so dachte ich. Er hatte nun also Holz zum Heizen und heizte damit auch in seinen Kachelofen. Das Hacken des Holzes war ihm aber zu lästig und so versucht er, größere Stücke Holz in den Ofen zu schieben und – statt die vorher auf Ofengröße zu hacken – einfach nachzuschieben in der offenen Ofentür. Beinahe wäre er an Rauchvergiftung gestorben und hätte das ganze Mietshaus abgefackelt.

Das ganze Dorf redete über unseren ›Sozialfall‹. Ich hielt immer dagegen, sprach von Vorurteilen und freute mich, dass er doch mit einigen Einschränkungen gut in unseren Betrieb passte. Wir gewöhnten uns aneinander und lernten, unsere gegenseitigen Vorurteile abzubauen, denn nicht nur ich hatte welche. Victor hatte sie gegenüber meinem konservativen, spießigen Leben auch. Wir konnten locker darüber reden und staunten, wie der andere dachte.

Das ging gut bis Mitte Dezember. Ich kam von einem Seminar zurück und sofort die Aufforderung von Bernd: »Chefin, du sollst dich umgehend und sofort bei der Polizei melden!« Er drückste dann weiter rum: »Irgendwas wegen Victor.«

Die Polizei. Ich schon wieder. Genervt und mit bösen Vorahnungen rief ich dort an.

»Tja, Frau Bromann, Ihr Wagen wurde am 12. Dezember mit einer volltrunkenen Person achtzig Kilometer von hier entfernt angehalten. Die Person hat dann Widerstand geleistet, als sie zur Blutentnahme ins Krankenhaus gebracht werden sollte. Als Halter des Fahrzeuges wird auch gegen Sie ermittelt, da Sie sich von dem Zustand des Fahrers überzeugen müssen, wenn Sie es weitergeben.«

Unser alter Renault, Spitzname ›Die Hure‹, wurde von jedem im Betrieb gefahren, allerdings nur zu betrieblichen Zwecken. Er sah auch nicht so aus, als nutzte ihn jemand privat nutzen. Es wurden damit sogar frisch geborene Kälber transportiert. Falls er doch einmal privat benutzt werden sollte, wurde zumindest gefragt. Victor selbst war seit drei Tagen zum Lehrgang. Er hat es nicht einmal nötig gehabt, es mir zu beichten. Das enttäuschte mich sehr. Und ohne Führerschein, den er auf absehbare Zeit nicht wieder erlangen würde, konnte ich ihn auch nicht ausbilden.

Ich kündigte ihm fristlos.

Den Renault hatte er übrigens direkt nach der Blutprobenentnahme, die meiner Erinnerung nach zwei Komma zwei Promille ergab, wieder zum Betrieb zurückgebracht. Mich ärgerte am meisten, dass die vielen Tratschmäuler im Dorf am Ende doch recht behalten hatten. Sie hatten mich vor einem Reinfall mit ihm immer gewarnt.

Es war immer etwas los bei uns. Wir hatten auch gern viele Menschen auf dem Hof. Häufig hatten wir für mehrere Monate Praktikanten.

Eine Praktikantin war Katrin. Katrin studierte Landwirtschaft mit dem Schwerpunkt Tierproduktion und war mit Begeisterung bei allen Arbeiten dabei. Nach kurzer Zeit konnte sie mir sogar komplett die Melkschicht abnehmen.

Den ersten freien Nachmittag nutze ich zur Weinernte. Wir hatten in Mieste je einen großen Rot- und Weißweinstock. Wir hatten in den ersten Jahren versucht, hieraus echten Wein zu gewinnen, das ist uns auch geglückt, aber geschmeckt hat er nicht. So kelterte ich in diesem Jahr zwar die Trauben, versuchte jedoch, gleich Glühwein daraus zu machen.

Als Katrin von der Melkschicht kam, hat sich mich staunenderweise tanzend in der Küche vorgefunden. Katrin wuchs uns an Herz, sie gehörte nach sehr kurzer Zeit schon fast zur Familie. Zu unserer großen Freude war der Abschied nach drei Monaten nur kurz, denn Simon war sie noch mehr ans Herz gewachsen – und so kam sie als künftige Frau nach kurzer Zeit zurück auf den Hof. Ich hatte damit nicht nur einen Hofnachfolger, sondern auch eine Nachfolgerin für Haus und Familie, die Mieste und den Hof nach kurzer Zeit ebenso liebte.

Welch ein großes Glück!

9 Der Bock stand falsch rum

Kinder und Hof waren nicht die einzigen Schwerpunkte, die mich forderten. Eine weitere, eher persönliche und nicht überlebensnotwendige Angelegenheit war die Jagd.

Ich wusste, dass Simon gern den Jagdschein gemacht hätte, es war im Grunde schon geplant gewesen. Außerdem waren da die Jagdpacht, das Revier und die Jagdhunde. In meinem fast grenzenlosen Glauben an das Gute im Menschen hatte ich, allerdings ohne viel darüber nachzudenken, Hilfe und Unterstützung von den Jagdkollegen aus Fuchsdorf, dem Nachbarort, in dem Johannes das Revier hatte, erwartet. Dass es so eine Art Ehrenkodex gäbe, untereinander zu helfen.

Leider musste ich das Gegenteil erleben. Karl-Friedrich, der Ehemann meiner Freundin Silke und Jagdfreund von Johannes, war der Jäger, der mich warnte und mir von den Mitjägern erzählte, die sich bereits vor der Beerdigung Johannes' Revierteil aufgeteilt hätten. Ich sollte mich wehren. Da war ich ratlos, aber auch enttäuscht.

Karl-Friedrich besprach sich dann mit Roland, der ohnehin mein Berater in Technikdingen war. Roland war der passionierteste Jäger, den ich kannte. Er wies mich auf die Möglichkeit hin, ein Jagdrevier zu erben. Das war mir vollkommen neu und irgendwie auch unlogisch, kam mir aber gerade recht. Er drängte mich ebenfalls, mit Simon zusammen, den Jagdschein zu machen, das Erbe anzutreten und somit den alten Jagdkumpanen aus Fuchsdorf keine Chance zu geben, uns zu verdrängen.

Johannes hätte sicherlich mit Bedacht die zwanzig Jahre Jagdpachtzeit durchgesetzt. Bis die ablaufe, hätten wir einen Fuß drin und könnten dann immer noch entscheiden, ob wir weitermachen wollten oder nicht. So meinten Roland und Karl-Friedrich.

Darüber habe ich einige Tage nachdenken müssen. Bislang hatte mich die Jagd herzlich wenig interessiert. Ein paar Mal war ich mit Johannes auf Ansitz gewesen und fand es eher langweilig. Lustiger und interessanter waren dann die Gesellschaftsjagden, also ein Jagdtag mit vielen Jägern und Treibern, bei diesem Ereignis bin ich in Fuchsdorf gern als Treiber mitgegangen, zumindest, als die Kinder groß genug waren. Freude hatte ich an der Jagd mit den Hunden. Ich fand faszinierend, wie sie ihren Instinkten folgen, aber auch mit ihrem Herrchen zusammenarbeiteten.

Die Hauptmotivation, den Jagdschein zu versuchen, war jedoch der Zorn über die Dreistigkeit der anderen Jäger aus Fuchsdorf, mich nicht einmal in ihre Überlegungen einzubeziehen. Nicht anzubieten, Simon einzuführen.

Von Karl-Friedrich habe ich den Termin der Jagdsitzung erfahren. Ich wollte einen großen Auftritt à la Uschi Glas hinlegen, ›Anna Maria – Eine Frau geht ihren Weg‹ oder so ähnlich. An diesem Abend habe ich mich in Tiefschwarz gekleidet, von der Unterwäsche bis zum Haargummi.

Zehn Minuten nach Beginn der Sitzung habe ich angeklopft und bin hinein. Der alte Fritz hatte gerade sein Schnapsglas in der Hand.

»Guten Abend, ich trete das Erbe meines Mannes an!«

Gern hätte ich von den erstaunten Gesichtern ein Foto gemacht. Es herrschte einen Moment lang Grabesstille. Fritz kippte der Schnaps aus dem Glas. Dann beeilten sich alle, mir zu versichern, dass sie mich herzlich willkommen heißen würden und außerdem schon einen auf Johannes' Andenken getrunken hätten. Den weiteren Abend waren sie sehr beflissen zu mir und hielten sich mit dem Trinken zurück.

Bis zum erfolgreichen Bestehen unserer Prüfung musste ich einen Jäger beauftragen, mein Revier zu betreuen, so verlangte es die Vorschrift. Zum Leidwesen der Fuchsdorfer Jäger ernannte ich Roland dazu. Ihm konnte ich trauen, den anderen leider nicht. Mit Ausnahme von Karl-Friedrich, der sich aber nicht gegen die alte Jäger-Gang durchsetzen konnte.

Das war der einfache Part. Ich wusste aus verschiedenen Erzählungen, wie schwer die Jagdausbildung wäre. Die Durchfallquote war auch dementsprechend hoch. Das durfte Simon und mir auf keinen Fall passieren. Simon konnte mit mir den Jugendjagdschein mit fünfzehn Jahren machen. Der würde dann später in den normalen automatisch überführt, mit allen Rechten und Pflichten.

Einen Winter und ein Frühjahr würde das dauern, jeden Mittwochabend, jeden Samstagvormittag und sonntags auf den Schießplatz. Dieser Aufwand hätte es dann doch noch beinahe verhindert. Aber Roland ließ ein Aufgeben nicht zu und erinnerte mich immer wieder daran, wie wichtig es Johannes gewesen wäre, dass auch die Jagd in unserer Familie bliebe. Außerdem wollte ich den alten Jägern aus Fuchsdorf den Triumph nicht gönnen.

Bei der Jagdschule erwies es sich als Vorteil und als Nachteil, dass ich allgemein bekannt war. Johannes wurde ebenfalls von den Jägern im ganzen Landkreis geschätzt, da er ehrenamtlich im Jagdbeirat tätig gewesen war. Somit waren mir alle Ausbilder wohlgesonnen.

Der Nachteil trat bereits bei der ersten Zusammenkunft der Teilnehmer des Jagdscheinkurses zutage. Sechzehn Männer und drei Frauen. Der Chef der Ausbildung, Herr Schulz begrüßte uns, erklärte, dass wir eine Art Klassensprecher bräuchten, schaute in die Runde und blieb bei mir hängen:

»Frau Bromann, das wäre doch eine schöne Aufgabe für Sie.«

Diskussionen fand ich in dem Moment überflüssig. Ich fand es lustig, dass ausgerechnet ich, die keine Jagdleidenschaft als Motivation mitbrachte, nun für die Gruppe sprechen sollte. Es wurde aber allgemein akzeptiert und ich habe es hingenommen. Die Aufgabe war auch nicht weiter schwer, ich erinnere nur daran, die Blumen zum Abschluss für unseren Ausbildungsleiter besorgt zu haben.

So saßen Simon und ich regelmäßig in der kalten Wellblechbaracke und staunten, was Jäger alles wissen müssen. Teilweise war es sehr interessant, teilweise staubtrocken. Die Ausbilder waren sehr unterschiedlich in der Methodik, denn es waren keine Pädagogen. Wir hatten einen Zahnarzt, eine Angestellte vom Naturschutzamt, einen Förster und so weiter. Am langweiligsten fand ich Waffenkunde. Jagdrecht war zwar auch öde, aber der Ausbilder hat das so amüsant rübergebracht, dass wir uns auf diese Stunden freuten.

Für Simon und mich als Mutter und Sohn war diese Zeit sehr schön. Gerade in diesem Jugendalter verliert man als Eltern oft den Draht zu seinen Kindern. Wir haben uns abends, nachdem wir durchgefroren zurückkamen, oft noch einen Glühwein und die Reste vom Mittagessen warm gemacht und lange Zeit in der Küche geredet.

Es gab unheimlich viel zu lernen. Das dicke Buch über die Jagdkunde wurde mein ständiger Begleiter. In jeder freien Minute lernte ich, gefühlt alles, über Jagdhunde, Tragezeit von Dachsen, Fachbegriffe von Gehörnen, Raubzeug und so viel mehr.

Schlimm fand ich das Schießen. Damit konnte ich mich nur schwer anfreunden. Ich hatte mich bislang erfolgreich geweigert, eine Waffe überhaupt nur anzufassen. Mein Respekt vor Gewehren und Pistolen war viel zu groß. Nun sollte ich also schießen.

Wir besaßen bereits seit Jahren Waffen, die nun durch das Erbe mir gehörten; ich durfte diese zur Schießausbildung mit auf den Schießplatz nehmen. Die Munition dazu musste aber der Schießausbilder mitbringen. Auf eine Scheibe mit einem abgebildeten Rehbock zu schießen, ging ziemlich einfach; darin war ich gut. Tontaubenschießen konnte ich absolut nicht. Die Tontauben flogen aus einem Gerät in einem Bogen durch die Luft, das war mir zu schwierig. Ich habe die ersten fünf Trainingstage keine einzige Tontaube getroffen. Simon war da eher ein Naturtalent. Roland und sein Freund Benedikt hatten jedoch den Ehrgeiz, mich durch die Schießprüfung zu bringen. Privat besorgten wir ein Tontaubenwurfgerät und übten in der Kieskuhle. Dutzende Tontauben fielen ohne von mir getroffen zu sein zur Erde, bis ich die erste traf. Das war zwar ein Erfolgserlebnis, aber es war ein Zufallstreffer. Also hieß es: weiter üben.

Ich musste zu der Zeit höllisch aufpassen, weder Kinder noch Betrieb zu vernachlässigen. Nach weiteren zahllosen Tontauben hatte ich dann ungefähr eine Trefferquote von fünfzig Prozent. Das reichte zwar noch nicht für die Prüfung, war aber immerhin eine Grundlage für das offizielle Schießtraining.

Ich übte weiter. Jeden Sonntag. Kugelschießen auf die Rehbockscheibe war nie ein Problem für mich, da habe ich die Anforderungen immer übererfüllt. Tontaubenschießen war kurz vor der Prüfung immer noch etwas Glückssache.

Der Tag der Prüfung kam. Meine Schwachstelle, das Tontaubenschießen, war zum Glück die erste Disziplin, da habe ich dann die erforderliche Menge heruntergeholt, sieben von zehn Tauben. Ich war sehr erleichtert. Kugelschießen hielt ich nun für ein Kinderspiel. Simon hatte schon bestanden, als ich an die Reihe kam. Ich legte an und schoss. Die Scheibe kam zurück und wies null Treffer aus. Ich konnte es nicht glauben, alle konnten es nicht glauben. Aber es war bittere Wahrheit. Durchgefallen. Zum ersten Mal in meinem Leben durch eine Prüfung gefallen. Dass ich damit nicht allein war, war nur ein geringer Trost.

Nun hatten wir eine Woche später eine einzige Chance zur Wiederholung. Für mich bedeutete das, wieder mit Roland und Benedikt in den Wald und üben. Allerdings brauchte ich Kugelschießen nicht üben, meine Trefferquote war wie zuvor, immer über vierzig Ringe auf den Rehbock von den verlangten achtundvierzig.

Was sollten wir also tun? Ich hatte nie im Leben viel Prüfungsangst, sollte es trotzdem daran liegen?

Die Idee war nun, einen Schnaps vor dem Schießen zu trinken. Gesagt, getan. Ich schoss bei der Prüfung nun mit einem Schnaps intus wieder auf den verflixten Rehbock auf der Scheibe. Bevor ich die Scheibe jedoch zu Gesicht bekam, hat sie der Prüfungsleiter an sich genommen und mir zur bestandenen Prüfung gratuliert. Erst zu Hause habe ich darüber nachgedacht, wie die Scheibe wohl ausgesehen haben mag.

Als Jäger ist es wichtig, nicht nur Theorie zu lernen, sondern auch die Jagdpraxis. Das war bei uns umso wichtiger, da wir mit Ablegen der Prüfung bereits ein eigenes Revier zu betreuen hatten. Andere Jäger werden langsamer an die Praxis herangeführt. Hier erwiesen sich Roland und Benedikt als unermüdliche Unterstützer. Roland als Beauftragter für unser Jagdrevier nahm mich oft mit auf den Ansitz. Zu jeder Jagd, zu der Roland und Benedikt eingeladen waren, schleppten sie mich mit. Das war auch für die Jagdhunde, Harald und Günter, wichtig. Jagdhunde müssen aktiv bleiben.

Auch als Hundeführer habe ich Großartiges erlebt. Bei einer Adelsjagd ging es sehr vornehm zu. Da waren wir tatsächlich in Klassen eingeteilt. Die Freifrauen, Grafen und sonstigen Durchlauchte als Jäger – und wir, die Treiber und Hundeführer. Da fuhr eine geballte Ladung Reichtum vor. Die Jagd selbst war schön und erfolgreich. Allerdings wurde mein Hund Harald, wie schon öfter, schwer von einem Wildschwein verletzt. Aber dieses Mal waren seine Verletzungen ziemlich bedrohlich. Noch vor Ort wurde eine Infusion von einem teilnehmenden Tierarzt gelegt und dann ging es in die nahegelegene Tierklinik. Da war es nun wieder gut, dass es eine so hochherrschaftliche Jagd war, denn der Jagdherr übernahm alle Kosten, die nicht gerade gering waren. Harald wurde als Notfall sofort behandelt. Die Tierarzthelferinnen machten mir Vorwürfe, wie ich meinen Hund so starken Gefahren aussetzen könnte.

Der Chef der Tierklinik, Doktor Lehmann sprang mir jedoch bei, Jagdhunde würden artgerechter gehalten als die Schoßhunde vieler Kunden. Mir erklärte er, dass sie sonst oft nur die Fettleibigkeit dieser Schoßhündchen behandeln würden. Das wäre zwar einfach – via Diät und Spaziergängen mit dem Praktikanten, aber eben auch nicht so zufriedenstellend für ihn. Allerdings wären diese Kundinnen sehr dankbar und zahlungsfreudig.

Harald wurde nun also operiert. Eine Sehne war vom Eber durchtrennt worden. Außerdem war der Blutverlust hoch. Als er dann in Narkose kam, bin ich mit dem anderen Hund, Günter, nach Hause gefahren. Günter hatte inzwischen meinen Rucksack aufgekaut und die Großpackung ›Mon Cherie‹ vertilgt. Teilweise samt Papier. Der Hund war volltrunken, schnarchte im Auto und überschlug sich zu Hause, als er herausspringen wollte.

Am nächsten Morgen rief ich in der Tierklinik an, um mich nach Haralds Befinden zu erkundigen.

»Moment, ich erkundige mich.«

Kurze Zeit später: »Schöne Grüße.«

Ich: »Von Doktor Lehmann?«

»Nein, von Harald!«

Schweigen.

»Sie können Harald abholen, sollten aber täglich zum Verband wechseln kommen!«

»Wäre es dann nicht besser, Sie behalten ihn noch ein paar Tage da?«

»Ja, das wäre besser, aber ich dachte, Sie vermissen ihn!«

Schoßhunde und Jagdhunde unterscheiden sich also nicht nur in der Haltungsform.

Ja, klar, ich vermisste Harald. Vor allem später, als er gestohlen wurde, aber ein paar Tage konnte ich es schon aushalten. Er war weder mein Kind noch mein Geliebter. Und täglich zweihundert Kilometer im Auto wären weder für ihn noch für mich schön gewesen.

Ein anderes Mal, als Harald durch Verletzung eines Wildschweines zum Tierarzt musste, ging für mich die Sache nicht so glimpflich aus. Ich trug den schwer blutenden Harald auf den Armen unter guten Wünschen der Jagdgenossen ins Auto. Zu diesen Zeiten lernte ich die Tierarztpraxen in der Region alle kennen. Er wurde genäht und ich konnte den noch unter Narkose stehenden Harald wieder mitnehmen. Ich bin dann noch kurz beim Schüsseltreiben, dem gemeinschaftlichem Essen der Jäger zum Ende eines Jagdtages, vorbei, um alle über Haralds Zustand zu informieren. Um gute Jagdhunde sorgen sich dann alle. Jäger wissen, dass die Hunde sich stellvertretend für sie der Gefahr aussetzen.

Erleichtert teilte ich allen mit: »Es war nicht so schlimm, es waren nur die Klötze.« – der jagdliche Begriff für Hoden.

Diese Aussage sorgte bei allen männlichen Anwesenden, Jägern und Treibern, für Empörung und ich musste angesichts dieser respektlosen Bemerkung vor das Jagdgericht. Strafe war: einen extrem scharfen, mit Tabasco verfeinerten, Schnaps zu trinken.

Jagdliches Brauchtum war auch ein Lehrfach. Was dazu gehörte, erlebte ich auf den Jagden. Ich konnte mich nicht entscheiden, ob ich das gut und angemessen fand oder überholt und albern. Jagdhornsignale gehören dazu. Ich hörte diese Signale, rein musikalisch gesehen, gern, aber über einem toten Schwein dann ›Sau tot‹ zu blasen, fand ich irgendwie pietätlos. Einen Zweig mit dem Blut des erlegten Tieres am Hut zu tragen? Was sollte das?

Ganz blöd fand ich die Tradition und Vorschrift, die Gehörne der Tiere an die Wand zu hängen. Das war in meinen Augen nicht nur hässlich, das waren auch noch ein Staubfänger. Die Vorschrift besagte natürlich nicht, sie an die heimische Wand zu hängen, aber bei der sogenannten öffentlichen Trophäenschau wird überprüft, ob es durch richtigen Abschuss zur ordentlichen Hege des Reviers gekommen ist. Alle Jäger eines Reviers bringen die Gehörne der von ihnen erlegten Tiere zu diesem Zweck mit. Das ist sicherlich nötig. Erlebt habe ich diese Trophäenschauen jedoch als Brüstung mit jeder Menge Jägerlatein.

Auch auf Ansitz war ich bei Roland oder Benedikt einige Mal dabei. Einmal mit schweren Folgen. Benedikt war auch Landwirt und ein extremer Macho. Er half mir jedoch sehr. Ich denke, zum einen Roland zuliebe, aber auch, weil er, wie viele andere Jagdkollegen, den Umgang der Fuchsdorfer Jäger mit uns schäbig fand. Er machte mir am Telefon sogar einen Heiratsantrag. Ich nahm ihn nicht ernst. Er betonte aber, wie gut wir, unsere Betriebe und die Jagd doch zusammenpassen würden.

Monate später erfuhr ich von seiner drohenden Insolvenz. Somit war der Heiratsantrag wieder nicht romantisch, er war nicht einmal schmeichelhaft.

Wir waren nachmittags auf einer Gesellschaftsjagd zur Jagd. Benedikt kündigte beim Schüsseltreiben an, noch nachts auf Sauen hinauszuwollen.

»Kannst ja mitkommen, aber du traust dich bestimmt nicht.«

Mir zu unterstellen, mich nicht zu trauen, hat schon so einiges bewirkt. Ich erkundigte mich nach Ort und Zeit und war pünktlich dort. Unterwegs zum Hochsitz erklärte mir Benedikt seine Meinung zu Frauen auf der Jagd.

»Du, ich hab nichts gegen Frauen auf der Jagd, sie sollten nur ihren Mann stehen und keine Mimosen sein, die auf Sonderbehandlung pochen.«

Damit hatte ich kein Problem. Das kann er haben, dachte ich. Wir kamen beim Hochsitz an, er ging vor mir die Leiter hinauf und hielt oben plötzlich an. »Mist, hier hat jemand das Sitzbrett geklaut! Wir gehen auf den nächsten Hochsitz.«

So kletterte ich die Leiter wieder hinunter. Leider verfehlte ich die unterste Sprosse und kam unglücklich auf dem Erdboden auf und verdrehte mein Knie dabei. Wahnsinnige Schmerzen; ich konnte einen Schrei nicht unterdrücken, obwohl ich keine Mimose sein wollte, denn dieser Satz von Benedikt klang mir immer noch in den Ohren. Benedikt war sehr erschrocken und kontrollierte seine Waffe.

»Nein«, stöhnte ich »du hast nicht aus Versehen geschossen, war nur ein Fehltritt, wir gehen gleich weiter!«

Ich bestand darauf weiterzumachen. Benedikt wollte das Auto holen. Aber ich setzte mich durch und ich zog mich auf den nächsten Hochsitz. Dort verbrachten wir drei Stunden im Stillschweigen, konnten Mufflons und Wildschweine sehen. Zum Glück nicht in Schussweite, denn ich merkte schon, dass mein Knie dicker wurde und pochte. Runter vom Hochsitz hangelte ich mich mit den Armen, mein Bein konnte ich nicht belasten.

Am nächsten Tag wurde ein Kreuzbandriss im Knie diagnostiziert. Damit waren OP und weiterer Schmerzen verbunden, aber meine Mannesprüfung hatte ich bestanden. Bei den Jagdkumpeln hieß es lange Zeit: »Benedikt hat die Bromann ruckzuck flachgelegt!«

Die Schießprüfung hatte ich also bereits bestanden. Ob erfolgreich oder nicht, sie war bestanden. Dann folgten: schriftlich, praktisch und mündlich. Wissensabfrage. Lernen, lernen, lernen.

Simon lernte nicht sichtbar, das hatte mich irritiert. Wir fragten uns zwar inzwischen bei jeder gemeinsamen Mahlzeit oder Autofahrt ab, aber mit einem Buch habe ich ihn nie gesehen. Da ich aber auch in schulischen Dingen immer großes Vertrauen in meine Kinder hatte, dass sie selbst einschätzen können, wie sie am besten klarkommen, habe ich nichts dazu gesagt. Ich war aber trotzdem etwas besorgt.

Zuerst kam die schriftliche Prüfung. Die Fragen waren nicht schwer, aber das Wissen um die Vielfalt machte es dann auch zu einem kleinen Teil Zufall, ob man gerade das gelernt hatte. So ließ ich meinen Sohn abschreiben und umgekehrt. Ich hatte die Tragezeit des Dachses vergessen und, er wusste nicht, welcher Bussard nur den Winter über bei uns ist. Das hatte ich zufällig gelernt.

Der Raufußbussard ist mir daher bis heute ein Begriff geblieben.

Dann ging es in den mündlich-praktischen Teil. Unsicher war ich mir bei den Lehrfächern Waffenkunde und Wildtierkunde. Waffenkunde war das zweite Prüfungsfach an diesem Tag. Als ich dort in die Prüfung bin, kam eine andere Prüfungsteilnehmerin heulend raus; sie war durchgefallen. Das war nicht ermutigend und gut war ich dort bestimmt auch nicht. Ich sollte ein Kastenschloss erklären und die Waffe auseinandernehmen, zusammenbauen und unterschiedliche Munition zuordnen. Das habe ich etwas stotternd und zögernd hinbekommen.

In allen anderen Fächern bin ich gut durchgekommen. In Naturkunde half mir tatsächlich noch die Erinnerung an die Spaziergänge mit meinem Vater, der als Lehrer keinen normalen Spaziergang mit den Kindern machen konnte, sondern immer belehrend war. Simon bestand auch und wir waren stolze Besitzer eines grünen Jagdscheines.

Ich glaubte, den schwersten Teil der Aktion nun hinter mir zu haben. Das zeigte sich schnell als eine Fehleinschätzung. Da wir das eigene Revier besaßen und mir die Jäger aus Fuchsdorf das immer noch missgönnten, war deren Tenor: ›Ja, die Prüfung hat sie jetzt vielleicht, aber ob sie auch Tiere schießt, muss sie noch beweisen!‹

Da wurde der nächste Druck aufgebaut. Roland war aber immer an meiner Seite. Er sollte mir zu meinem ersten Bockabschuss verhelfen. Es darf laut Abschussplan nicht irgendein Rehbock geschossen werden. Es steht eine Art Zuchtziel, die Hege, dahinter. Er suchte also den Bock im Revier für mich. Denn ich hatte neben Jagd noch einige andere Aufgaben zu bewältigen. Es war Juni und im Betrieb gab es viel zu tun. Als er den sogenannten Knopfbock gefunden hatte, einen Rehbock, der nur ein verkümmertes Gehörn aufwies, sollte es losgehen. Ich hatte auch kein Problem damit, ein Tier zu töten. Wir waren Landwirte, Kühe zum Schlachter zu geben, war Alltag. Sentimentalität konnte ich mir nicht leisten. Gänse und Enten habe ich selbst geschlachtet. Nicht gern, aber es gehörte dazu.

Nun also: Jagdklamotten an, Gewehr und Munition einstecken, auf ins nächste Abenteuer. Wir pirschten den Wiesenweg hinunter. Ab Beginn der Koppel sollte ich dann allein weiterpirschen. Weitere Anweisung erhielt ich von Roland per SMS …

– Da vorn steht Bock.

– Ich sehe

– Geh noch ein paar Schritte vor, bis zum nächsten Zaunpfahl

– OK

– Waffe auf Zaunpfahl stützen, auf sicheres Schussfeld achten und entsichern!

– Ist gut.

– Schießen!

– mmmh

- Schießen!!!!
- MMMMH
- Verdammt noch mal, schieß endlich!!!!
Schon war der Bock abgesprungen, diesen Abend hat er überlebt. Roland ist fast ausgerastet und fragte, was denn los gewesen sei.

»Ich weiß nicht genau, es war etwas falsch und wenn sich etwas falsch anfühlt, sollen wir doch nicht schießen, oder?«

»Was war denn falsch? Die Situation war absolut perfekt!«

Ich wurde dann etwas kleinlaut: »Du, Roland, der Bock stand falsch rum.«

»Wie, falsch rum?«

»Beim Schießtraining auf der Scheibe war das Haupt …« – jagdlicher Ausdruck für Kopf – »… immer links.«

Roland wusste nicht, ob er lachen oder weinen sollte. Ich wusste aber zu dem Zeitpunkt, bei der Jagd lässt sich nichts erzwingen. Ich habe meinen ersten Bock ein paar Wochen später allein während der Heuernte geschossen. Ohne Roland und ohne traditionelle Jagdkleidung aus dem teuren Jagdkatalog.

Wir hatten Gras gemäht und ich war mehrere Male auf den Wiesen, um den Vorgang zu verfolgen, die Qualität zu überprüfen und um weitere Entscheidungen für die Ernte zu treffen.

Bei einer dieser Kontrollen sah ich dann meinen ersten Bock. Rehwild ist bei fahrenden Treckern nicht so ängstlich, weil es gelernt hat, dass von denen keine Gefahr ausgeht. Ich konnte diesen Bock also in Ruhe beobachten und seine Richtigkeit im Sinne der Wildhege feststellen. Bei der nächsten Kontrolle nahm ich das Gewehr mit und schaute nach, ob der Bock wieder an der gleichen Stelle wäre. Er graste dort friedlich. Ich schaute noch eine Weile zu, dann legte ich das Gewehr auf und schoss.

Ich bekam sofort das typische Jagdfieber, von dem ich schon oft gehört hatte, es mir aber hatte nicht vorstellen können. Es war tatsächlich wie ein Fieberschub. Zittrig und mit bis zum Hals klopfendem Herzen konnte ich erst mal gar nichts mehr machen. Nach fünf Minuten war dieser Anfall vorbei und ich konnte mich von einem gelungenen Abschuss überzeugen. Der Bock war sofort tödlich getroffen an Ort und Stelle zusammengebrochen. Waidgerecht auszuweiden war dann die nächste Herausforderung, der ich mich tapfer stellte, ich wollte niemandem um Hilfe bitten. Ich habe zwar sehr lange dazu gebraucht, aber das war ja auch das erste Mal.

Wie üblich habe ich den Bock in unserer Waschküche aufgehängt. Stolz war ich nicht, aber irgendwie sehr ruhig und gelassen. Zufrieden, dass es oder er, mein erster Bock, vollbracht war.

Nun war ich ein echter Jäger.

10 Bis zum Bauchnabel in der Gülle

Als unfreiwillig gewordene Jägerin hatte ich an der Jagd Gefallen gefunden. Nach wie vor hatte ich den meisten Spaß mit den Jagdhunden. Es gab viele tolle Erlebnisse mit Günter und Harald.

Die beiden waren deutsche Jagdterrier, hauptsächlich für die Wildschweinjagd und die sogenannte Baujagd ausgebildet. Das bedeutete in erster Linie die Jagd auf Füchse. Terrier sind klein und vor allem schlau genug, einen Fuchs so lange in seinem Bau zu belagern, bis der Fuchs genervt den Fuchsbau verlässt. Das war dann der Moment für den Jäger, den Fuchs zu erlegen. Ich sage bewusst ›erlegen‹, denn ich habe einmal keine Schusswaffe dabei gehabt. Ich hatte überhaupt nicht geplant, auf Jagd zu gehen. Bei meiner täglichen Runde über die Rinderwiesen war Harald verschwunden. Er kam lange Zeit nicht wieder, sodass ich auf die Suche gehen musste. Das bedeutete vor allem, in die Richtung von Hundegebell zu lauschen. Einige Fuchsbaue in der Nähe kannte ich, also bin ich dort zuerst hingegangen, und siehe da, ein ganz leises Bellen war in der Tiefe zu hören.

Es war zwecklos, ihn zu rufen, so viel war klar. So bin ich zuerst zurück zum Auto gelaufen, habe dicke Handschuhe geholt und geschaut, was sich als Waffe eignen würde. Ich fand nur einen Vorschlaghammer, einen halben Meter lang und fünf Kilo schwer. Aber schlechte Bewaffnung war besser als keine.

Damit beeilte ich mich, wieder zum Fuchsbau zu kommen. Die Situation war unverändert. Normalerweise erfordert die Baujagd große Geduld bei ständiger Konzentration. Ich hatte jedoch keine Zeit und begann mich zu ärgern, dass ich den Hund mitgenommen hatte.

Ich gab Harald zwanzig Minuten Zeit, den Fuchs zu sprengen, so der Begriff in der Jägersprache. Andernfalls müsste ich ihn hier vorerst allein lassen. In solchen Situationen legte ich meine Jacke dorthin, wo das Auto geparkt war. In den meisten Fällen lag er dann etliche Stunden später dort und wartete auf mich. Heute war nur Bellen und Knurren aus dem Fuchsbau zu vernehmen. Plötzlich verstummte jeder Laut.

Das ist nicht gut, dachte ich mir. Das könnte bedeuten, dass der Fuchs den Hund im Würgebiss hat. So etwas kommt nicht selten vor.

Ich zog mir die Handschuhe an, stellte den Vorschlaghammer in Griffweite, legte mich auf den Bauch und tastete in den Fuchsbau hinein. Ich war ziemlich zögerlich und angespannt, denn ich konnte nicht wissen, welches der Tiere mir zugewandt war. Doch ich musste Harald retten und wollte ihn optimalerweise an den Hinterläufen aus dem Bau ziehen. Für den Fall, dass der Fuchs mit dran hing, hatte ich den Hammer vorgesehen. Ganz vorsichtig tastete ich nun in den Bau hinein. Zentimeter für Zentimeter. Jeder Zeit rechnete ich mit einer Reaktion. Das konnte genauso gut ein Ertasten von Haralds Bein sein, wie auch ein Zuschnappen des Fuchses. Selbst Harald konnte im Stress zuschnappen, es blieb also spannend – und nicht ungefährlich.

Meine Konzentration war auf meine Hände gerichtet und mein Schreck hätte nicht größer sein können, als mich unerwartet ein Tier von hinten ansprang und vor lauter Freude mit dem Schwanz wedelte. Harald hatte vermutlich den Fuchs aus einer anderen Röhre, dem Ausgang, gejagt und war begeistert, mich zu finden. Ich konnte ihm nicht böse sein.

Leider wurde kurze Zeit später Günter überfahren, so hatte ich nur noch einen Hund. Harald. Gern wollte ich wieder einen zweiten dazu holen.

Hunde zu kaufen, ist eine sehr ernste Angelegenheit. So eine Entscheidung muss gut überlegt sein, denn Hund und Herrchen verbringen viele Jahre miteinander. Das muss passen und auch mit der ganzen Familie harmonieren. Ein Jagdterrier sollte es wieder sein, das stand außer Frage. Den besten Ruf als Terrierzüchter hatte Werner König aus der Nähe von Wismar. Alle meine Jagdfreunde empfahlen mir, so lange zu warten, bis dieser Züchter wieder Welpen anbot.

Anfang Juli war es dann so weit. Der bekannte Hundezwinger bot Terrierwelpen an.

Jäger sind charakterstarke Persönlichkeiten und Jagdhundezüchter noch mehr. Auch dieser hier sollte mich auf eine harte Probe stellen. Schon der Anruf wird mir ewig im Gedächtnis bleiben.

»König« bellte es mir aus dem Hörer entgegen. Ich trug mein Anliegen vor.

»Frauen verkaufe ich keine Hunde, eher erschieße ich sie!« Wobei bis heute offen blieb, ob er damit die Hunde oder die Frauen meinte. Diese Antwort machte mich noch nicht gleich sprachlos; sie regte nur meinen Widerspruchsgeist an.

»Wo finde ich Sie genau? Morgen bin ich da und dann sprechen wir noch mal darüber.«

Am nächsten Tag fuhr ich los. Nach zweihundertfünfzig Kilometern, zwei Blitzerfotos und etlichen Umleitungen stand ich auf dem König'schen Hof. Es war leider niemand da. Nur die Hunde kläfften in ihrem Zwinger. Ich rief den Hausherrn an. Er war überrascht, denn er meinte, er hätte mich am Vortag genug abgeschreckt und hatte gar nicht mit mir gerechnet.

Na, der sollte mich kennenlernen! Eine Stunde ließ er mich noch warten, ich war inzwischen ziemlich ungehalten, wollte aber noch nicht aufgeben. Ein Pick-up fuhr auf den Hof, die Tür öffnete sich und ein Bär stieg aus. So mein spontaner Gedanke. Werner König war groß und kräftig, hatte dunkle Haare und einen Vollbart.

Ich wurde sehr knurrig begrüßt.

»Sie sind ja immer noch da!«

Verdammt noch mal, ich wollte immer mehr einen Terrier nur aus diesem Zwinger! Knurren konnte ich nicht so gut, aber irgendwie brachte ich ihn dazu, sich mit mir wie mit einem normalen Menschen zu unterhalten.

Wir standen immer noch auf dem Hof. Augenscheinlich hatte ich ihn dann von meiner ausreichend starken Persönlichkeit überzeugt, einen Jagdterrier ausbilden zu können. Ich durfte mir den Wurf Welpen genauer ansehen und im Endeffekt einen aussuchen. Meine Wahl fiel auf Xaver. Er mochte mich, glaube ich, denn er machte mir gleich auf das T-Shirt. Das war dann der Grund für uns, ins Haus von Werner König zugehen. Es war mittlerweile Abend geworden. Im Bad konnte ich mein Shirt notdürftig reinigen.

Schließlich wurde ich von ihm und seiner Frau Ina zum Abendbrot eingeladen. Das war der Beginn einer sehr langen und dicken Freundschaft. Bis Mitternacht saßen wir in der Küche, redeten und redeten. Ina wurde irgendwann müde und ging ins Bett. Werner blieb. Er hatte ein erstaunliches und interessantes Leben und noch interessantere Ansichten. Ich machte mich auf den Heimweg mit der Zusage, meinen Welpen Xaver in vier Wochen abholen zu dürfen.

Bereits am nächsten Morgen rief Werner König wieder an. Wir quatschten wieder eine Stunde am Telefon. Dann fragte er mich, ob er einen Bekannten zu mir schicken könne, der einmal ein Praktikum in der Landwirtschaft machen wolle. Peter wäre Elektriker und würde gern zum Landwirt umschulen. Er könne dann auch gleich Xaver mitbringen.

Grundsätzlich hatte ich nichts gegen Praktikanten, es war mir immer ein Anliegen, vielen Menschen die moderne Landwirtschaft nahezubringen. Und mir die lange Autofahrt zu ersparen – noch dazu mit einem Welpen an Bord – fand ich eine grandiose Idee. Also lud ich den Peter für drei Wochen Praktikum nach Mieste ein.

Die ganze Familie freute sich auf Xaver, den neuen Hund, sollte er doch für die nächsten Jahre zu uns gehören.

In der Zwischenzeit telefonierte ich fast täglich mit Werner. Wir konnten uns über Gott und die Welt austauschen, diskutierten viel über Politik. Die Kinder hatten Werner noch nicht kennengelernt und nannten ihn fortan den ›Hundemenschen‹.

Endlich reiste Peter mit unserem vierbeinigen Familienzuwachs an. Nun begann das harte Stück Arbeit, einen Hund zu erziehen – und Terrier sind besonders eigensinnig. Zunächst war Xaver einfach nur niedlich. Es fiel schwer, konsequent zu sein. Aber Hunde können keine Ausnahmen lernen. Also lernte er vom ersten Tag an, dass die Türschwelle zur Küche seine persönliche Grenze war, die er nicht überschreiten durfte. Nachts im Zwinger auf dem Hof und tagsüber, wenn wir zu Hause waren, stand im Flur sein Körbchen. Er benahm sich wie jeder Hundewelpe, kaute Schuhe an und zerfetzte die Tapete im Flur. Da Harald unsere Regeln schon kannte, kamen wir gut voran. Aber für eine Jagdhundeprüfung reichte das natürlich nicht. Praktikant Peter hatte auch Jagdhunde und konnte seine Erfahrung mit beisteuern.

Peter war gerade mal zwei Tage da, da bekam ich einen empörten Anruf von Werner: »Du hast mir gar nicht erzählt, dass du eine Westmieze bist! Peter hat es mir gerade erzählt.«

Das habe ich mal als Kompliment genommen. Denn Werner hatte sehr schlechte Erfahrungen mit Wessis gemacht. Nicht so lustig fand ich sein Geständnis, dass er mir Peter geschickt hatte, um ihn mit mir zu verkuppeln. Aber das war ein erfolgloser Versuch, die Sympathie hatte nicht gereicht.

Nun hatte ich wieder zwei Jagdhunde und viel Freude daran. Und viele Sorgen. Ich glaube, unterm Strich habe ich mir mehr

Sorgen um meine Hunde gemacht als um meine Kinder. Die Hunde gaben mehr Anlass, berechtigten Anlass, so oft, wie sie verletzt oder verschwunden waren.

Ich stürzte mich in die Hundeausbildung. Gehorsamsübungen wechselten sich mit jagdlichen Disziplinen ab. Xaver musste lernen, einer Hasenspur zu folgen, ohne den Hasen gesehen zu haben. Eigentlich hätte er auch Wildenten aus dem Wasser holen sollen, damit hatten wir aber bei so unsere Probleme. Ich traf die Ente nicht und er war tatsächlich ziemlich wasserscheu. Wieder war es Roland, der schon viele Hunde durch die Jagdhundeprüfung gebracht hat, der uns half.

Werner und ich besuchten uns gegenseitig. Ich habe tiefe Erlebnisse mit unserer Freundschaft. Gemeinsame Jagderlebnisse und endlose Diskussionen in den jeweiligen Küchen. Ich nannte ihn ›Bär‹ und er mich ›Jorinthe‹. Bei Werner konnte ich allen Kummer loswerden. Er konnte fantastisch zuhören und ich musste mich nicht verstellen, konnte sein, wie ich war. Das war echte Freundschaft. Da war kein Funke Erotik, sondern Freundschaft zwischen Mann und Frau, die doch nach landläufiger Meinung nicht funktionieren könnte.

Ich konnte ihm Liebeskummer vorheulen, betriebliche Sorgen ausführen und bekam immer Trost. Nicht immer eine Antwort, aber Trost in jedem Fall. Ich hoffe, ich konnte ihm ebenso eine gute Freundin sein. Wir haben auch sehr viel und vor allem aus voller Kehle gelacht, sogar albern waren wir manchmal. Ich glaube, so eine Freundin hatte ich vermisst, nun war meine beste Freundin eben Werner.

Das führte dann noch zu einer lustigen Begebenheit. Ina, Werners Frau, hatte überhaupt kein Problem mit der dicken Freundschaft zwischen Werner und mir. Oft war sie anfänglich bei unseren Küchen-Diskussionsrunden mit dabei, gab aber früher auf, sicherlich, weil sie das alles schon mehrfach gehört hatte. Werner schickte und schickt mir jedes Jahr zum

Geburtstag einen großen Strauß Tulpen, meinen Lieblingsblumen. In einem Jahr war er krank und konnte nicht zum Blumenladen fahren, so schickte er Ina los. Ina bestellte die Blumen auftragsgemäß. Die Blumenverkäuferin machte während des Ausfüllen des Formulars Small-Talk und fragte dann, für wen die Blumen sein sollten. »Für die Freundin meines Mannes.« Die Blumenverkäuferin war nach dieser Aussage sehr stumm geworden.

Werner war immer sehr ehrlich, manchmal tat seine Meinung auch weh. Vor allem seine Einschätzung: »Du findest nie einen Mann, du bist zu stark und selbstbewusst.« Fürs ›Um den heißen Brei reden‹ war er nicht geschaffen. Das polarisierte sehr.

Neue Männer in meinem Leben mussten immer einen Stresstest bei Werner bestehen; sein Urteil war mir wichtig. Er sollte in seiner Einschätzung der Menschen fast immer recht behalten.

Werner lebte von seiner Gänsefarm. Im Sommer war das eine weiße Wolke auf grüner Wiese. Es war für ihn unverzichtbar, Füchse zu jagen, da diese sich immer wieder unter Zäunen hindurchgruben. Wir verbrachten viele Stunden mit der Fuchsjagd an aufgetürmten Strohballen oder neben Fuchsbauen. Dabei lernte ich alles, was es über Jagdterrier und Fuchsjagd zu wissen gab.

Werner war auch ein Bauer mit Leib und Seele. Hühner, Schafe und zwei Rinder waren auf seinem Hof zu Hause. Nun sollte es auch noch ein Schwein werden. Da konnte ich ihm helfen, da wir zu dieser Zeit eine Schweinezucht in Mieste hatten.

Ich war wieder zur Jagd bei ihm eingeladen. Neben den Hunden lud ich also noch ein Ferkel in einer Kiste in den Kofferraum. Die Hunde saßen immer im Fußraum des Beifahrersitzes. Das war gut geübt und nie ein Problem. Es ging auch bis zur Abfahrt von der Autobahn alles gut. Dort bin ich wohl etwas zu schwungvoll die scharfe Kurve gefahren und die Kiste mit dem Ferkel kippte um. Das Ferkel, ›Sieglinde‹, wie wir sie im Anschluss tauften, quiekte gewaltig los vor Schreck. Das wiederum regte die Hunde so sehr auf, dass sie in lautes Bellen verfielen und auch nicht auf mein Kommando hörten.

Das war ein ohrenbetäubender Lärm im Auto. Um dem so schnell wie möglich zu entgehen, habe ich etwas aufs Gas getreten. Etwas sehr zügig durch den nächsten Ort und schon wurde ich von einem Polizeiwagen überholt, der mir die Kelle zeigte.

Das war jetzt äußerst peinlich. Ich ließ nur die Fensterscheibe hinunter und wollte dem Polizisten meine Situation erklären. Der sagte dann:

»Ich kann sie nicht verstehen, steigen Sie doch mal aus!«

»Tut mir leid, das geht nicht, sonst haut das Schwein ab.«

Ich habe großes ›Schwein‹ gehabt, dass der Polizist ebenfalls Jäger war und Werner gut kannte. Er bot mir an, vor mir bis zum Hof zu fahren. Ich hatte den Verdacht, dass er sich köstlich amüsierte und das Ende der Fahrt mit erleben wollte. So bin ich mit Polizeibegleitung, meinen Hunden und ›Sieglinde‹ bei Werner auf dem Hof eingetroffen.

Am nächsten Tag habe ich den netten Polizisten übrigens auf der Jagd wieder getroffen, er hatte mich nicht gleich gesehen oder nicht erkannt. Ich hörte am Lagerfeuer, wie er die Geschichte von der Frau mit dem Ferkel im Auto erzählte.

Die Jagd an diesem Tag war ein tief beeindruckendes Erlebnis. Ich war als Hundeführer in der sogenannten Treibergruppe, das hieß mitten durch den Wald zu gehen und die Hunde frei laufen zu lassen, um die Wildschweine hochzutreiben, die meist tief im Dickicht liegen. Es lag so viel Schnee, dass er mir bis an die Hüften reichte. Ich sah große Rotten

Wildschweine und Hirsche im Schnee, das hatte ich noch nie in dieser Kulisse erlebt.

Mit Schweinen hatte ich des Öfteren kuriose Erlebnisse. Ich beschloss eines Tages, die Schweinezucht auslaufen zu lassen. Wir waren mit den anderen Tieren voll ausgelastet, das konnte nicht gut gehen. Wir ersetzten keine alten Zuchtsauen mehr. Diese alten Sauen mussten geschlachtet werden. In der Bio-Aufzucht ist die Vermarktung immer aufwendiger. Da kommt kein Lkw, um sie aufzuladen. Es waren durchweg kleine Gruppen, die zum Schlachten kamen. Da wir keine neuen Sauen in die Zucht nachschoben, wurden unsere alten Sauen noch zweimal mehr als üblich gedeckt, sie wurden also älter und schwerer. Platz genug war da. Ich suchte nach einer geeigneten Vermarktung, denn ich wollte sie ungern einfach konventionell schlachten lassen.

Schließlich fand ich einen Kollegen, der ein spezielles Sauen-Schlachtprogramm für Biofleisch hatte. Biofleisch wird selten in großen Mengen vermarktet und damals schon gar nicht. Es sollten zunächst fünf Tiere zum Schlachten gebracht werden. Wir haben die fünf Sauen unter Mühe in den Pferdeanhänger getrieben. Dann begab ich mich auf die Strecke zum kleinen Regionalschlachter, so dachte ich. Achtzig Kilometer entfernt. Schweißgebadet kam ich zur angegebenen Adresse, denn ich war mir ziemlich sicher, dass ich nicht nur ein bisschen überladen hatte.

Die Waage hatte ich mir geschenkt, denn es half nichts, ich hatte fünf Sauen angemeldet und die wollte ich auch in einer Tour hinbringen. Mein Auto hatte jedenfalls gehörig Mühe, die Steigungen hinaufzukriechen. An der angegebenen Adresse fand ich keinen kleinen Schlachter vor, sondern den großen, allgemein bekannten Schlachthof der Region. Ich suchte vergebens nach anderen Gebäuden. Ein Anruf bei meinem Kollegen stellte klar, dass ich genau dort, am großen Schlachthof abzuladen hätte, ich würde am Tor schon erwartet. Langsam wurde mir die ganze Sache mulmig. Was soll's?, dachte ich, wenn ich doch schon mal hier bin, nehme ich die Schweine nicht wieder mit zurück.

Zögerlich bin ich auf das große Tor des Schlachthofes zugefahren. Dort stand schon ein Mitarbeiter mit einem Fahrrad und lotste mich an elf riesengroßen Lkw vorbei zur Abladerampe. Ich habe mit Pkw und kleinem Anhänger großes Aufsehen bei den Lkw-Fahrern erregt, aber es sollte noch unangenehmer kommen.

Gern wäre ich in diesem Moment woanders gewesen. Die Rampe war zum Entladen der großen Lkw vorgesehen und dementsprechend lang. Wenn ich also die Klappe meines Anhängers öffnen würde, musste ich erst eine Lkw-Länge, beziehungsweise Lkw plus Anhänger-Länge rückwärtsfahren. Rückwärtsfahren mit Anhänger konnte ich nur sehr unterdurchschnittlich. Aber vor den Augen der Lkw-Fahrer? Undenkbar. Ich sprang in die Flucht nach vorn, ließ meinen Autoschlüssel in Richtung der staunenden Lkw-Fahrer baumeln und fragte: »Wer von den Herren ist so lieb?« Logisch erklärte sich einer von ihnen bereit und fuhr meinen Wagen samt Anhänger an die Rampe. Dort staunten sie alle noch mehr, als sie meine Sauen sahen, die ungewöhnlich groß waren.

Bei späteren Transporten hieß es nur noch: »Da kommt die Blonde mit den großen Sauen, die nicht rückwärtsfahren kann.«

Tiere waren bei uns logischerweise immer ein großes Thema. Ich selbst hatte anfangs in Mieste eine Reitstute, die ich kurz nach Johannes' Tod verschenkte, da ich überhaupt keine Zeit mehr zum Reiten fand. Vier Wochen später bat mich Franziska sehr überzeugend, ihr das Voltigieren zu erlauben; ihre Freundinnen wären alle schon dabei. Für Franziska freute ich mich, sie benötigte dringend ein Hobby, aber etwas geärgert habe ich mich doch, dass jetzt erst das Interesse an Pferden aufkam. Franziska hatte immer etwas Mühe bei zwei großen Brüdern ihren eigenen Platz zu finden, da war ein eigenes Hobby umso wichtiger für sie und ich unterstützte sie dabei.

Ein Jahr später kam deshalb wieder ein Pferd auf unseren Hof. Wir suchten uns eine Haflingerstute aus, weil ich dachte, diese Rasse wäre sehr gutmütig und einfach im Charakter. Wie sehr ich mich irrte, sollte ich oft genug erleben. Einmal brach die Stute Fritzi aus und demolierte zwei Autos. Gut, dass wir versichert waren. Franziska ist an diesem Pferd erwachsen geworden. Sie haben viel miteinander erlebt. Auch an ihre späteren Wohnorte hatte Franziska dieses Pferd mitgenommen.

Doch anfangs war Franziska manchmal zu Recht ein wenig ängstlich. Wenn sie sich etwas nicht traute, hat sie mich um Hilfe gebeten. Ich war im Grunde nicht mutiger, habe mir aber nichts anmerken lassen, damit Franziska Zutrauen bekam. Ich musste so manches Mal über mich hinauswachsen.

Wie bei meiner ersten und einzigen Fuchsjagd. Ich hätte freiwillig nicht im Traum daran gedacht, eine Fuchsjagd mitzureiten. Früher, so mit vierzehn Jahren vielleicht einmal. Aber damit im höheren Alter anfangen? Zu sehr wusste man doch inzwischen, was so alles passieren kann. Das Alter machte vorsichtig. Franziska wollte gern im Nachbarort am sogenannten Kränzchenreiten teilnehmen. Eine jährliche Veranstaltung des Reitvereines, bei dem das ganze Dorf auf den Beinen ist. Es galt, mit einer Art Speer unter einem Bogen hindurchzureiten, im Galopp selbstverständlich, und mit dieser Lanze die dort aufgehängten Kränze aufzuspießen und mitzunehmen. Franziska wollte das unbedingt, traute sich aber nicht mit unserer

Haflingerstute. Eigentlich traute ich mich auch nicht, wollte aber leuchtendes Beispiel sein und versprach ihr mitzumachen. Sie lieh sich ein ruhiges Pferd und ich saß auf unserem.

Es war so anstrengend! Wenn ich geahnt hätte, wie anstrengend das sein würde, hätte ich mich bestimmt nicht überreden lassen. Aber mittendrin konnte ich nicht mehr aufhören. Ich hatte zuvor ebenfalls nicht geahnt, dass man bei dieser Aktion den ganzen Tag nicht vom Pferd kommt. Hinreiten, Proberunden drehen, verschiedene Altersklassen abwarten und dann selbst drei Durchgänge. Unsere Stute machte es mir auch nicht leichter; sie war die ganze Zeit schwer aufgedreht, sodass ich alle Hände voll zu tun hatte.

Alle anderen Reiter saßen in den Wartezeiten gemütlich auf ihren Pferden und schwatzten. Gern hätten sie sich auch mit mir unterhalten, wir kannten uns untereinander. Doch mein Pferd ließ kein anderes Pferd dicht herankommen. Fritzi schlug nach anderen Pferden aus. Ich war gezwungen, in sicherem Abstand zu warten.

Endlich, nach vielen, vielen Stunden waren wir mit allen Durchgängen fertig. Gewonnen hatte ich natürlich nicht, ich war froh, es mit Anstand hinter mich gebracht zu haben und war total erledigt, hungrig und durstig. Irgendjemand reichte mir ein Alster und einen Kümmerling auf das Pferd. Die hatten eine starke Wirkung. Ich hatte außer etwas Müsli am Morgen noch keine weitere Nahrung zu mir nehmen können. Das war nun zehn Stunden her. Entsprechend lustig und leider auch mutig wurde ich. Der Veranstalter Gerald fragte mich, ob ich denn am folgenden Sonntag an der Fuchsjagd ebenfalls teilnehmen wollte. Da konnte ich ganz locker antworten: »Ich würde es ja gern, aber du siehst ja selbst, unser Pferd hat Probleme mit anderen Pferden und das geht gerade bei einer Fuchsjagd nicht.« Und ich dachte, damit wäre das Thema vom Tisch.

Kurze Zeit später kam er noch mal auf mich zu: »Ich habe das jetzt geklärt, ich kann dir eines meiner Pferde leihen.«

Vom Alkohol und vor Stolz über den gelungenen Tag übermütig geworden, nahm ich das Angebot an.

Ich, die jahrelang nicht mehr viel geritten war und, noch nie im Leben eine Fuchsjagd mitgeritten hatte, wollte das auch noch auf einem fremden Pferd vollbringen? Warum brachte ich mich immer wieder in Situationen, vor denen ich dann bestenfalls großen Respekt hatte, schlimmstenfalls, wie hier, schlotternde Knie?

Es wurde ein wundervolles, aufregendes Erlebnis. Frühmorgens bin ich zu Gerhard in den Stall und bekam meinen Wallach zugewiesen. Ein schönes, hellbraunes Tier. Putzen und Satteln war kein Problem. Der Wallach war auch absolut ruhig und gut zu reiten. Auf dem Platz vor dem kleinen Schloss des Ortes versammelten sich alle Teilnehmer. Ungefähr fünfundzwanzig Reiter zu Pferde und drei Kutschen, auf denen erwartungsvoll die Schaulustigen saßen. Jagdhornbläser eröffneten die Jagd, der Jagdleiter begrüßte und erklärte die Regeln. Die wichtigste Regel war, dass das Feld, also die Teilnehmer den anführenden Master nicht überholen durfte. Es ging in allen Gangarten über Wiesen und Felder. Es waren kleine und große Hindernisse eingebaut, die man überspringen konnte, aber nicht musste. Der Fuchs, den es zu jagen galt, ist schon seit sehr vielen Jahren kein echter Fuchs mehr, sondern ein Reiter zu Pferd, der einen Fuchsschwanz an seine Jacke geheftet hat. Er hat einen kleinen Vorsprung und wird dann von dem Feld gejagt, er lässt sich immer mal wieder in der Ferne sehen. Bei dem Kommando ›Fuchs frei‹ erteilt der Master die Erlaubnis, den Fuchs zu bejagen. Ziel ist es, den Fuchsschwanz von der Jacke zu holen.

Den letzten Teil habe ich mir erspart, ebenso die Hindernisse, dafür war ich nicht geübt genug und hatte auch nicht mehr den nötigen Ehrgeiz. Ich war glücklich, nach anfänglicher Unsicherheit, den gemeinsamen Ritt zu genießen. Ich war so froh, dabei gewesen zu sein. Ein einmaliges Erlebnis.

Wir hatten nicht nur Rinder, Schweine, Hunde und Pferde. Wir hatten auch Geflügel.

In einem Jahr beschlossen wir, es auch mit der Gänsehaltung zu versuchen. Ein Stall wurde vorbereitet und ein erster Auslauf. Ich hatte die ›Gössel‹, wie Gänseküken heißen, vom Geflügelhändler geholt und sperrte sie in den Auslauf. Am Abend wollte ich sie in den Stall bringen. Die ersten Male würden sie dort noch nicht allein hinfinden, da wollte ich mir die Kinder zu Hilfe nehmen. Das war der Plan.

Ich stand dann spät abends unter der Dusche, als mir die Gössel wieder einfielen. Die Kinder waren längst im Bett. Draußen bleiben konnten die kleinen Tiere jedoch nicht, die Gefahr über Nacht war zu groß: Marder oder Fuchs hatten freies Geleit. Ich war müde und wollte ins Bett, also musste die einfachste Lösung her. In den Stall treiben konnte ich die Gössel nicht; sie kannten den noch nicht und es war außerdem auch schon fast dunkel. Nur die Straßenlaterne vom Weg brachte etwas Licht. Ich zog meinen Bademantel an und bin mit Taschenlampe bewaffnet losgegangen. Ich wollte die Gössel einfangen und in den Stall tragen. Immer zwei, unter jedem Arm eines. Das war im Prinzip eine gute Idee, nur war der Bademantel denkbar ungeeignet, da er sich immer an dem Umrandungszaun verfing. Kurzerhand zog ich den aus und trug die Gänseküken nackt in ihren Stall. Und hoffte, dass das Licht der Straßenlaterne keinen weiten Blick erlaubte.

Felix war immer etwas schneller in seiner Entwicklung gewesen als üblich. So hatte er mit siebzehn seine erste feste Freundin. Sie hieß Nicole. Ich hatte keine Wahl, als er mich fragte, ob sie bei uns einziehen könnte. Denn sonst wäre er ausgezogen. Es machte mir auch nichts aus, da die Jungs mittlerweile eine eigene Wohnung hatten. Solange Simon es nicht störte. Simon war in dieser Zeit sowieso bei der Bundeswehr, es stand also Nicoles Einzug nichts im Wege. Ich freute mich, denn ich mochte sie sehr gern. Ich freute mich auch für die beiden, sie waren schwer verliebt und passten gut zueinander.

Andere Jungs gingen in dem Alter zur Disko, mein siebzehnjähriger Sohn baute eine Einbauküche zusammen, quasi der Nestbau. Nicole war auch gern im Betrieb und auf dem Hof, sie war sehr tierlieb.

Eines Tages hatten wir einen sehr großen Wurf Ferkel, mehr, als die Muttersau hätte ernähren können, da die Anzahl der Zitzen begrenzt ist. Erfahrungsgemäß wechseln sich die Ferkel nicht fairerweise ab, sondern drängen immer die schwächsten Tiere an die Seite. Die hätten überhaupt keine Chance. Das fand Nicole traurig. Sie nahm zwei Ferkel einfach mit in die Wohnung: Martha und Eberhard. Felix, der das als Bauernsohn etwas unsentimentaler sah, tobte: »Das wird sowieso nichts und du heulst dann, wenn sie tot gehen. Ich helfe dir nicht dabei, das machst du alles ganz allein!« Damit hatten sie ihren ersten Krach, denn ihn störten die Ferkel, die in der Wohnung umherliefen.

Am nächsten Morgen sah Nicole ziemlich übernächtigt aus: »Fünfmal musste ich heute Nacht die Flasche geben!« Felix feixte, da er das hatte kommen sehen.

Am weiteren Morgen war wieder miese Stimmung zwischen den beiden. Felix: »Wenn ich dich schon beim nächtlichen Füttern unterstütze, kannst du wenigstens weiterschlafen!«

Nicole: »Ich musste doch nachschauen, dass du das Fläschchen nicht zu heiß gemacht hast!«

Felix war nun voller Elan dabei. Er baute einen Spielgarten für die beiden, eine Schlafecke und noch mehr. Später kamen sie in einen leer stehenden Hundezwinger auf dem Hof. Sie wurden aber täglich für einige Stunden auf die Wiese gelassen, auf der sie fast immer blieben. Eines Tages hatten sie durch Schubbern das Tor aufbekommen und sind ausgebüxt.

Unsere Nachbarn riefen mich an: »Sind das eure Schweine, die da um die Kirche rennen?« Ich war wieder im Bademantel, da ich vor einer Veranstaltung geduscht hatte. Ich konnte die Dusche wiederholen, so durchgeschwitzt war ich, waren wir alle, als wir sie endlich wieder in der Wiese hatten.

Irgendetwas war mit den Tieren immer los. Sie machten unser Leben im wahrsten Sinne des Wortes lebendig.

Das merkte man vor allem, wenn die Rinder wieder einmal von der Weide ausgebrochen waren. Das kam zu Beginn eines jeden Sommers häufiger vor. Vor allem die Jungrinder, die zum ersten Mal außerhalb des Hofes grasen durften. Sie kannten die Wiesengrenzen nicht und was ein Zaun ist, mussten sie noch lernen. Da kam dann ein Anruf. Und sobald die Kinder davon Kenntnis hatten, standen sie in Gummistiefeln bereit. Wenn ich bereits in der Frühe laut nach ihnen rief, standen sie ohne Nachfragen parat. Manchmal in Schlafanzug und Gummistiefeln, um hinterher wieder ins Bett zu gehen. War das Ganze an einem Wochenende, mussten die Freunde auch mitkommen. Es schliefen immer Freunde unserer Kinder bei uns.

Unser Leben richtete sich nach den Tieren auf dem Hof. Der erste und letzte Gedanke des Tages ging an die Zwei- und Vierbeiner. Sie machten keine Pause, auch wenn wir es uns manchmal gewünscht hätten.

Ein anderes Mal waren die Jungbullen in einen Güllekanal gesprungen, der nur zur Reinigung kurz offen stand. Fünf Jungbullen standen bis zur Brust in der Gülle und brüllten erbärmlich. Allein kamen sie nicht wieder hinaus auf die Wiese. Da war guter Rat teuer.

Kurzerhand haben meine männlichen Mitarbeiter die Hosen ausgezogen und sind mit hineingesprungen. Sie haben den Tieren einen Strick um das Hinterteil gelegt und kräftig geschoben. Ich habe zeitgleich an einem Halfter, das wir ihnen aufgezogen hatten, vorn gezerrt. Das klappte relativ gut. Die Bullen haben sich geschüttelt und sind dann auf die Wiese galoppiert. Vor mir standen drei Männer, die bis zur Taille in der Gülle gestanden hatten; so konnten sie nicht nach Hause gehen. Ich nahm kurzerhand einen Wasserschlauch und spritzte sie ab.

Vieh auf einem Bauernhof ist viel Arbeit. So viel Arbeit, dass sich viele Landwirte davon getrennt haben. Aber die Tiere bringen Leben und verbinden die Menschen. Es ergeben sich lustige, traurige und sorgenvolle Geschichten. Für mich war die Viehhaltung nicht nur Arbeit, sondern auch Bereicherung.

11 Das war kindisch, aber es half ein wenig

Kinder sehen Eltern als Vater und Mutter, nicht als Mann und Frau. Das ist ihnen unangenehm.

Franziska hat mir erlaubt, auch über meine Männergeschichten zu berichten. Sie möchte nur keine neues ›Fifty Shades of Grey‹ lesen. Schauen wir mal!

Es war immer klar, dass ich nicht bis an mein Lebensende allein bleiben würde. Ich war fünfunddreißig Jahre alt als Johannes starb. Ein neuer Mann kam schneller, als ich je geahnt hätte. Aber im Grunde war es logisch und sicherlich auch nicht selten in ähnlichen Situationen.

Zunächst kamen sehr schnell die ›Beutejäger‹. Wobei ich davon bestimmt einigen Unrecht tue. Es kamen Männer, die meinten, ich würde Hilfe benötigen. Die Hilfe in Form von ›Ich stelle mich zur Verfügung‹. An einem Samstag, ich machte gerade Mittagspause, fuhr ein Cabrio vors Haus. Ich dachte mir nichts dabei, vermutete Besuch unserer Mieter. Aber es klingelte dann doch an unserer Haustür.

Vor mir stand Matthias, meine erste Jugendliebe. Wir hatten uns fünfzehn Jahre nicht gesehen. Ehrlich gesagt, hatte ich keine Lust, ihn auf einen Kaffee hineinzubitten. Das war auch nicht nötig, denn er lud mich auf eine Spazierfahrt ein. Das halbe Dorf war gerade dabei, die Straße zu fegen. Es gab etliche, die mit offenem Mund und dem Besen in der Hand uns hinterherstarrten. Vier Wochen nach dem Tod des Ehemannes fuhr sie in einem Sport-Cabrio davon. Herrlich.

Ich habe mich königlich amüsiert. Ich weiß nicht genau, was er sich davon versprochen hat, vielleicht sollte es einfach nur nett sein. Wahrscheinlich sogar. Wir machten eine Runde und als ich ihm erklärte, dass ich fachlich gut zurechtkäme, haben wir uns verabschiedet mit meinem Versprechen, dass ich mich melden würde, sollte ich Hilfe brauchen.

Ein Teilnehmer des Meisterkurses kam mit ähnlichen Hilfsangeboten. Aber das waren für mich Fremde im Zusammenhang mit Mieste und dem Hof.

Der beste Freund des Ehemannes ist sicherlich der Klassiker für eine neue Beziehung. So sollte es nun bei mir auch so sein. Und es fühlte sich dadurch tatsächlich nicht an wie ein Verrat an Johannes. Wegen des Jagdscheines und des Technikeinkaufes verbrachten Roland und ich viel Zeit miteinander. Wir hatten uns immer gut verstanden. Um mir das Jagdleben beizubringen, vor allem auch mein Revier kennenzulernen, holte er mich oft ab, um auf Ansitz zu gehen.

Es war schön, unsere Felder aus einem anderen Blickwinkel zu betrachten. Roland hatte ein unendliches Wissen über Flora und Fauna. Ich sah unser Revier mit seinen, aber auch mit Johannes' Augen Das hat ihn mir wieder nahegebracht. Ich war sehr emotional in diesen Momenten. Roland und ich trauerten beide, denn natürlich trauerte auch er um seinen Freund. Und mit ihm war es auch selbstverständlich, über Johannes zu reden. Das konnte ich bei späteren Beziehungen nicht. Entweder mochten sie nicht an einen Vorgänger erinnert werden, der nicht im Zorn oder Scheidung von mir getrennt wurde, oder sie kannten ihn schlicht nicht und fanden es unangebracht oder langweilig.

Ein anderes Mal sind wir dann im Bett gelandet. Nach Tränen in den Augen beim Betrachten von Fotos der letzten Jagd, an der Johannes teilgenommen hatte. Das war schön und tat gut. Aber selbstverständlich werde ich nicht ins Detail gehen. Ein schlechtes Gewissen Johannes gegenüber hatte ich nicht. Ihm wäre es klar gewesen, dass es neue Männer oder einen Mann in meinem Leben geben würde. Ein schlechtes Gewissen hatte ich ein wenig meinen Kindern und sehr viel schlechtes

Gewissen Rolands Frau gegenüber. Roland war verheiratet und wir als Ehepaare kannten einander auch. Wie gesagt, der Klassiker einer Telenovela. Ich versuchte, mit der mir in Fleisch und Blut übergegangenen Verdrängungstechnik diesen Aspekt auszublenden.

So erlebten wir viele schöne Stunden. Heimlich und damit auch aufregend. Das war ein Leben für mich, das ich sonst nur aus den Kurzromanen der Frauenzeitschriften bei meinem Friseur kannte. Sich heimlich in einem Hotel zu treffen, war sehr romantisch. Zu Hause versuchten wir, es lange Zeit geheim zu halten.

Meine Freundin Silke versuchte, mich zu verkuppeln. Mit Andreas sollte ich einen Tanzkurs machen. Den haben wir auch angefangen. Andreas musste jedoch so oft beruflich fort, dass wir diesen Kurs aufgegeben haben. Trotzdem trafen wir uns oft auf einen Kaffee oder einen Spaziergang, wenn er vor Ort war. Mit Andreas machte ich meine erste und letzte Motorradtour. Die fand ich schrecklich. Es wäre möglicherweise auch ein Paar aus uns geworden, wenn ich mich nicht anderweitig gebunden fühlte. Wobei ich nicht darüber nachdenken wollte, dass Roland auch noch eine Ehe führte. Ich habe das dann der Fairness halber Andreas erzählt und zum Glück blieb diese Freundschaft lange erhalten.

Einmal bin ich Roland auf eine Technikmesse nachgereist, damit wir die Nacht im Hotel gemeinsam verbringen konnten. Am nächsten Morgen sprang mein Auto nicht an, Roland ging am Parkplatz an mir vorbei und durfte mich nicht kennen. Das war dann eher erniedrigend.

Nach über einem Jahr in der Heimlichkeit machten wir es öffentlich. Wir hatten diskutiert, uns zu trennen, damit er seiner Familie erhalten bliebe. Wir waren aber so verliebt, dass wir das beide nicht wollten. Ich bestand auf klaren Verhältnissen. Schon wieder der Klassiker: ›Frau will wissen, woran sie ist,

Mann zögert hinaus‹. Ich war mir durchaus bewusst, dass ich in einer sehr typischen Situation war. Aber auch Roland wurde klar, dass es so nicht weitergehen würde.

Das Geschrei war geringer als erwartet. Roland zog bei uns mit zwei großen Jagdhunden ein. Damit lebten wir von nun an Alltag und ich lernte Seiten an Roland kennen, die ich vorher übersehen hatte oder übersehen wollte. Verantwortung war nicht sein Ding. Er war ein großer Junge und noch stolz darauf. Mit seinem Charme hat er alle um den Finger gewickelt, jedoch Zuverlässigkeit und Beständigkeit ließ er vermissen. Ich wollte ihn nicht an Johannes' Stelle setzen, aber doch ziemlich weit in Familie und Betrieb integrieren. Dem war er nicht gewachsen.

Ich glaube schon, dass wir uns beide etwas vorgemacht hatten. Die große Liebe war es dann doch nicht. Leidenschaft ja, Spaß ja, aber Beziehung wurde sehr schwierig. Die Abkürzung, die ich nach Johannes' Tod hatte unbewusst nehmen wollen, erwies sich als Umweg. Eine neue Beziehung anknüpfen, ohne zuvor in das Loch der Einsamkeit zu fallen, ging augenscheinlich nicht. In dieses Loch stürzte ich, als Roland mich betrog oder ohne Ankündigung mit der Ex-Frau und seinen Kindern verreiste und ähnliche Eskapaden.

Ich klammerte länger an dieser Beziehung, als gut gewesen wäre. Zu viel Angst hatte ich vor dem Loch der Einsamkeit, denn ich hatte bereits über den Rand hinuntergeschaut. Es gab viele Dramen und Versöhnungen, das war stellenweise filmreif.

Eines Abends überbrachte mir sein Kumpel Benedikt die Nachricht, dass Roland soeben mit seiner Noch-Frau und den Kindern in einen dreiwöchigen Urlaub gefahren sei. Der Feigling hatte zu wenig Rückgrat, es mir persönlich mitzuteilen. Drei Wochen sollte ich meine Wut und Enttäuschung für mich behalten? Das ging einfach nicht, aber erreichen konnte ich ihn auch nicht.

So schmiss ich seine Sachen aus dem Fenster, lediglich den Firmenrechner trug ich vorsichtiger hinaus. Was aber nichts nützte, da er dann drei Wochen draußen stand und nass wurde. Das war kindisch, aber es half ein wenig. Als Roland dann kleinlaut zurückkehrte, holte ich mir eine Pizza und setzte mich auf die Hofbank, während ich zuschaute, wie er seine Trümmer einsammelte. Ich mag keine Pizza aus dem Karton, fand das aber in dem Moment passend – zusammen mit dem Valpolicella aus der Flasche. Leider war ich dann wieder so weit, dass ich ihm verzieh. Objektiv betrachtet ist das nicht zu erklären.

Filmreif komisch, wenn mir nicht innerlich nach Heulen gewesen wäre. Ich versteckte seine Waffen, damit er nicht zu einer längeren Jagd fahren konnte, weil ich argwöhnte, dass das nur ein Vorwand wäre, um sich mit seiner Geliebten zu treffen. Kurzum, es war eine schreckliche und entwürdigende Zeit.

Dass man mich so betrügen und hintergehen würde, hätte ich nie für möglich gehalten. Ich hatte eine Ehe hinter mir, in der Vertrauen eine tragende Säule war. Ich war naiv, hatte ich doch gesehen, mit welcher Leichtigkeit er seine Frau betrogen hatte, welche Lügen er ihr immerzu aufgetischt hatte. Wir machten aber auch alles, was das Klischee so hergab. Ich fand einen Liebesbrief in seiner Reisetasche von einer anderen Frau.

Das Drama spitzte sich zu. Er hatte mir hoch und heilig versprochen, der anderen den Laufpass zu geben. Ich hatte nur noch Angst vor dem Schmerz, den er mir bereiten würde. Ehrlich gesagt, war mir hier zum ersten Mal das Gerede aus dem Dorf über mich und den Skandal auch nicht egal. Das war zwar oberflächlich, aber ich fand es demütigend.

Zwischen Weihnachten und Neujahr waren wir seit vier Wochen wieder versöhnt, die Geliebte nach seiner Aussage Geschichte, und er fragte mich, ob ich über den Jahreswechsel arbeiten müsste. Das war wie immer der Fall. Dann könne er doch seine Eltern besuchen. Ich war zwar unruhig, wollte aber nicht bei jeder Kleinigkeit doppelt nachfragen. Ich wollte ihm vertrauen.

»Gute Idee, schöne Grüße!« So verabschiedete ich ihn am Vormittag auf die Reise nach Bayern. Am Nachmittag stellte ich fest, dass Emma, seine alte Hündin, Atemnot bekam. Roland war mit seinen Hunden sehr fürsorglich. Daher war ich mir unsicher, was ich tun sollte, zumal ich Melkdienst hatte und keine Zeit, seinen speziellen Tierarzt aufzusuchen. So rief ich Roland an, um ihn zu fragen, ob in diesem Fall unser Tierarzt vor Ort ausreichen würde. Das Handy war aus. Ich rief seine Eltern an, um ihn dort zu erreichen. Und musste feststellen, dass er nicht nur nicht dort war, sondern auch nicht vorhatte, überhaupt dort zu erscheinen. Da blieb mir die Luft weg. Sollte es ein Überraschungsbesuch dort sein? Warum ging er denn nicht ans Telefon? Ich versuchte es noch einige Male auf seinem toten Handy. Dann bin ich, mal wieder klischeehaft, auf die Suche gegangen.

Dabei habe ich – wie in dem mehrfach erwähnten billigen Roman – eine Abrechnung eines Doppelzimmers in einem Hotel, schlimmer noch: meines / unseres Lieblingshotels gefunden. An diesen Tagen wähnte ich ihn auf Fortbildung in Dänemark. Die Einladung nach Dänemark hatte ich auch gesehen, daher nichts dabei gedacht, als er losgefahren war. Während dieser Tage hatte ich sogar seine Kinder, weil er es ursprünglich zugesagt hatte, sie in dieser Zeit zu übernehmen.

Mir drehte sich alles. Da hat er mir seine Kinder aufgedrückt, die ich übrigens sehr gern mochte, und die sehr umgänglich waren – und er hat sich mit einer seiner Geliebten getroffen.

Ich habe auch die Rechnung des Juweliers gefunden. Juweliere sind es bestimmt gewohnt, dass ein Herr zweimal den gleichen Schmuck kauft. Roland hatte so wenig Skrupel, die Ohrringe, die er mir geschenkt hatte, auch für seine Geliebte zu kaufen. Denn ich konnte mir nicht vorstellen, dass er sie auf Vorrat doppelt gekauft hatte, falls mir einer verloren ginge. Ich bin noch nie in meinem Leben so wütend und verletzt gewesen. Und hatte zudem noch den kranken Hund an der Backe.

Ich musste zum Melken in den Stall. Und fühlte mich innerlich so wund.

Prioritäten setzen. Mal wieder. Funktionieren mal wieder. Hinunterschlucken mal wieder.

Es kam noch schlimmer. So feige wie er war, blieb das Handy aus. Ihm schwante wohl, dass er aufgeflogen war.

Ich hörte drei Tage gar nichts. Das hat mich wahnsinnig gemacht, meine Wut nicht an ihm auszulassen zu können. Natürlich auch an keinem anderen. Selbstbeherrscht. Ich weiß nicht, ob man mir überhaupt etwas anmerkte.

Am vierten Tag erwartete ich irgendetwas, aber nicht den Anruf seiner Firma, warum er seine Termine nicht eingehalten habe und sein Handy aus wäre. Großartig, jetzt hatte ich das Problem auch noch zu lösen. Denn wenn ich ihm auch die Pest an den Hals wünschte, so wollte ich doch um seiner Kinder willen nicht, dass er seine Existenz verlieren würde. Aber mir fiel keine plausible Erklärung für die Firma ein. Da verlangte sein Kompagnon, dass ich am anderen Tag die Polizei informieren sollte, wenn er bis dahin nicht aufgetaucht sei. Das war starker Tobak. Aber ich konnte auch schlecht die Wahrheit sagen:

»Herr Hansmann ist bei seiner Geliebten, hat Schiss vor mir und den Konsequenzen, und ist deswegen komplett abgetaucht.« Das wäre unmöglich gewesen.

Ich sagte also zu, ihn am nächsten Tag als vermisst zu melden, und war ratlos, was ich tun sollte. Erst einmal wollte ich meine Mutter im Krankenhaus besuchen. Dann musste ich den Stalldienst machen.

Beim Melken kamen mir oft Ideen. Es ist einerseits Routine,

trotzdem Konzentration. Wenn die Kühe wiederkäuen, ist das beruhigend.

Meine Idee war Detektivarbeit und noch eine Stufe erniedrigender, aber es musste etwas passieren. Zuerst habe ich mal wieder seine Sachen gepackt. Dieses Mal besonnen und nicht im Affekt. Mir geschworen – nicht zum ersten Mal –, ihm nicht mehr zu verzeihen. Da ich auch seine Steuerangelegenheiten machte, hatte ich Zugriff auf seine Bankunterlagen und suchte dort wieder einmal. Leider habe ich mehr gefunden, als ich gesucht hatte. Unter anderem auch eine Quittung von einem Supermarkt mit diversen Leckereien, Rumpsteak, Champagner und Feldsalat. An einem mir unbekannten Ort. An einem Tag, als er mir einen Besuch eines Großkunden anderswo genannt hatte. Dort benötigte er bestimmt kein Rumpsteak. Seinen Betriebswagen hatte er dort öfter mal getankt, das konnte ich anhand der Tankbelege sehen.

Es tat immer mehr weh. Aber ich suchte weiter, denn ich wollte den Verbindungsnachweis für sein Handy. Ich fand mehrere Nummern, die er regelmäßig anrief. Und die ihn regelmäßig anriefen. Ich glich die mit seinen Kunden ab. Dann blieben noch fünf Nummern übrig. Und dann bin ich noch tiefer gesunken, aber ich rief diese Nummern an. Bei der ersten Nummer meldete sich ein Jagdfreund. Bei der zweiten Nummer meldete sich eine mir unbekannte Frau. Jetzt wurde es ganz übel, aber ich gab mich als Polizistin aus:

»Guten Abend, Polizeiobermeisterin Blumberg, kennen Sie einen Herrn Hansmann?«

Sie ganz erschrocken: »Ja, das ist mein Freund, ist ihm etwas passiert?«

Ich erwiderte: »Nein, aber ich bin seine Lebensgefährtin und müsste ihn ganz dringend sprechen!«

Es war so unwürdig. Sie legte auf. Dann muss ich fairerweise gestehen, brachte sie den Mut auf, mich zurückzurufen.

Von meiner Existenz hatte sie nichts gewusst. Sie hatte zwar nach meinem Anruf ebenfalls versucht, ihn zu erreichen, aber er hatte sein Handy nach seinem Besuch bei ihr noch nicht wieder angestellt. Wir sprachen lange miteinander. Sie gab zu, dass sie manchmal über einige Dinge verwundert war. Er hatte ihr nicht erlaubt, ihn zu besuchen, und sie häufig am Telefon weggedrückt. Das waren dann ihre Anrufe, bei denen ich neben ihm stand und er dann kommentierte: »Wieder so ein Telefonanbieter.«

Es war an Dreistigkeit nicht zu überbieten. Sie hat, genau wie ich, vorsichtshalber nicht nachgefragt, wenn sie verunsichert war. Sie war verliebt und ich ängstlich, und wir haben beide die Augen verschlossen vor der offensichtlichen Wahrheit.

Ich bat sie, trotz allem Kummer und Frust, ihm doch, sollte er sich bei ihr melden, dringend zu raten, sich bei seinem Geschäftspartner zu melden, wenn er seine Existenz nicht verlieren wolle.

»Soll er doch!«, war ihre spontane Reaktion.

Tolle Frau.

Nur war ich damit das Problem nicht los. Ich hatte ihm zwar vielleicht seine Geliebte genommen, was mich ein wenig schadenfroh machte, aber seinem Partner hatte ich nun zugesagt, dass ich ihn als vermisst melden würde. Da war ich keinen Schritt weitergekommen. Leider konnte ich mein Handy nicht ausschalten.

Am nächsten Tag habe ich dann seinem Partner die halbe Wahrheit gesagt, bevor ich die Polizei missbrauchte. Ich sprach von seinen so großen privaten Schwierigkeiten, die ihn dazu gebracht hätten, sich, augenscheinlich unabgestimmt, eine Auszeit zu nehmen.

Leider war die Angelegenheit damit für mich noch immer nicht vorbei. Der Geschäftspartner sagte: »Frau Bromann, wenn er sich bis morgen Abend bei mir meldet, dann finden wir eine Lösung. Ansonsten war es das dann mit der Gesellschaft; ich habe die Nase allmählich gestrichen voll «

Das war der Punkt, an dem ich losgelassen habe. Das war ich mir und meiner Familie schuldig. Und die Einsicht, dass er sich nicht ändern würde und meine Rücksichtnahme nicht verdient hatte. Verzeihen schon gar nicht. Ich glaube, ein Fitzelchen in mir hoffte immer noch auf ein Happy End, es waren so schöne Zeiten gewesen. Aber wenn ich ehrlich war, waren sie schon lange vorbei.

Meine Kinder, mein Betrieb, meine Mutter im Krankenhaus, mein Vater mit stetig um sich greifendem Alzheimer. Ich hätte seine Unterstützung gut gebrauchen können, aber er hat mich nur immer tiefer in meine Überforderung gedrückt. Ich hatte Angst vor dem Alleinsein, aber wenn ich den Respekt vor mir nicht endgültig verlieren wollte, dann musste jetzt Schluss sein.

Ich packte seine Sachen in einen geliehenen Transporter, seine Hunde dazu. Beides habe ich bei seinem besten Freund und Kumpel abgeliefert. Nur mein Handy, das konnte ich immer noch nicht ausschalten. Zwei weitere Tage passierte gar nichts. Dann kamen die ersten SMS …

– Ich habe einen großen Fehler gemacht, verzeih mir, ich liebe dich doch

– Ja, hast du, aber NEIN.

– Wo soll ich denn hin?

– –

– Lea und Fabian fragen, warum sie nicht mehr nach Mieste dürfen.

Da hatte er mich fast wieder. Seine Kinder konnten nichts dafür. Das war für mich fast schon eine Ausrede, mich zumindest auf ein Gespräch einzulassen. Aber ich musste hart bleiben, denn gerade die Phasen der Versöhnung war himmelhochjauchzend gewesen. Auch das kann süchtig machen. Denn trotz allem vermisste ich ihn. Wir hatten viel Spaß miteinander und die erotische Anziehung war enorm.

Er schickte sogar seinen Kumpel Benedikt vor, bei mir gut Wetter zu machen. Dem habe ich dann auch den Hintergrund erzählt.

Da war er still.

Eine Bleibe hatte Roland tatsächlich nicht mehr. Keine seiner Frauen wollte ihn bei sich wohnen lassen. Seine Ex nicht, ich nicht und seine Geliebte auch nicht.

Ich bin ehrlich genug zuzugeben, dass ich hier schreiben könnte, er wäre nie wieder auf die Füße gekommen. Aber bei seinem Charme war er nach mehreren Monaten wieder bei einer Frau eingezogen. Samt seiner Hunde.

Ob er ihr treu blieb? Ich kann es mir kaum vorstellen. Ich hatte anfangs noch einige Male mit ihm zu tun, weil ich seine Unterlagen mit ihm besprechen und übergeben musste. Sein Steuerberater hatte auch noch Rückfragen an mich. Das war ziemlich hart. Er nutzte diese Gelegenheiten fast immer, um an unsere ›schönen Zeiten‹ anknüpfen zu wollen. Meine Rückfallanfälligkeit war aber, naja, sagen wir mal, gering. Wenn er mich schelmisch angrinste, musste ich mich nur an seine vielen Lügen erinnern. Ich habe keine Ahnung und möchte es eigentlich auch gar nicht wissen, was meine Kinder von diesem Drama mitbekommen haben, ich weiß nur, dass Franziska Roland nicht leiden konnte, aber mehr habe ich nicht hinterfragt. Sie hätten zu viel Respekt vor mir gehabt, mich darauf anzusprechen, und jetzt ist der Deckel drauf.

Als nach der Episode ›Roland‹ Ruhe herrschte, war ich auch mit den Nerven ziemlich runter. Nach Johannes' Tod hatte mir eine Ärztin eine Kur empfohlen. Das wollte und konnte ich zu dem damaligen Zeitpunkt nicht. Aber jetzt schien es mir verlockend. Einmal keine täglichen Entscheidungen, keine Verantwortung für Vater, dessen Alzheimer uns ständig forderte.

Nur ein paar Therapien am Tag, Essen vorgesetzt, das nicht im Vorfeld mit Frau Helmke diskutiert werden musste. Mir war irgendwie alles zu viel.

Insgesamt gesehen war es absolut langweilig auf der Kur, ich fühlte mich dennoch sehr erholt nach den drei Wochen. Es hat mir bestimmt gutgetan. Ich stand wieder fest auf dem Boden und war bereit für neue Männer. Denn nun wollte ich die Sache bewusst und strukturiert angehen. Mehr vom Kopf aus. Das würde dann bestimmt nicht so wehtun.

Es war erst 2004 und ich hatte nur vage etwas von Dating-Plattformen gehört. Die hießen auch anders, das weiß ich nicht mehr so genau. Da ich nur landwirtschaftliche Zeitschriften las, kam ich auch nur auf die Idee, es bei ›Landflirt‹ zu versuchen. Mein Sohn Felix musste mir das Chatten erklären. Eine Anzeige dort aufgeben, das habe ich selbst hinbekommen.

Es war leicht jemanden kennenzulernen. Ich hatte mich als Betriebsleiterin geoutet und nun rollte Adrian über uns hinweg. Er war nicht etwa übergewichtig, eher im Gegenteil, Adrian war spindeldürr, bewegte sich so, als habe er ADHS, und hatte eine Ziegenfarm. Von der konnte er nicht leben konnte, deshalb hatte er noch eine Teilzeitstelle in der IT-Abteilung eines Dachziegelherstellers.

Wir schrieben uns etliche Mails. Ich war im Bedienen der Soft- und Hardware noch so ungeübt, dass ich Unsummen fürs Internet ausgab, denn das war zu dem Zeitpunkt noch minutengetaktet. Den Unterschied zwischen online und offline kannte ich nicht, geschweige denn, war ich in der Lage, offline zu schreiben und es dann erst zu schicken. Zum Glück gab es auch noch keine Smartphones, sodass die viele Schreiberei mich nicht in meinem Tagesablauf störte.

Nach ungefähr zwei Wochen beschlossen wir, uns zu treffen. ›Date‹ haben wir dazu nicht gesagt, aber es war wohl eines. Ich fühlte mich wie vierzehn. Die Kleiderfrage stand ganz oben auf dem Plan.

Auf dem Parkplatz eines Restaurants wollten wir uns treffen und dann hineingehen, wenn wir uns auch im realen Alltag sympathisch wären. Wir haben uns vier Stunden im Restaurant super unterhalten. Ich war schon drauf und dran, es als einen Erfolg zu sehen …

… als Adrian in den letzten fünf Minuten mit dreierlei rausrückte. Erstens sei er verheiratet. Zweitens habe er ein sehr schwieriges Stiefkind und drittens eigene zweijährige Zwillinge mit normaler Entwicklung. Er sehe aber kein Problem darin, sich von dieser Familie zu trennen, er liebe seine Frau schon lange nicht mehr und seine Eltern hätten sie sowieso nicht gemocht. Wooow!

Das wollte ich auf keinen Fall mehr haben! Und schwierige Kinder schon gar nicht. So habe ich mich zurückgezogen. Er hat noch ein paar Mal geschrieben, worauf ich ihm klar zu verstehen gegeben habe, dass für mich verheiratete Männer tabu seien. Er könne sich ja melden, wenn er geschieden sei, empfahl ich ihm.

Eines Sonntagmorgens war ich gerade mit dem Melken fertig und mit dem Hochdruckreiniger bei der Reinigung, stand Adrian plötzlich an der Melkstandbrüstung.

»Moin, ich bin bei meiner Frau ausgezogen, bei meinen Eltern eingezogen und die Scheidung ist eingereicht.«

Wieder woooow.

Ich war sprachlos. Ich lud ihn zum Frühstück ein und stellte ihn meiner Familie vor. Aber ich war nicht verliebt. Und genauso hatte ich mir das vorgestellt. Rational einen Mann zu finden, um nicht allein zu sein. Gesellschaft und Sex. Später warf er mir vor, ich hätte nur einen Freizeitlover gesucht.

Ja, genau, den hatte ich haben wollen, konnte es nur nicht so auf den Punkt bringen. Er hatte aber auch nicht gefragt, was ich eigentlich wolle. Ich konnte ihn gerade noch bremsen, seinen Job zu kündigen und auf eine Art Probezeit für uns hinzuwirken. Stillsitzen konnte er nicht und arbeiten konnte er wie kein Zweiter. Er kam von einem Hof und war tieftraurig, weil sein Vater den schon in den Nebenerwerb geführt hatte. Jetzt war seine Zeit gekommen, meinte er. Er stürzte sich mit einem Eifer in unseren Betrieb, dass uns allen schwindelig wurde. Er war der Meinung, wir – damit meinte er sich – müssten in die Schweinehaltung einsteigen. Er baute allein unseren alten Rinderstall um und legte los. Wir waren überrumpelt. Nein, ich war überrumpelt. Er baute mit Simon eine neue Getreideannahme und brachte Ideen für die Lagerhallen ein. Mein Umfeld sah seinen Eifer und war begeistert. Ein neuer Mann auf dem Hof.

»Ein Landwirt, Jo, du musst doch überglücklich sein.«

Ich wusste es nicht, es war wie ein Sturm, der über mich zog, von dem ich aber nicht beurteilen konnte, ob er Gutes oder Schlechtes bringen würde. Ich wollte immer darüber nachdenken, wenn der Sturm abflauen würde. Das tat er aber nicht. Wir waren in einem Dauer-Wirbelsturm.

Ich bin ja schon der Typ, der gern einmal handelt, bevor er denkt. Adrian hingegen handelte nur und dachte nie. Seine familiären Verhältnisse waren ziemlich kompliziert.

Auf dem elterlichen Hof hatte er eine Ziegenfarm aufgebaut. Die Produkte wurden selbst vermarktet, das machte seine Ex. Er hatte es irgendwie geschafft, sich in drei Monaten scheiden zu lassen. Die Ex lebte mit den drei Kindern in dem Haus, das er gemeinsam mit ihr auf dem Grundstück des Hofes gebaut hatte, also direkt neben seinen Eltern, in dem er nun wieder in seinem ehemaligen Kinderzimmer wohnte. Nach Mieste kam er wegen seines Jobs und der Ziegenfarm auch nur am Wochenende, so hatten wir immer Zeit, uns zu erholen.

Nun war es ihm aber wichtig, dass ich auch die Ziegen und

seine Eltern kennenlernte – ja, in dieser Reihenfolge. Die Eltern hatten zwar grundsätzlich kein Problem mit mir, mit ihnen habe ich mich super verstanden. Sie wollten mich aber aus Solidarität mit ihrer Schwiegertochter nicht im Hause übernachten lassen. Ich wollte auch nicht so gern in meine Jugendzeit zurückversetzt werden und in Adrians Kinderzimmer schlafen.

Also mietete Adrian kurzerhand eine Wohnung für uns in der benachbarten Kleinstadt. Ich glaube, wir haben dort zweimal übernachtet. Essen wollte Adrian von vornherein bei seinen Eltern, damit ich die kennenlernen würde. Nach kurzer Zeit haben wir dann, wenn ich dort war, der Einfachheit halber, dann doch bei seinen Eltern übernachtet, zumal ich mit seinem Vater Wilhelm gern einen Wein getrunken habe. Mit Brigitte, Adrians Mutter führte ich Gespräche von Frau zu Frau. Dabei haben wir fast vergessen, dass Adrian mein Partner war und nicht unser Sohn. Manchmal fühlte ich mich wie bei ›Bauer sucht Frau‹ zwischen ›Fix und Foxi‹-Heften und zusammengeklebten 3D-Puzzles.

Seine Freunde verhielten sich super. Sie waren erleichtert, dass Adrian mich gefunden hatte, eine echte Frau vom Land. Die Ziegen fand ich ganz niedlich, aber es waren eben keine Kühe.

Und trotzdem hatten wir sehr schöne Momente. Die Liebe zur Landwirtschaft hat uns vereint. Wir konnten stundenlang über die Felder laufen und fachsimpeln. Mit den Tieren zu arbeiten, hat uns verbunden. Aber wenn ich an diese Zeit zurückdenke, fühle ich mich immer gehetzt und überfahren.

Er war so begeistert, die Möglichkeit zu haben, in einen Hof einzuheiraten, dass er mich als Mensch gar nicht wahrnahm. Er sah die Frau, die ihm bei der Erfüllung seines Traumes behilflich wäre. Der Antrag kam nach drei Monaten.

Na ja, so wirklich war es kein Antrag, eher eine Ansage:

»Ich werde dich dann heiraten und dann bekommen wir noch ein Kind. Um das und um den Haushalt kannst du dich dann kümmern. Dann brauchen wir auch Frau Helmke nicht mehr, vielleicht könnten wir auch noch einen weiteren Mitarbeiter aus der Landwirtschaft entlassen.«

Das meinte er ernst.

Aber sogar er merkte deutlich an meiner Reaktion, dass er über das Ziel hinaus geschossen war. Da war er, mein dritter Heiratsantrag – auch kein bisschen romantisch. Es sollten noch zwei weitere folgen, romantisch war keiner, das sollte wohl mein Schicksal bleiben.

Es war immer so viel Aktion, ich hatte gar keine Zeit, über die Situation nachzudenken. Nur heiraten, das wollte ich auf gar keinen Fall, das stand fest.

In diese Zeit fiel mein Vorhaben, mich weiterbilden zu wollen. Da ich keine Lust auf rein fachliche Themen hatte, entschied ich mich für ein Persönlichkeits- und Unternehmenstraining für Landwirte.

Dieses Training leitete in meinem Leben eine neue Phase ein. Ich war begeistert über die moderne Art der Trainings und nach anfänglichem Zögern machte ich mit vollem Elan mit: vier Mal zwei Tage. Ich fand heraus, welches Tier ich gern wäre und warum, pinnte Moderationskarten an Stellwände und machte Rollenspiele mit. Im Großen und Ganzen ging es darum, unsere Ziele herauszuarbeiten und Wege zur Umsetzung zu finden.

Beim letzten Modul sollten wir unsere Vision visualisieren. Wir sind meditativ eingestimmt worden und haben dann eine Collage erstellt, die wir im Anschluss erklären sollten. Eine Art Blick in die Zukunft der nächsten zehn Jahre. Mitten in der Erläuterung merkte ich, dass ich mit meiner Vision im Reinen war, aber sie hatte einen großen Haken: Adrian kam in den kommenden zehn Jahren überhaupt nicht vor. Weder als Zentral- noch als Nebenfigur, weder im privaten noch im beruflichen Leben. Ich fuhr langsam nach Hause, denn ich musste mir klar werden, was das zu bedeuten hatte.

Auf seine Nachfrage, wie es denn gewesen sei, war ich ehrlich. »Adrian, ich glaube, wir sollten uns trennen. Das ist die Vision, die ich gesehen habe, darin spielst du überhaupt keine Rolle. Da ich aber nicht überstürzt handeln möchte, lass mich doch bitte noch eine Woche darüber nachdenken. Ich werde dir Bescheid geben!«

Ein wenig war ich selbst erschüttert, objektiv war er der ideale Partner für mich. Meine Mutter, meine Freunde und möglicherweise auch meine Kinder sahen das so.

Aber ich wand mich innerlich. Es fühlte sich nicht richtig an. Nur wegen eines unguten Gefühls und einer Pinnwand, auf dem er nicht vorkam, die Beziehung zu beenden?

Ein Glas Rotwein am Abend brachte mich zu weiteren grundsätzlichen Überlegungen. Wenn es einen neuen Mann auf dem Hof geben sollte, wäre ich dann bereit, meine Betriebsführung wieder abzugeben oder zu teilen? Meine sehr klare und spontane Antwort war: Nein!

Ich war nicht freiwillig zum Chef des Betriebes geworden. Aber ich nun machte es gern und trug auch, egal was passierte, die Verantwortung dafür. Wo würde sich also ein Mann an meiner Seite auf dem Betrieb hierarchisch einordnen? Zwischen den Mitarbeitern und mir? Undenkbar für mich. Ich wollte zu einem Mann hinaufsehen können, so viel stand fest. Eine unglückliche Konstellation. Für mich, für ihn und die Mitarbeiter. Außerdem war der Plan, dass Simon in wenigen Jahren übernehmen sollte, da konnte ich keinen Mann gebrauchen, der ihm dann im Weg stand.

Für Adrian war ich nur wegen des Hofes wichtig. Mit diesem Arrangement hätte ich, so dachte ich damals, auch leben können. Ich war nicht verliebt – und er nur in den Hof. Ich wollte ihm den Hof nicht geben. Wir konnten uns gut leiden und hatten dieselbe Leidenschaft, aber nicht dasselbe Ziel. Das war eindeutig zu wenig für die nächsten vierzig Jahre.

Als ich zu dieser Erkenntnis gelangt bin, habe ich Schluss gemacht. Ich mochte Adrian, wir sind gut miteinander ausgekommen. Er war ein feiner Kerl. Aber ich wollte keinen Mann auf dem Hof. Ich wusste das jetzt. Er hat es nicht verstanden.

Er hat dann später eine Frau mit Hof geheiratet und zwei Kinder bekommen, so hat sich sein Traum doch noch erfüllt.

Wer weiß, ob ich mich ohne diese Weiterbildung getraut hätte, auf meine innere Stimme zu hören. Gegen den Strom zu schwimmen, nicht das zu tun, was mein Umfeld von mir erwartet. Ich war ein großes Stück weitergekommen.

Ich war wieder allein, aber gereift.

12 Suche Affäre mit Charme, Stil und Leidenschaft

Wie sollte es weitergehen? Ich wollte keine großen Emotionen und keinen Mann auf dem Hof. Der Hof und ich, wir gehörten zusammen. Eine Fernbeziehung käme wohl infrage. Obwohl ich nun nicht gerade üppige Freizeit hatte.

Zunächst machte ich eine Trainer- und Coachausbildung. Dieses Training und die positiven Ergebnisse daraus hatten mich fasziniert. Darüber wollte ich mehr erfahren. Bei einer Ausbildung würde ich am tiefsten in das Thema eingeführt, so dachte ich.

Das ist auch so gekommen. Eine Coachausbildung in Hamburg begeisterte mich immer mehr von dieser Lebenshilfestellung. Ausgebildet brannte ich darauf, mein Wissen auch weiterzugeben. Anderen Menschen die Chance zu geben, durch Perspektivwechsel dem Leben eine andere, zufriedenere Richtung zu geben. Ich hatte Glück und gerade die Fortbildungsakademie, bei der ich mein erstes Training hatte, suchte weitere Trainer mit landwirtschaftlichem Hintergrund. Ich musste ein Probetraining vor den Trainerkollegen halten und wurde herzlich aufgenommen.

Fast zehn Jahre habe ich Seminare für die Andreas-Hermes-Akademie gegeben. Deutschlandweit reiste ich dafür umher. Das gab einen guten Ausgleich zum normalen Job. Ich bin von zu Hause weggekommen, habe viele Menschen kennengelernt und habe selbst sehr davon profitiert.

Von Dating-Plattformen ließ ich erst einmal die Finger, unentschlossen, wie es weitergehen sollte.

Dann bin ich über ein neues Internetforum gestolpert. ›verwitwet.de‹. Dort habe ich von vielen Schicksale gelesen. Es tat gut, zu wissen, dass man nicht allein mit diesen Folgen war.

Gemessen an dem, was ich dort für traurige Geschichten las, war ich sehr gut aufgestellt.

Ein Schicksal erschütterte mich besonders. Eine ganz junge Mutter von zwei kleinen Kindern war ohne Vorwarnung an einem Hirnschlag gestorben. Der junge Vater war sehr verzweifelt. Sein Name kam mir bekannt vor. Ich sprach ihn per Chat an. Tatsächlich kannten wir uns flüchtig, da er ein paar Jahre zuvor bei einem mir bekannten Minister persönlicher Referent gewesen war.

Von da an telefonierten wir täglich miteinander. Er fühlte sich von mir getröstet und wurde zuversichtlicher, sein Leben wieder zu organisieren. Wir trafen uns auch einige Male, aber als ich merkte, dass die Kinder sich auf meine Besuche freuten, mussten wir schon wieder eine Entscheidung treffen. Ich konnte nicht für zwei Familien an zwei Orten gleichzeitig die Mutter sein. So kam noch ein weiteres Ausschlusskriterium hinzu bei einem künftigen Mann: keine Altlasten.

Es war nicht so, dass mich das Thema Männer Tag und Nacht beschäftigt hätte. Ich war mit allen anderen Aufgaben des Alltags durchaus gefordert.

Dann war ich doch wieder, wenn auch nur halbherzig, auf den Dating-Plattformen unterwegs. Ich hatte zwei Dates ohne besonderen Eindruck.

Dann war Ludwig dran. Bestimmt nicht mein Traumprinz, außerdem rauchte er. Aber er war beruflich sehr erfolgreich, was mir imponierte. Damit war das Kriterium ›Zu einem Mann aufsehen können‹ erfüllt. Seinen erfolgreichen Job in höchster Position seiner Branche hatte er erst seit Kurzem inne. Er hatte gerade ein Haus gebaut und seine kranken Eltern lebten an seinem Wohnort. Also ein weiter positiver Punkt, denn er hatte mit Sicherheit nicht vor, zu mir aufs Dorf zu ziehen. Damit war das nächste Kriterium erfüllt. Er hatte weder Kinder noch Ex-Frauen. Drittens passte also auch.

Ideal für eine Wochenendbeziehung, so dachte ich mir. Rational gedacht und rational gehandelt. Er würde sich weder in meinen Betrieb noch in meine Familie einmischen.

Es kam anders. Ganz anders.

Doch erst mal lief alles wie geplant. Ich reiste an meinen freien Wochenenden zu ihm. Ludwig war sehr großzügig und wir verbrachten die Wochenenden, im Nachhinein betrachtet, nur mit Essen gehen, manchmal auch mit kochen. Ach ja, ab und zu auch Shoppen. Ludwig gab gern Geld aus für mich. Aber er war hochgradig unsportlich.

Ich denke, es lag viel am Rauchen. Spaziergänge waren sehr kurz und endeten nach sehr kurzer Zeit im Ausflugsrestaurant. Dementsprechend übergewichtig war er. Das fand ich zwar nicht schön, aber es störte mich auch nicht besonders. Ich war zufrieden, ich verbrachte meine Freizeit auf angenehme Art und Weise. Ludwig hat sogar einen großen Pool für mich in seinem Garten gebaut. Das war Verschwendung, denn er nutzte ihn gar nicht – und ich kaum.

Ab und zu war er auch in Mieste, war freundlich zu meinen Kindern, begeistert von meinen Freunden und lud alle dauernd zum Essen ein. Wir hatten schon bald keine Lust mehr, da das Essengehen zu üppig wurde. Er lud uns dann zu einem ›Salat‹ ein, das Ergebnis war aber gleich: Gyrosteller mit Pommes und ein Eisbecher.

Einmal sind wir auch gemeinsam in den Urlaub gefahren. Wir wollten den Rhein hinauf bis zum Bodensee. In Bonn hatte ich noch einen Tag Seminar, da vergnügte er sich tagsüber allein. Am Abend erzählte er mir, dass er sich einen Porsche ausgesucht hätte. Für ihn ein wichtiges Statussymbol. Ich machte mir überhaupt nichts aus Autos, wenn dann sollten sie nur praktisch sein. Praktisch war der Porsche denn auch, wie ich am nächsten Tag erfuhr. Wir mussten zum Porsche-Händler, weil Ludwig Nägel mit Köpfen machen wollte.

Der Verkäufer merkte, dass ich nur mäßig bis gar nicht begeistert war und pries mir den Boxster an: »Sehen Sie mal Frau Stresemann, der Kofferraum wirkt zwar klein, aber Sie bekommen ohne Probleme eine Golftasche hinein! Sehr praktisch« Meine Antwort, ich war inzwischen entnervt, ich hatte keine Lust auf Autohäuser: »Oh wie praktisch, aber ich bin nicht Frau Stresemann, sondern nur die Geliebte.«

Nachdem ich dann auch die Frage stellte, ob die Transportsicherungen noch entfernt würden, die mir dann aber als Scheibenbremsen erklärt wurden, bat Ludwig mich, draußen an der frischen Luft zu warten. Ich habe diesen Porsche gehasst. Er war laut, eng, als Cabrio ohne Rücksitz, man konnte also seine Jacke oder Tasche nirgendwo ablegen. Dekadent war er sowieso. Das Schlimmste war jedoch, dass Ludwig nach anfänglichem ›Ich rauche nicht in diesem Auto‹ es doch tat. In dem kleinen Cockpit eine wahre Zumutung.

Wir haben den Urlaub dann nach vier Tagen abgebrochen. Ich habe das ständige Rauchen und den Streit nicht ertragen.

Ab und zu hatte ich Verpflichtungen in der Politik mit Partner, da hat Ludwig mich gern begleitet. Mit unserem Landtagsabgeordneten vor Ort waren wir ohnehin schon befreundet, wir gingen ab und zu gemeinsam mit unseren Hunden. Nun lernte Ludwig auf dem Sommerfest der Partei auch den Wirtschaftsminister kennen. Er entwickelte die Idee, in unserer Nähe ein Photovoltaik-Werk zu bauen, der Standort wäre ideal. Ehrlich gesagt, habe ich das als Schnapsidee abgetan. Aber die drei, der Minister, Udo, unser Abgeordneter, und er trafen sich einige Male und das Ganze wurde konkret. Ich konnte es kaum glauben, dass durch mein Liebesleben in meiner Region eine Fabrik entstand, die meiner Heimat hundertfünfzig Arbeitsplätze bescheren würden.

Klasse fand ich die Geschäftsreisen, die daraufhin folgten, auf die ich Ludwig begleitete. Urlaube mochte ich nicht, aber die Geschäftsreisen waren super und dauerten vor allem nur wenige Tage. Ich lernte Arbeitswelten in anderen Ländern kennen, die ich sonst nie gesehen hätte. Es ging hauptsächlich darum, dass Ludwig sich vor Ort neue Technologien ansah, die für das Werk infrage kämen. Die Firmen luden uns meist beide ein. Vor Ort durfte ich entweder mit in die Fabrik oder bekam ein Damenprogramm. In Kairo war ich erst mit in der Fabrik, wurde dann aber abgeholt und bin mit einer eigenen Fremdenführerin im Taxi den ganzen Tag über umhergefahren. Pyramiden inklusive.

In Florida war es ähnlich, das war sogar noch besser, weil meine Begleiterin eine Deutsche war. Sie nahm mich sogar mit zu sich nach Hause und zeigte mir die Urnen ihrer Hunde. Delphine und weitere Sehenswürdigkeiten folgten. Logischerweise waren wir immer sehr luxuriös untergebracht.

Die beste Reise war die nach Ungarn. Ich hatte nicht genau hingehört, als Ludwig mich fragte, ob ich mit nach Ungarn wollte. Klar wollte ich, es passte auch ganz gut, ich konnte die zwei Tage fort aus dem Betrieb. Ich fragte nur nach der Uhrzeit und dachte, Details würde ich dann noch unterwegs erfahren. Ein kleines Detail erfuhr ich bereits, als wir vom Hof fuhren, denn Ludwig bog nach links und nicht nach rechts ab. Nach rechts wäre es aber zu den Flughäfen gegangen. Egal, zu welchem.

Zu meiner großen Überraschung kündigte Ludwig dann an, dass wir mit dem Privatjet der Firmeninhaber vom kleinen Flugplatz nebenan aus fliegen würden. Oh je, ich erschrak zutiefst, hatte ich doch Höhenangst. Ich wollte mir aber nichts anmerken lassen. Das Flugzeug musste schon sehr klein sein, denn der Flughafen nebenan war es auf jeden Fall.

Meine Beherrschung bröckelte bereits, als ich den Flieger sah. Platz für zwei Leute im Cockpit, das offen zur Kabine war. Dort konnten sechs Personen Platz nehmen, je in Dreierreihe gegenüber. Als ich tapfer dort hinein krabbelte, drehte sich der Pilot um und meine Züge entglitten mir wohl deutlich. Doch er rang sich zur Klarstellung durch: »Keine Sorge Frau Bromann, ich bin zwar schon zweiundachtzig, aber meine Frau kommt mit, sie ist auch Pilotin und erst fünfundvierzig.«

Ich weiß nicht mehr, ob mich das beruhigte, denn ich sah ein neues Problem auf mich zukommen. Wo war in dieser kleinen Maschine das WC? Ich musste zwar noch nicht, wusste aber immer gern, dass es jederzeit möglich wäre. Auch da konnte mich der Pilot und Firmeninhaber beruhigen:

»Früher hatten wir mal eine Chemie-Klo an Bord, das haben wir aber nie benutzt. Jetzt würden wir die Kühlbox leeren und zur Verfügung und zwischen die Sitzreihen stellen. Leider ohne Vorhang. Das ist nicht schön, reicht aber für den Notfall.«

Das war nicht die Beruhigung, die ich benötigte. Der Flug verlief ziemlich ruhig, aber ich war total angespannt. Da ich zuvor nicht nach Details gefragt hatte, war ich dann überrascht, als es hieß, es gäbe eine Zwischenlandung, um weitere Geschäftspartner abzuholen. Das wollte ich dann aber wenigstens nutzen, um das Flughafen-WC einmal zu konsultieren, vorsichtshalber. Als wir auf dem Rollfeld zum Stehen kamen, sah ich aus dem Fenster die Beschriftung: Transsilvanien. Jetzt glaubte ich mich im falschen Film, wollte aber trotzdem zum WC. Sie wollten mir die Zeit dafür nicht zugestehen. Ich muss nicht erwähnen, dass meine Anspannung noch stieg, denn wenn ich jetzt ein dringendes Bedürfnis hätte, würde ich zwischen fünf Anzughosen, also eine Handbreit neben zehn Männerbeinen, auf einer Kühlbox meine Notdurft verrichten müssen.

Es ging aber gut, der Flug dauerte nicht mehr so lange. Wir verbrachten interessante zwei Tage in Ungarn, übernachteten in der Villa des Fabrikeigentümers, besichtigten seine Fabrik, staunten über die abschreckende Industrielandschaft und flo-

gen über die Alpen zurück. Den Rückflug konnte ich tatsächlich schon etwas genießen.

Das hat alles Spaß gemacht. Leider verstanden Ludwig und
ich uns immer weniger. und ich war wieder in einem Dilemma.
Wenn er im Stress war, und das kam sehr häufig vor, kam es
zu unschönen Szenen. Mich selbst schrie er auf niedrigstem
Niveau an. So einem Umgangston kannte ich nicht und ehrlich gesagt, wollte ich mich auch nicht daran gewöhnen. Für
ihn schien es normal zu sein, dass man sich hin und wieder
anbrüllte.

Er kam mit zwei Reisetaschen und zog in Mieste ein. Mal
wieder, ohne mich zu fragen. Was strahlte ich nur aus, dass die
Männer alle meinten, ich wäre überglücklich, sie im Haus zu
haben? Ich wollte doch nur einen Freizeit-Lover und keinen
Alltags-Pascha.

Nun war er also da, seine Wäsche landete bei uns im Wäsche-
korb, vor der Tür stand ein Daueraschenbecher und ich hatte
nur noch Fluchtgedanken. In meinem eigenen Haus. Als ich es
nicht mehr ertrug, schlug ich vor, die Beziehung zu beenden.
Wir hatten nichts mehr gemeinsam, nicht einmal mehr Sex.
Ich hatte fast von Anfang an im Gästezimmer geschlafen, weil
er sehr stark schnarchte.

Er schrie mich an: »Wenn du Schluss machst, du blöde Kuh,
dann hast du hundertfünfzig Arbeitsplätze auf dem Gewissen.
Das habe ich alles doch nur deinetwegen ins Rollen gebracht!«
Ich zitterte regelrecht bei diesem Ausraster.

Es musste dringend etwas passieren. Ich habe die Situation
nüchtern analysiert. Bis zur Fertigstellung des Werkes sollte es
etwa noch ein knappes Jahr dauern, das galt es zu überbrücken.
Den Kindern gegenüber war er weiterhin freundlich und sehr
hilfsbereit. Großzügig war er sowieso noch immer. Er konnte
Zuneigung nur mit Geld ausdrücken, das hatte ich begriffen.
Ich habe von ihm wertvollen Schmuck und teure Kleidung be-

kommen, meistens nachdem er wieder einen Ausraster gehabt hatte. Die Kleidung war von so hochwertiger Qualität, dass ich sie heute noch oft trage. Den Schmuck nie, der war mir zu protzig. Statussymbole, das waren Ludwigs Dinge.

Der Zustand zu Hause war erträglich, wenn ich ihm aus dem Weg ging. Er hatte inzwischen sein Motorboot an der Ostsee, sodass er dort am Wochenende war. Anfangs war ich ein paar Mal mitgefahren, aber es gefiel mir überhaupt nicht, erst Stunden im Auto zu sitzen und dann weitere Stunden im dröhnenden Boot. Die Stimmung wurde immer mieser zwischen uns.

Hundertfünfzig Arbeitsplätze für meine Heimat, in der weitere Generationen meiner Familie leben würden, das war mir sehr wichtig. Mein Liebesleben wollte ich dennoch auf keinen Fall opfern. Es reichte bereits. Kein nettes Wort, keine Zärtlichkeit. Ich dachte zum ersten Mal darüber nach, Mieste zu verlassen. Ein Gedanke, der mir sonst nie gekommen wäre. Ich wollte nur aus dieser Erpressung raus. Der Gedanke und vor allem die Beweggründe erschraken mich. Es musste eine andere Lösung daher.

Da kam das Internet wieder ins Spiel. Ich fing wieder an, mich auf Dating-Plattformen zu tummeln. Damals gab es diese ›Schnelle Nummer‹-Varianten noch nicht, zumindest kannte ich diese nicht, und wen hätte ich fragen können?

Aber ich konnte an der Formulierung erkennen lassen, was ich wollte: Suche Affäre mit Charme, Stil und Leidenschaft!

So war mein Anliegen klar umrissen.

Nachdem ich auf ›Veröffentlichen‹ geklickt hatte, explodierte mein Rechner. Es ging heftig zu. Ich hatte Stunden damit zu tun, die Anfragen zu sortieren. Fünfundneunzig Prozent waren Müll. Das Heftigste war ein Foto von seinem besten Stück.

Aber die verbleibenden fünf Prozent waren interessant. Zumindest vom Niveau her. Ich ahnte, dass einige der Herren mein Anliegen verstanden hatten. Die meisten davon waren verheiratet. Gut, das konnte ich keinem vorwerfen, denn ich plante auch fremdzugehen. Allerdings fühlte ich mich Ludwig gegenüber zu nichts mehr verpflichtet, innerlich hatte ich mich von ihm getrennt und ihm auch klar kommuniziert, dass ich die Beziehung für gescheitert empfand. Wenn er es nicht wahrhaben wollte, sollte es nicht mein Schaden sein.

Möglicherweise ging es diesen Männern ähnlich. Da war Rolf, der erst seit kurzer Zeit verwitwet war, sich noch nicht auf eine neue Beziehung einlassen wollte, trotzdem schöne Stunden zu zweit erleben wollte.

Mir war klar, dass ich mich auf gefährlichem Terrain befand. Ich musste aufpassen, nicht an einen Verbrecher zu geraten, anderseits durfte ich mich auch nicht emotional einlassen. Trotzdem sollte es natürlich Empathie geben. Reinen Sex wollte ich nicht. Aber ein gutes Restaurant, interessante Unterhaltung und gepflegter Sex in einem schönen Hotel – das konnte ich mir bestens vorstellen.

Es war ein hohes Risiko, das war mir bewusst. Ich habe die Telefonnummer gecheckt, ob sie echt war und ohne Bezug auf meiner Schreibtischunterlage notiert. Genug Krimis hatte ich gesehen, sodass ich hoffte, sollte ich vermisst werden, die Polizei dieser Spur folgen würde. Ich kam dann auf die Idee, Werner einzuweihen, er hat mich nicht verurteilt und wusste im Notfall von einer Telefonnummer auf meinem Schreibtisch.

Als Ersten traf ich Rolf, der war mir durch seine Witwerschaft sympathisch. Leider erzählte er nur von seiner Frau und der schrecklichen Krankheit. Das verstand ich zwar, brachte mich der Erfüllung meiner Bedürfnisse keinen Schritt näher. So gab er denn auch zu, sich übernommen zu haben, er wäre noch nicht so weit, mit einer neuen Frau zu schlafen. Wir verabschiedeten uns – und gut war es.

Ich war frustriert und erleichtert zugleich. Ich hatte dennoch weitere Auswahl. Ich konnte nicht dauernd mal weg und schon gar nicht über Nacht. Die Planung war etwas aufwendig, aber wie man sich heimlich trifft, hatte ich von Roland besser gelernt, als mir damals lieb war.

Klaus war Arzt bei ›Ärzte ohne Grenzen‹ und deshalb sehr viel unterwegs. Alle Beziehungen waren an seiner häufigen beziehungsweise überwiegenden Abwesenheit gescheitert. Wir hatten nachts lange Chats und verabredeten uns schließlich. Ich war zu einem Training in seiner Nähe, sodass ich mir zu Hause nichts einfallen lassen musste.

Beim Training war ich nicht so sehr konzentriert, ich war sehr nervös. Nach Ende des Trainings machte ich mich hübsch und bestellte ein Taxi zum Treffpunkt. Eines war mir klar, es würde mir nur gelingen, mit einem quasi Fremden ins Bett zu steigen, wenn ich ein wenig entspannter durch Alkohol wäre. Klaus war zum Glück schon da in der ›Neuen Wassermühle‹. Ein romantisches, kleines Restaurant mit einem noch laufenden Wasserrad an einem Bach unter tief hängenden Weiden.

Der erste Blick auf Klaus erleichterte mich sehr. Ich hatte kein Foto bekommen, das hatten wir tatsächlich vergessen. Klaus war sehr attraktiv, eine sportliche Erscheinung mit gesunder Hautfarbe. Er hatte höfliches Auftreten und perfekten Umgangsformen. Wir konnten nahtlos im Gespräch an unsere Chats anknüpfen. Wir genossen den Wein, unser Essen und die Gespräche. Natürlich aßen wir bei diesem Ambiente eine äußerst leckere ›Forelle Müllerin‹. Klaus konnte sehr spannend von seinen beruflichen Einsätzen erzählen. Es ging in einen kleinen Flirt über. Der Flirt steigerte sich. Waren es Schmetterlinge im Bauch? Oder kribbelte der Wein? Die Rechnung kam, dann die obligatorische Frage von ihm: »Den Kaffee bei mir?«

Ich musste nicht eine Sekunde überlegen, ich wollte diesen

Mann so sehr, ich wollte spüren begehrt zu werden. In einer angenehm aufgeregten Laune fuhren wir zu ihm in sein Minihäuschen am Wiesenrand. Es war noch hell, wir tranken einen Sekt auf der Terrasse und dann zog er mich in seine Arme.

Wundervolle Monate folgten. Ich war ein wenig verliebt. In diesen Mann, aber vor allem in diese kleinen Zeitabschnitte. Es war ein wenig wie ›Salz auf unserer Haut‹ von Benoîte Groult. Wir verstanden uns allerdings nicht nur im Bett ausgezeichnet, sondern auch menschlich und intellektuell. Er hatte eine berufliche Auszeit genommen, sein nächster Einsatz sollte frühestens Weihnachten sein. Ideal für uns beide. Wenn ich Seminar irgendwo in Deutschland hatte, kam er mit. Er hatte Zeit. Wir verbrachten den ersten Abend in Wiedersehensfreude, dann hatte ich den nächsten Tag Seminar. Am Abend berichteten wir uns gegenseitig vom Tag; er hat sich tagsüber die Gegend angeschaut. Endlich erfuhr ich auch etwas von der Region, in der ich unterrichtete, er konnte so anschaulich erzählen. Wir haben viel miteinander gelacht. Die zweite Nacht kam, dann reiste er ab und ich war den ganzen Tag im Seminar noch super drauf.

Einmal bekam ich von der sportlichen Aktivität der Nacht einen Hexenschuss der übelsten Art. Das war zwar komisch, tat aber auch höllisch weh. Als Arzt versuchte er da noch zu helfen, aber ich musste den zweiten Tag des Seminars ganz steif auf einem Stuhl sitzen und die Teilnehmer machen lassen.

Wenn es lange Zeit kein Seminar gab, erfand ich eines und wir hatten zwei volle Tage für uns. Am Meer und in den Bergen. Einmal hat er mich zum Berliner Flughafen bestellt. Wir flogen zum Frühstück nach Paris, da ich noch nie dort war. Ich war sehr gerührt, hatte ich ihm doch erzählt, wie gern ich einmal dort hingereist wäre. Ich glaube schon, dass wir beide verliebt waren. Aber der Rahmen war klar gesteckt und nicht ein einziges Mal wurde in Erwägung gezogen, diesen Rahmen zu sprengen. Wir hatten beide die gleiche Leidenschaft für unsere Berufe. Diese der Liebe wegen aufzugeben, war undenkbar.

Diese Tage sind wie ein kleines Schatzkästchen in mir gewesen. Wenn es mit Ludwig zu arg wurde, konnte ich mich innerlich dahin zurückziehen. Ich hatte inzwischen regelrecht Angst vor Ludwig. Zum ersten Mal verstand ich, wozu Frauenhäuser gebraucht werden. Ich konnte mir außerdem auch vorstellen, dass auch Frauen aus allen Schichten dort landen. Er war noch nicht handgreiflich geworden, aber das wollte ich auch auf jeden Fall vermeiden. Ich habe dann eingelenkt, denn Widerworte machten ihn noch aggressiver. Nach außen hin hätte das keiner vermutet. Er hatte sich immer so weit im Griff, dass er es nie vor anderen tat.

Das Ende war dann komischerweise ein Missverständnis. Ich hatte mir eine Deadline gesetzt. Das Datum der Inbetriebnahme des Werkes oder das erste Mal körperliche Übergriffe von seiner Seite.

Dann kam Weihnachten; es war friedlich, wir waren ständig unter Menschen. Meine Schwester reiste mit Großfamilie an. Seit einigen Jahren sind wir am ersten Weihnachtstag mit fünfzehn Personen der Familie zum Weihnachtstanz gegangen. Ludwig hatte die Karten besorgt und bezahlt. Typisch für ihn. Man sollte ihn gernhaben, er wollte sich die Zuneigung erkaufen.

So sind wir alle zum dörflichen Tanzsaal. Ludwig hasste Tanzen und konnte es auch nicht. Körperlicher Anstrengung ging er grundsätzlich aus dem Weg.

Auf Miester Tanzveranstaltungen tanzt so ziemlich jeder mal mit jedem. Auch mit den Freunden. In dem Fall aber eben auch mit meinen Söhnen, meinem Neffen und Schwager. Ludwig saß am Tisch, betrank sich und wurde zunehmend sauer. Das sah ich, wollte mir meine Ausgelassenheit aber nicht verderben lassen. Dann saß ich kurz am Tisch, allein mit ihm und er schaute mich leidend und vorwurfsvoll an.

»Ich bin deinetwegen hier, vergiss das nicht!«

»Ludwig, blöd, dass wir nicht vorher drüber gesprochen haben, aber meinetwegen hättest du nicht herkommen müssen.« Und bin wieder auf Tanzfläche und in der Sektbar verschwunden.

Ludwig war auch verschwunden, ich dachte, er wäre einfach nach Hause gegangen. Mir war es egal. Plötzlich stand er vor uns, verabschiedete sich von allen, gab mir ein Küsschen auf die Wange und ging abermals. Ich habe mir immer noch nichts dabei gedacht.

Zu Hause habe ich spät in der Nacht auch nicht darauf geachtet, ich sah keine Veranlassung nach ihm zu schauen.

Am nächsten Morgen fielen mir die fehlenden Badutensilien auf. Kleiderschrank: leer, Auto: weg. Kein Ludwig da. Ich konnte es mir nur so erklären, dass er meinen Satz ›Hättest du nicht herkommen brauchen‹ auf die grundsätzliche Anwesenheit bezog, was zwar stimmte, ich aber in dem Moment nicht gemeint hatte. Ich fand es nur überflüssig für ihn, auf eine Tanzveranstaltung zu gehen, auf der er überhaupt keinen Spaß hatte.

So war das Ende ein Missverständnis, so wie die ganze Beziehung ein Missverständnis war. Ich habe Ludwig erst elf Jahre später bei der Beerdigung eines Freundes wieder gesehen.

Das Werk existiert noch. Es wurde inzwischen erweitert. Ludwig ist noch ein paar Jahre geblieben und dann ins Ausland gegangen.

Ich war trotz Erleichterung ein wenig betrübt. Denn nun war ich wieder allein. Klaus war kurz vor Weihnachten in seinem neuen Einsatz bei ›Ärzte ohne Grenzen‹. Wir hatten vereinbart, dass damit auch der Kontakt zu Ende sei. Ohnehin hätte er dort oft tagelang nicht die Möglichkeit, sich zu melden. Das würde uns beide nur belasten. Es hat geschmerzt, war aber geplant und daher war es keine Enttäuschung. Wir haben die Zeit bis zur letzten Minute genossen. Die letzten Stunden mit etwas Wehmut, aber auch mit Dankbarkeit.

Ich weiß nicht, wo er steckt. Seit zehn Jahren habe ich gar keinen Kontakt mehr. Ich habe auch nie versucht, ihn zu finden. Manchmal stelle ich mir vor, dass an mich denkt, so wie ich an ihn.

Ich war frustriert, erleichtert und entschlossen.

Entschlossen, das Kapitel ›Männer‹ zu verschieben. So ging das nicht. Auf dem Hof wollte ich keinen Mann mehr haben. Das fühlte sich immer fremd an. Mieste, das waren Johannes und ich.

13 Ich habe ein Geschenk gefunden, ist das von dir?

Wenige Wochen nach dem Tod von Johannes zogen meine Eltern in Mieste ein. Das Haus war groß genug, eine kleine Wohnung frei geworden. Meinen Schwiegereltern hatten wir die Wohnung vor Jahren auch angeboten; sie haben das nie gewünscht. Es wäre vieles einfacher gewesen, da Johannes das einzige Kind war und sie mittlerweile nicht einmal mehr Freunde in Grafleben hatten, sie waren immer die Jüngeren im Freundeskreis gewesen und übrig geblieben. Aber nun war es für uns gut, dass sie nicht da waren; ohne Johannes als Puffer wäre es für uns sicherlich hart geworden. Andererseits hätten sie uns, vor allem ihren Sohn Johannes, besser verstanden und es wäre nach seinem Tod nicht so eskaliert.

Aber nun wollten meine Eltern ihr Haus aufgeben und zu uns ziehen. Meine Geschwister und ich waren überrascht über den rigorosen Veränderungswunsch unserer Eltern. Ein bisschen hatte ich den Verdacht – und auch den heimlichen Wunsch –, dass sie mir ein wenig unter die Arme greifen wollten. Sie haben uns schon immer unterstützt, soweit es ging. Bisher hauptsächlich durch Betreuung der Kinder übers Wochenende, wenn Johannes und ich Stalldienst hatten.

Beide waren seit einigen Jahren in Rente und gingen auf die siebzig zu. Vater war trotz Ruhestand noch immer sehr in der Kommunalpolitik aktiv. Er hat noch Klavierstunden genommen und Computerkurse besucht. Er tat eine Menge, um geistig fit zu bleiben und bei den modernen Themen mithalten zu können.

Beide reisten gern. Als wir Kinder aus dem Haus waren, sind sie um den halben Globus gereist. Mit Mitte fünfzig wurde bei meiner Mutter eine Herz-Lungenkrankheit festgestellt, die sie körperlich stark beeinträchtigte. Das Reisen wurde dann weniger. Aber sie war der positivste Mensch, den ich kannte. Und sie hatte einen schwarzen Humor, den ich bei keinem anderen Menschen jemals erlebt habe. Einmal baten wir sie, sich im Garten nicht zu überanstrengen. Ihr Spruch: »Kein Problem, da steht die Schubkarre, ihr könnt mich dann gleich einladen und auf den Kompost fahren!«

Bei Vater sah das schon ein wenig anders aus. Er war bisweilen launisch und streng. Als sein Liebling habe ich am wenigsten unter seiner Autorität gelitten, die manchmal durchaus ungerecht war. Ein innig-herzliches Verhältnis, wie wir es heutzutage zu unseren Kindern haben, gab es nicht. Aber das hatten die wenigsten meiner Generation. Ich denke, das waren andere Zeiten, Haltungen und Einstellungen.

Nun veränderte Vater sich sehr. Er, der immer vorangegangen war, ihm wurde nun alles zu viel. Er gab Ämter ab, nicht nur in der Politik, auch in der Kirche und dem Sportverein. Dann kam der Gedanke, das Haus zu verkaufen und zur Miete zu wohnen, denn auch das Kümmern um das eigene Haus war ihm zu viel. Das artikulierte er nicht so deutlich; das wurde uns erst später klar. Vorerst war er vor uns noch unser Vater, wie wir ihn kannten. In allen Bereichen mitredend bis gern mal rechthaberisch. Aber auf alle Fälle immer den Ton angebend.

Ich war zwiegespalten, als meine Eltern einzogen. Ja, ich freute mich, hatte sie gern und war bereit, ihnen im Alter zu helfen, so gut es ging. Andererseits war ich gerade erst dabei, mein Leben nach Johannes' Tod wieder neu zu sortieren. Aber ich habe nicht viel darüber nachgedacht, es war beschlossen und wurde in die Tat umgesetzt.

Ich hoffte auch, dass sie mir beide in praktischen Dingen zumindest für ein paar Jahre noch helfen könnten. Meine Mutter war leidenschaftliche Köchin und mein Vater als Werklehrer in kleinen Reparaturarbeiten sehr geschickt.

Ich merkte schon nach wenigen Wochen, dass das nichts mehr werden konnte. Er, der sonst mit Hingabe und Liebe zum Detail seine Werkstatt eingeräumt hatte, kam nun in Mieste damit überhaupt nicht voran. Es gab zaghafte Anfänge, aber dann brach er immer wieder ab. Das Projekt schien schon zu groß für ihn.

Zu sehen, wie die Eltern alt werden, ist der eine, es zu begreifen, ein weiterer Schritt. Die Erkenntnis, dass Körper und Geist bis zum Ende immer weiter abnehmen werden, bitter. Ich hatte gerade meinen Mann sterben sehen und nun sah ich weiteren Verfall eines lieben Menschen direkt vor meinen Augen.

Es tat vor allem weh zu sehen, als sie mir helfen wollten, es aber der eine körperlich, der andere geistig nicht mehr schaffte. Die Vergesslichkeit von Vater war erst etwas lustig, dann nervig und schließlich immer mehr anstrengend. Durch seine rechthaberische Art konnte er es nie zugeben, etwas vergessen zu haben. Oder aber, er war sich so sicher, nichts vergessen zu haben, dass er uns immer die Schuld gab, wenn etwas mangels seiner Vergesslichkeit nicht geklappt hatte. Er hatte dann so einen vorwurfsvollen Ton an sich, der mich als Kind schon zusammenzucken ließ. Wir entschuldigten uns für das angebliche Missgeschick, was auch immer es war. Das war der beste Weg damit umzugehen, dann wurde er sehr großmütig und verzieh uns.

Als er unser Gartentor reparieren wollte, wurde es mir klar, dass es, egal, was die Ärzte sagten, sehr ernst wurde. Im Grunde war nur ein Scharnier zu ersetzen; das hätte ich selbst in einer halben Stunde erledigen können. Aber wie es so ist, das Tor ging nicht mehr zu, ich hatte keine Zeit und er fühlte sich verpflichtet, sich zu kümmern. Das kündigte er mir drei Tage hintereinander an, weil er immer vergessen hatte, dass er mir das schon gesagt hatte. Dann macht er eine Zeichnung und fertigte eine Liste von den Materialien an, die er benötigen würde.

Am vierten Tag hatte er es schon wieder vergessen. Das waren alles Kleinigkeiten, nicht wirklich schlimm, aber anstrengend und die Sorge nahm zu vor dem, was da kommen würde.

Meine Mutter bat mich, mit ihm ein Geschenk für ihren Geburtstag zu besorgen. Er würde mit Sicherheit nicht daran denken, könnte aber sehr traurig sein, wenn er mit leeren Händen dastehen würde. Durch die vielen Freundinnen meiner Mutter, die zum Gratulieren kommen würden, würde er den Tag auf jeden Fall bemerken. Sie selbst machte sich gar nicht viel aus Schmuck, aber er hat das immer für seine Eva als angemessen gehalten. Daher erklärte ich ihm wenige Tage vor Mutters Geburtstag, mit ihm ein Geschenk für sie kaufen zu wollen. Das hat ihn gefreut. Für mich war das seltsam, das hatten wir noch nie gemacht.

Er war an diesem Tag absolut gut gelaunt und ziemlich der Alte. Er konnte auch sehr humorvoll sein. Wir verabredeten im Auto auf seine Idee hin, so zu tun, als sei ich seine junge Geliebte, um dann die Reaktion des Juweliers zu sehen. Ich war baff. Das war einer dieser Scherze, die er früher oft sehr gern gemacht hatte. Gesagt, getan, ich war auf alles vorbereitet. Auch darauf, dass er unseren Gag zwischendrin vergessen würde. Aber wir zogen das Schauspiel durch. Ich glaube, der Juwelier war gar nicht so sehr verwundert, denn er wird öfter Paare gesehen haben, die Vater und Tochter sein konnten, aber ein Liebespaar waren.

Ich musste meine Freude über das Schmuckstück gar nicht heucheln, da ich mich so über unseren gemeinsamen Schabernack gefreut habe. Wir waren Verbündete. Ein ähnliches Gefühl hatte ich zuletzt mit ungefähr neun Jahren, als nur wir beide an Heiligabend vom Gottesdienst nach Hause gingen. Es gab damals ganz üblen Eisregen und wir mussten uns aneinanderklammern, um nicht hinzufallen. Und kicherten ständig, weil eben doch immer einer wegzurutschen drohte.

Ich war nun im Juweliergeschäft zu Tränen gerührt und ich glaube, darüber hat sich der Inhaber gewundert, denn so sehr wertvoll war die Kette nicht, die wir für Mutter aussuchten. Ich trage sie heute als Erinnerung an meinen Vater, einer der ganz wenigen Momente, die wir noch als Vater und Tochter erlebten. Wir sind anschließend sogar noch ein Eis essen gegangen. Auch dieser Besuch des Eiscafés war schön, ging aber unter die Haut, als er mir sehr klar erklärte, dass er um seine Krankheit wisse.

»Tochter, da ist eine Wand in meinem Kopf, ich weiß, dass dahinter Dinge liegen, die ich wissen müsste, aber die Mauer hat immer öfter kein Loch!«

Am Geburtstag meiner Mutter war er erst sehr betrübt, da er meinte, kein Geschenk zu haben. Ich war an diesem Augusttag erst am Nachmittag von einer Fortbildung zurück. Meine Mutter ›fand‹ dann zufällig ihr Geschenk: »Paul, ich habe ein Geschenk gefunden, ist das von dir?« Da war er glücklich. Als die Gratulanten zum kleinen Geburtstagskaffee kamen, zog er sich aber schon wieder zurück; Menschenansammlungen mochte er nicht mehr. Er, der sonst gern in Gesellschaft gewesen war und alle unterhalten hat. Die Wochen gingen dahin und es war eine stetige Verschlechterung seines Zustandes zu bemerken.

Besonders traurig war es natürlich für meine Mutter, die den ganzen Tag mit ihm zusammen war. Er vergaß, wie man den Briefkasten öffnete und wo sein Fahrrad stand. Und für alles, was nicht klappte, beschimpfte er meine Mutter, sie habe das absichtlich gemacht. Das war bitter. Und das war der Punkt, an dem wir drei Geschwister Familienrat hielten. Nach allen Informationen, die es über Alzheimer gab, war klar, es würde wahrscheinlich eine Zeit geben, an der wir dermaßen überfordert sein und es allein nicht mehr schaffen würden. Wir wollten vorsorgen. Es könnte eine Zeit von Jahren sein, aber auch nur Monaten.

Wir sahen uns nach einem Heimplatz um. Wenn es eines Tages so weit sein würde, wollten wir ihn in der Nähe von uns, zumindest von Mutter und mir wissen. Diese Suche übernahm meine Schwester. Ich hatte mittlerweile mit dem Alltag der beiden ganz schön zu tun. Ich war froh, dass meine Kinder schon so selbstständig waren. Wären sie noch jünger gewesen und mehr auf meine Aufmerksamkeit und Betreuung angewiesen, wäre es schon bald nicht mehr gegangen.

Oft musste ich zwischen den beiden Elternteilen schlichten. Ich war die Einzige, auf die Vater noch gehört hatte. Ich sah aber auch, wie meine Mutter zunehmend unter der Situation litt, dass sie bald am Ende ihrer Kräfte sein würde. So suchte ich wenigstens eine Tagesbetreuung für Vater. Das klappte in der Kreisstadt überraschend schnell und Vater wurde innerhalb der Woche jeden Morgen abgeholt und am Nachmittag heimgebracht.

Es muss anfangs fürchterlich für ihn gewesen sein. Nicht zu wissen, was das alles soll. Ich bin vier Tage mitgefahren, denn ohne vertraute Person sollte er dort nicht hilflos der neuen Situation ausgeliefert sein. Es gab dann auch lustige Begebenheiten, die im Grunde traurig waren, aber manchmal konnte ich mir das Lachen nicht ganz verkneifen. Er fügte sich überraschend gut in den Alltag der Tagesbetreuung ein. Das Personal ist dort fachlich sehr gut auf solche Erkrankung eingestellt. So zog er sich jeden Morgen an und wartete auf den Kleinbus. Allein, dass ich eben ›Er zog sich brav an‹ schreiben wollte, zeigt unseren Umgang mit ihm, teilweise behandelten wir ihn wie ein kleines Kind. Das war sehr bedrückend, denn es war doch immer noch mein Vater, zu dem ich immer mit Respekt aufgeschaut und manchmal sogar etwas Angst gehabt hatte.

Er glaubte nun, dass er dort im Tagesheim wieder als Lehrer arbeiten würde. Das beruhigte ihn, denn das war eine vertraute Situation, damit konnte er umgehen. Die weiter entfernt liegende Vergangenheit ist für Alzheimer-Erkrankte greifbarer als der gestrige Tag. Sogar Hausaufgaben machte er, nein, er bereitete den Unterricht für den nächsten Tag vor, wenn er sich erinnerte. Er suchte Liedtexte heraus und sang mit den anderen Patienten in der Tagespflege. Die fanden das toll, berichtete uns der Betreuer, denn es waren Texte und Lieder aus deren Jugend, die auch für sie präsenter waren als der derzeitige Alltag.

Eines Tages wollte Vater mich dringend sprechen. Es war manchmal kurios. »Tochter, es ist ja schon schlimm, dass ich in meinem Alter noch arbeiten muss, aber ich glaube, die zahlen mir nichts!«

Gelernt hatte ich, es war einfacher, auf seine Erzählungen einzugehen, als ihn zu berichtigen. Ich machte schon seit einiger Zeit den Schriftverkehr und die Bankgeschäfte meiner Eltern. Er hatte mir in einem klaren Moment alle Vollmachten übertragen; meine Mutter hatte sich nie darum gekümmert – so, wie es in dieser Generation noch üblich war. Ich konnte ihn somit beruhigen: »Doch Papa, da kommt regelmäßig dein Gehalt.«

»Dann ist es ja gut, muss ich das versteuern? Achtest du bitte darauf, dass alles seine Ordnung hat?«

Das war oft unheimlich, denn wenn es inhaltlich schon Unfug war, was er erzählte, so klang seine Wortwahl und seine Artikulation immer noch auf seine perfekte Art. Ein Außenstehender würde es nicht merken, was echt war und was erfunden beziehungsweise eingebildet.

Eingebildet hatte er sich dann auch noch eine weitere Geschichte. Meine Mutter rief mich zu Hilfe, weil er nicht mit dem Kleinbus zur Tageseinrichtung fahren wollte. »Tochter«, sagte er. Er sagte immer ›Tochter‹ zu mir in den letzten Monaten, denn meinen Namen hatte er schon manchmal vergessen, aber dass ich seine Tochter war, war ihm immer bewusst.

»Tochter; ich kann da nicht hinfahren; die sind dort von KGB indoktriniert.« Ich brauchte eine kleine Sekunde, um mich zu fangen, um mir das Lachen zu verbeißen, da schob er schon nach: »Gestern haben sie sogar die Elternratsvorsitzende entführt!«

Gegen so viel Ernsthaftigkeit hätte ich nicht argumentieren können, wollte ich auch gar nicht. Gemäß der Empfehlung, den Erkrankten am besten zu beruhigen, wenn man auf ihre Geschichten eingeht, sagte ich: »Weißt du, Papa, ich kenne noch den Bertram von früher, der ist beim Verfassungsschutz, den frage ich gleich mal, was da los ist.«

Und bin ins Haus gegangen, um vorgeblich zu telefonieren. Zwei Minuten später kehrte ich wieder zu ihm zurück und erklärte: »Schönen Gruß von Bertram, er bedankt sich für deinen Hinweis, sie werden das im Auge behalten, aber er geht davon aus, dass alles in Ordnung ist, denn sie haben einen V-Mann dort.« Kaum hatte ich das ausgesprochen, stieg Vater ohne weitere Diskussion ins Auto ein.

Dann kamen die Wochen, in denen Vater weglief. Er verließ das Haus, wusste aber nach einigen Schritten nicht mehr, wohin er wollte, und auch nicht, wo er wohnte. Die Nachbarn brachten ihn öfter zurück. Das Problem verschärfte sich, als Mutter für eine Hüftoperation ins Krankenhaus musste. Ich konnte ihn doch nicht einsperren! Außerdem musste ich arbeiten.

Wir haben eine komplizierte Lösung gefunden. Wir bauten eine Klingel an die Haustür der Eltern, die bei mir im Schlafzimmer klingelte, wenn sich dort die Haustür öffnete. Damit war die Nacht abgedeckt. Wenn ich morgens in den Stall gefahren bin, ist Franziska aufgestanden und hat sich dort schlafen gelegt, bis er wach wurde. Dann hat sie sich darum gekümmert, dass er sich anzog und gefrühstückt hatte, bis er abgeholt wurde. Mit ihren dreizehn Jahren hat sie das ganz toll gemacht.

Der Bus von der Tagespflege kehrte gegen fünf Uhr zurück, von da an hat sich unsere Haushälterin Frau Helmke zu ihm gesetzt, bis ich kam. Manchmal auch bis spät abends, wenn ich eine wichtige politische Veranstaltung hatte, die ich nicht absagen konnte.

Ich war bereits Fraktionsvorsitzende im Kreistag Westliche Altmark geworden. Auch das fand ich so schade, dass mein Vater diese Position nicht mehr gebührend registrieren konnte. Er wäre so stolz auf mich gewesen, trat ich doch damit in seine Fußstapfen, wenn auch in einem anderen Landkreis.

Einmal musste ich mitten in einer Sitzung heimfahren, weil ein Hilferuf von Frau Helmke kam. Sie hatte Vater nicht davon abhalten können, sich bekleidet zu duschen; und er wollte sich von ihr nicht die nassen Sachen ausziehen lassen. Als Mutter wieder aus dem Krankenhaus und von der Reha zurück war, wurde es nicht besser, da er sich von ihr auch nichts mehr sagen lassen wollte. Mitten in der Nacht rief Mutter bei mir an, weil sie keine Luft mehr bekam, Vater ihr aber nicht erlaubte aufzustehen. Schnell weckte ich Franziska. Wir sind im Eiltempo in deren Wohnung gelaufen und ich konnte Vater ablenken, und Franziska konnte Mutter an die frische Luft begleiten. Vater war fürchterlich aufgeregt, er meinte, er wisse, was am besten für Mutter sei, nämlich: liegen zu bleiben.

So konnte das nicht weitergehen, wir würden bald alle auf dem Zahnfleisch gehen. Wann und wie trifft man eine so schwerwiegende Entscheidung? Den allerletzten Lebensabschnitt eines Menschen zu terminieren? Die Betreuungsvollmacht hatte ich bereits zusammen mit den Vollmachten erhalten. Formal war das kein Problem. Einig waren wir uns als Geschwister auch. Ich bin froh, dass es keine Diskussion untereinander gab. Mutter war in der Situation keine Hilfe, das hatten wir auch nicht erwartet. Sie war nur tieftraurig, aber auch am Ende ihrer Kräfte. Egal, wie wir entschieden, es wäre nicht schön.

Alzheimer ist eine fürchterliche Krankheit.

Der Heimplatz war reserviert; jedes Mal, wenn dort ein Platz frei wurde, wurden wir gefragt, ob wir ihn in Anspruch nehmen wollten. Es war also sichergestellt, dass wir den nächsten freien Heimplatz erhalten würden. Es ist schwer, Verantwortung für Menschen zu tragen, aber noch schwerer, wenn sie sich selbst nicht mitteilen können, es nicht einmal verstehen, was mit ihnen geschieht. Menschen, die jeden Morgen aufs Neue in Panik sind, weil sie nicht wissen, wo sie sind. Ich stelle mir das immer so vor, als erwachte man aus einem schweren Albtraum und ist im ersten Moment orientierungslos. Und das mehrmals am Tag. Trotzdem mussten wir diese Option wählen. Ein Weiterso ging nicht mehr, das war uns allen klar.

Schweren Herzens, aber auch mit einer kleinen Erleichterung rief ich am nächsten Tag im Heim an, um den nächsten Platz zu ordern. Erfreulicherweise waren es nur wenige Tage, bis wir diesen Schritt vollziehen konnten. Sonst hätten wir ständig unsere Entscheidung infrage gestellt. Vater hatte ja auch noch vereinzelt gute Tage. Wir verabredeten, ihm von einem Kuraufenthalt zu erzählen, die Wahrheit wäre für uns alle zu grausam gewesen. Kuren kannte er und war deshalb sofort einverstanden. Er fand sogar, es sei für ihn höchste Zeit für eine Kur. Damit hat er es uns etwas leichter gemacht. Aber nun war es wieder ich, die die praktische Seite dieses Vorhabens umsetzen musste. Meine Geschwister lebten weiter entfernt. Sicherlich hätten sie es auch übernommen. Wir haben uns unterstützt, wo es ging, aber ich kam mit Vater am besten zurecht und andere Menschen außer Mutter und mich hätte er nie sicher erkannt. Daher war es im Grunde auch überflüssig gewesen, das Heim so auszuwählen, dass es zwischen den Wohnorten unserer Geschwister lag.

Ich brachte Vater allein ins Heim. Meine Mutter war vor Kummer nicht in der Lage dazu. Auch mir fiel es sehr schwer. Unser Vater war ein Greis geworden. Klapprig, mit verlorenem Blick. Das tat so weh.

Die Aufnahme im Heim lief unproblematisch und alle waren sehr freundlich. Sie versprachen uns dort, die Geschichte der Kur fortzuführen und Vater in diesem Glauben zu lassen. Sie sagten, dass die meisten Angehörigen diesen Weg der Halbwahrheit wählten, die Patienten aber sowieso nach wenigen Minuten nicht mehr wussten, was ihnen gesagt worden war. Das war sehr deprimierend. Das Zimmer haben wir mit seinem Sessel und Fotos von uns eingerichtet. Viel mehr war nicht vorgesehen.

Unsere Mutter konnte noch Auto fahren, aber Laufen ging fast gar nicht mehr. Aufgrund ihrer Krankheit bekam sie nach wenigen Schritten kaum noch Luft. Im Heim halfen sie ihr aus dem Auto und schoben sie im Rollstuhl zu Vater. Wir versuchten, ihn täglich zu besuchen, sie zweimal in der Woche, meine Schwester einmal und ich auch zweimal.

Wir hatten alle eine Anfahrt von über einer Stunde, was ein enormer zusätzlicher Aufwand war. Aber irgendwie schafften wir es. Ich konnte den Besuch oftmals mit einem Politik-Termin verbinden. Es gab im Heim keine Regel-Besuchszeit, ich konnte jederzeit hin.

Lange dauerten die Besuche ohnehin nicht, denn er war immer sehr schnell ›abwesend‹. Er freute sich, mich zu sehen, dann saßen wir schweigend beieinander. Manchmal erzählte ich ihm etwas, viel aus unserer Kindheit. Etwas lebendiger wurde er, wenn ich ihn nach seinen Kindheits- und Jugenderlebnissen fragte. Das konnte er gut beschreiben, auch das ist typisch für diese Erkrankung.

Es brach mir das Herz, wenn er denn zum Abschied sagte: »Wenn Eure Mutter nur bald nachkommen könnte!« Schöner war es, wenn wir in den großen Garten des Heimes gehen konnten. Dort waren Tiere und ein Nutzgarten angelegt, damit kannte er sich aus und konnte mir sogar noch Tipps für den Mehltau bei meinen Stachelbeeren geben. Wir konnten auch nur in der Sonne auf einer Bank miteinander schweigen. Es war genau dort, auf der Bank vor dem Hühnergehege, als er sagte: »Ich liebe dich, Tochter.«

Unvermittelt und ohne besonderen Anlass. Das hatte ich in fast vierzig Jahren nie von ihm gehört. Sicherlich habe ich mich von ihm immer geliebt, umsorgt und auch geachtet gefühlt. Aber ausgesprochen hatte er es nie. Auch unsere Mutter nicht. Wir waren in der Familie nicht gerade überschwänglich, was Liebesbezeugungen betraf. Daher rührten mich diese Worte umso mehr.

So nahe hatte ich mich ihm noch nie gefühlt. Leider verschlechterte sich sein Zustand rapide. Er bekam schwere Depressionen und wurde in eine Psychiatrie verlegt. Dort meinte ein Arzt, die rasante Verschlechterung seines Zustandes könne auch an einem Gerinnsel im Hirn liegen, das entfernt werden und möglicherweise ihm auch Entlastung verschaffen könne.

Da war sie wieder, die kaum auszuhaltende Verantwortung. Sollte ich einer Operation zustimmen? Würde ihm das noch Lebensqualität zurückgeben oder sein Leid vergrößern? Mutter und wir drei Geschwister trugen die Entscheidung, die OP zu wagen, gemeinsam. Wohl fühlte ich mich damit nicht. Es war eine weitere Verlegung in ein anderes Krankenhaus notwendig. Er litt darunter, da er nicht wusste, was mit ihm geschah. Er tat mir unendlich leid und ich versuchte, bei den diversen Krankentransporten dabei zu sein, schlief sogar im Krankenhaus in seinem Zimmer. Ich konnte den Gedanken nicht ertragen, ihn am Bett fixiert zu wissen. Dafür musste ich sogar mein eigenes Klappbett mitbringen. Es war aber keine Überraschung, dass ich das nicht lange durchhielt. Ich musste aufpassen, dass ich die Kinder und den Hof nicht vernachlässigte.

Die Operation wurde durchgeführt, eine OP am Kopf. Ich war bei ihm im Aufwachraum. Er erkannte mich, als er die Augen aufschlug. Ob es ihm besser ging, war kaum zu erkennen. Ich hatte den Eindruck, dass seine Kopfschmerzen geringer geworden waren, aber sein geistiger Zustand war unverändert. Zum Glück erholte er sich körperlich sehr schnell und konnte nach sechs Tagen zurück ins Heim. Alles ging wieder weiter wie zuvor.

An meinem vierzigsten Geburtstag erhielt ich den Anruf vom Heim, dass sie Vater mit einer Lungenentzündung wieder haben in die Klinik einliefern lassen müssen. Diagnose Lungenentzündung. Durch die Aufregung um meinen Geburtstag war ich vier Tage nicht bei ihm gewesen und hatte daher nichts davon mitbekommen. Ich steckte mitten in meiner Geburtstagsfeiervorbereitung, eine Feier mit fünfzig Gästen im eigenen Haus. Wer sollte sich nun also kümmern?

Ich bat Simon, mit Oma ins Krankenhaus zu fahren. Sie besuchten Vater auf der Intensivstation. Er war kaum noch wach.

Am nächsten Tag hat sich meine Schwester auf den Weg zu ihm gemacht. Sie bekam die Information von den Ärzten, dass es wohl zu Ende ginge. Sie blieb dort an seinem Bett, bis ich mit meiner Mutter eintraf, um sie abzulösen. Die Krankenschwester teilte uns mit, dass er bereits auf dem Weg aus dieser Welt sei. Wir waren rechtzeitig gekommen, um ihn auf den letzten Schritten zu begleiten.

Es gingen damit drei Jahre mit viel Kummer, Leid und Hilflosigkeit zu Ende. Zu Ende ging das Leben meines Vaters. Ein starker Mann hatte einen schweren Weg beendet. Aber er war mein Vater, er liebte mich und bleibt mir als aufrechter, willensstarker Mensch in Erinnerung.

Buch VIER

Vom Hof

14 Sie verkörpern alle meine Vorurteile …

Das Thema Männer war nun in der Warteschleife, bis ich neue Weichen gestellt hätte. Die Kommunalpolitik hatte sich durch meinen Austritt aus der Partei auch erübrigt. Die Kinder waren fast fertig mit Ausbildung und Studium. Mein Rücken machte mir arge Probleme. Aber ich war frei, ganz neue Wege zu gehen. Welch ein Luxus! Ich fühlte mich wie ein Fluss, der von der Quelle an in einem Bett geleitet wurde, ruhiges Wasser, turbulentes Wasser erlebt und nun im offenen Meer angekommen war. Unbegrenzte Möglichkeiten, aber eine Entscheidung über die Richtung war trotzdem nötig.

Das führte mich zu der grundsätzlichen Überlegung, wie ich den nächsten Lebensabschnitt gestalten wollte. Betrieblich waren wir kurz vor dem Kauf eines weiteren großen Hofes. Der Kuhstall war alt und müsste erneuert werden. Das wollte ich nicht mehr allein entscheiden, denn jede größere Weichenstellung muss von der späteren Generation mitgetragen werden. Simon stand kurz vor seinem landwirtschaftlichen Studienabschluss und die Klärung der Hofnachfolge stand an.

Die größten Probleme auf den Höfen stellten die Generationskonflikte dar. Das hatte ich auf meinen Seminaren ständig gehört. Das wollte ich anders machen. Ich wusste, dass es viele Wege und Möglichkeiten geben würde. Auch eine berufliche Umorientierung stand im Raum. Dank meines Fluchtgedankens während der unseligen Beziehung mit Ludwig war dieser Gedanke erst aufgekommen: fort vom Hof. Diesen Gedanken wollte ich näher untersuchen. Da sich meine Überlegungen dazu immer im Kreis drehten, suchte ich mir einen Coach.

Wie sucht man einen Coach? Ich war inzwischen selbst einer geworden. Aber sich selbst coachen … das geht nur bedingt. Ich bat also einen gut befreundeten Trainerkollegen um einen

Tipp, denn es sollte auf keinen Fall einer meiner direkten Kollegen sein.

Ich bekam einen Namen, eine Adresse und fackelte nicht lange. Die Zukunft hatte keine Zeit!

Es war eine Empfehlung, daher schaute ich mir die Homepage von der Empfehlung nicht an, suchte nicht weiter und machte einen Termin. Ein winziges Vorurteil war in mir, da es ein Mann mit Doppelnamen war. Aber ich wollte toleranter werden.

Pünktlich öffnete mir der Coach die Tür. Ein bisschen war es wie mit Chingachgook, meinem bunten Lehrling, nur stand ich dieses Mal auf der anderen Seite der Tür. Wallende Haarpracht und ein Batikgewand. Gepaart mit dem mir bewussten Doppelnamen hatte ich auch hier wieder Fluchtgedanken.

Es siegten mein Pragmatismus und mein Humor. Ich war drei Stunden gefahren, bezahlen müsste ich die Stunde sowieso und wer weiß, wozu es gut sein würde. Vielleicht würde ich diese Geschichte eines Tages in einem Buch beschreiben. Das dachte ich damals, wirklich in diesem Moment. Ich dachte an ein Buch.

Nachdem wir Platz genommen hatten, ging ich forsch in die Offensive: »Lieber Herr Meier-Lüdenhorst, Sie verkörpern alle meine Vorurteile. Fangen wir also an!«

Ich muss sagen, er war sehr professionell. Entweder sein Erscheinungsbild passte nicht zu seiner Persönlichkeit oder er war hervorragend in der Lage, sich auf meine einzustellen. Es könnte aber auch sein, dass ich einfach nur unberechtigte Vorurteile hatte. Super Coach. Meine Fragestellung, auf die es Antworten zu erarbeiten gab, lautete:

»Schaffe ich es, vom Hof zu gehen? Halte ich das emotional aus?«
Nicht mehr, aber auch nicht weniger.

In zwei Stunden haben wir das sauber herausgearbeitet. Ich bin nach Hause gefahren, habe mir Harald geschnappt und bin, bevor mich einer ansprechen konnte, ins Feld gefahren. Drei Stunden durch unsere Felder und Wälder. Ich habe Zwiesprache mit Johannes gehalten, dann war ich mir absolut sicher. Es war der Zeitpunkt für mich gekommen, loszulassen.

Ich selbst habe in Seminaren gepredigt, dass Loslassen die einzige Möglichkeit ist, etwas zu behalten. Freiwillig loslassen, wenn es dann zurückkommt oder in meinem Fall als Erinnerung bleibt, ist es echt.

In meinem Fall sah ich es so:

Wenn ich jetzt gehen würde, bliebe der Abschnitt Mieste als Lebensmittelpunkt für mich ein weiteres abgeschlossenes Schatzkästchen. Er wäre dort und würde sich nicht mehr verändern. Dieser Rückblick würde für mich in seiner Gesamtheit unverändert bleiben. Der Hof würde mit einem neuen Kapitel weitergehen. Das war es doch, was wir alle wollten, oder? Ich war so eng verbunden mit allem, und Veränderungen tun weh. So muss es sein, sonst wäre es ja nicht gut gewesen. Es war eine Chance und ein Risiko für mich, aber mit möglicher Rückfahrkarte, zumindest nach Mieste. Die Führung des Hofes würde komplett weg sein aus meinem Leben. Aber ich war fünfundvierzig Jahre jung und neugierig, was ich noch so alles auf die Beine stellen würde. Aus eigener Kraft. Ich war stolz auf meine großmütige und mutige Entscheidung.

Am nächsten Morgen habe ich Simon gebeten, mich zu begleiten. Zusammen haben wir fast noch einmal die gleiche Runde vom Vortag gedreht. Der thematische Inhalt unseres langen Gespräches ging in eine andere Richtung. Er war nun fünfundzwanzig Jahre alt, nach üblichen Maßstäben noch etwas jung für die Verantwortung, aber meine Kinder waren, ich denke durch den frühen Tod des Vaters, sehr reif für ihr Alter. Nun musste Simon endgültig entscheiden, ob er den Hof übernehmen wollte. Ein Landwirtschaftsstudium war erfolgreich beendet.

Ich hatte anfangs die Sorge, dass er sich nur verpflichtet fühlen würde als ältester Sohn. Das ist mir bei meinen Seminaren häufig begegnet. Ich sah jedoch, wie er sich hineinkniete und interessiert war. Er war Johannes so ähnlich. Äußerlich und charakterlich. Der Unterschied war lediglich, dass er ganz anders erzogen war.

Ich fragte ihn, wie er es finden würde, wenn ich ginge, um ihm und Katrin nicht im Weg zu sein. Es wäre schwer für ihn gewesen, sich neben mir zu entfalten. Ich war inzwischen eine bekannte Person in der Region und im Geschäftsleben sehr durchsetzungsstark. Ich wollte nicht neben ihm bei Geschäftsbesprechungen sitzen und sehen, wie sich der Gesprächspartner gegenüber immer wieder an mich wenden würde. Ich wollte aber auch nicht daneben sitzen und keine Rolle mehr spielen. Allein wäre es am Anfang etwas hart für Simon, aber ich war überzeugt, dass er sich nur so seinen eigenen Platz im Geschäftsleben und auf dem Hof erarbeiten würde.

Ich war fünfundvierzig und innerlich bereit, zu gehen und neu zu starten. Es war nicht abzusehen, wie die Situation in zwei Jahren sein würde.

Simon war etwas überrascht, sah aber auch die große Chance für uns alle. Ich plante auch keinen Aufenthalt im All, sondern wäre erreichbar für Fragen und Beratungen. Das war, so meinte er, ein besserer Ausgangspunkt als bei mir, die ich den Betrieb von Johannes bekommen hatte, ohne die Möglichkeit einer einzigen Nachfrage.

Es war zu dem Zeitpunkt nicht klar, wie schnell ich beruflich neu Fuß fassen und wohin es mich verschlagen würde.

Allein dies war eine ungeheuer große Chance. Wann kann man im Leben so vollkommen frei entscheiden? Die einzige Bremse, die meine Möglichkeiten einschränkte, waren meine geringen Englischkenntnisse.

Die erste Herausforderung war für mich, eine Bewerbung

zu schreiben. Das hatte ich bisher nie in meinem Leben getan. Von der Schulbank auf den Hof, so war es gewesen.

Es ging dann sehr schnell. Innerhalb von drei Wochen hatte ich vier Vorstellungsgespräche. Aufbau einer Bio-Getreidevermarktung in Thüringen, Geschäftsführer eines Maschinenringes in Bayern, Immobilienhandel. Das war nichts. Das Angebot für die Geschäftsführung eines sehr kleinen Bauernverbandes direkt im Nachbarkreis schon eher.

Das klang so, als könnte ich meine Erfahrung aus Landwirtschaft und Politik gut anwenden. Das traute ich mir zu. Das Vorstellungsgespräch lief gut.

Die Zusage kam noch, bevor ich wieder in Mieste angekommen war. So passte es zusammen und ich zog dorthin – acht Wochen nach meiner Entscheidung zu gehen.

Zuvor wurde ein großes Fest mit allen Freunden und Geschäftspartnern gefeiert. Wir hatten eingeladen unter dem Motto: Tradition pflegen heißt, die Glut weiterzureichen und nicht die Asche aufzubewahren. Jean Jourès.

Die Hofübergabe sollte laut und fröhlich sein und nicht im Verborgenen oder gar, wie so oft üblich, nur auf dem Papier stattfinden. Hochzeiten werden auch sehr groß gefeiert, eine Hofübergabe war in meinem Verständnis ein ebenso großes, lebenswichtiges Ereignis. Alle sollten sich mit uns freuen, dass wir in die nächste Generation starten würden und dass eben dies keine Selbstverständlichkeit ist.

Es fiel mit unserem Zwanzig-Jahr-Jubiläum zusammen. Zwanzig Jahre waren wir in Mieste, zehn Jahre davon zusammen mit Johannes und zehn Jahre hatte ich den Betrieb geführt. Das war rund. Wir veranstalteten ein zünftiges Scheunenfest. Mein erstes selbst erlegtes Wildschwein wurde gegrillt. Es war nun auch schon Katrin dabei. Auch meine Schwiegereltern waren gekommen. An diesem Tag versöhnten wir uns. Sie hatten verstanden, dass ich den Betrieb in Johannes' Sinne geleitet hatte. Sie freuten sich sehr, den Enkel nun an seiner Stelle zu sehen, auch wenn sie nicht ganz verstanden, warum ich gehen wollte, das war ja wieder ›nicht üblich‹.

Aber nichts trübte diesen Tag voller Freude. Bei meiner Begrüßungsrede hatte ich kurz mit den Tränen zu kämpfen, als ich ausführte, wie sehr Johannes sich über diese Entwicklung gefreut hätte. Ich fand, das gehörte dazu. Es waren Tränen der Trauer und der Freude.

Ähnlich erging es mir beim Notar. Auch dort vergoss ich ein paar Tränen, zu sehr übermannten mich die Gefühle. Freude, den Hof in die nächste Generation weiterzugeben, traurig, dass dieser Lebensabschnitt für mich vorbei war. Die Kinder waren mit unserm Übergabevertrag alle einverstanden, auch das ist nicht selbstverständlich. Alle drei waren in ihrem eigenen Leben angekommen, stark und selbstbewusst. Fröhlich, offen und erfolgreich. Johannes fehlte mir in diesem Moment sehr; wie stolz wäre er auf uns gewesen! Und wir alle konnten uns sicher sein, dass Mieste immer unsere Heimat war, Katrin und Simon hielten die Türen für uns immer offen.

Viel Zeit zum Innehalten blieb mir aber nicht. Umzug, Einrichtung der Wohnung und neuer Job erforderten ganz neue Überlegungen.

Der Job erstaunte mich sehr, ich hatte nicht erwartet, dass es so behördenmäßig war. Der Verband wurde von Unternehmern geführt, und ich war allerdings sehr enttäuscht, weil von den Mitarbeitern wenig betriebswirtschaftliches Denken verlangt wurde. Die Devise ›Das haben wir immer so gemacht!‹ hatte ich dort nicht erwartet. Wie sollte die Landwirtschaft sich weiterentwickeln, wenn nicht mal der Berufsverband innovativ war?

Technisch war alles top. Die EDV war ein echter Kontrast, da war alles sehr fortschrittlich und ich lernte viel. Vorerst sah ich mir alles an und staunte. Ich hatte in meinem Leben gelernt, dass vieles einen Sinn ergibt, wenn auch nicht auf den ersten Blick. Es gab auch nicht sehr viel zu tun; die meiste Zeit entrümpelte ich mein Büro, das von mehreren Vorgängern zentnerweise Akten enthielt, die kein Mensch mehr benötigte. Das befriedigte mich vorerst. Von den bis an die Decke vollgestopften Regalen konnte ich weit mehr als drei Viertel entsorgen und hatte dann ein schönes, luftiges Büro mit Blick über die Dächer der kleinen Stadt. Meine Sekretärin Maria war nett, kompetent und immer hilfsbereit.

So weit, so gut. Aber irgendwie fühlte ich mich überflüssig. Mit dem, was meine Vorgängerin zu tun gehabt hatte, war ich nach ungefähr sechs Stunden in der Woche fertig. Ich war zügiges, effektives Arbeiten gewohnt. Auf dem Hof gab es immer Folgearbeiten und wenn ich dann mal mit allem fertig gewesen war, dann hatte ich mir die Freizeit auch verdient.

Hier musste ich aber acht Stunden im Büro verbringen, egal, ob es etwas zu tun gab, oder nicht. Die ersten zwei Wochen hatte ich mich mit dem Aussortieren gut beschäftigen können, dabei habe ich mir auch viele Akten angeschaut, um einen Überblick zu bekommen. Schlauer hat mich das dann nicht gemacht. Ab und zu musste ich eine Art Familienberatung machen, die meisten davon waren Generationskonflikte. Es war gut, dass ich die Mediatoren- Ausbildung gemacht hatte, ich spezialisierte mich darauf.

Oft luden die Mitglieder auch ihren Frust und ihre Ängste bei mir ab. Ein besonderer Fall von Hilflosigkeit kam mit Herrn Kluge. Ich hatte das Ehepaar Kluge bereits zweimal in meinem Büro erlebt. Sie kamen mit der Bürokratie nicht zurecht. Das erledigte ich dann für sie. Ein reizendes Paar, beide über achtzig, eher neunzig Jahre alt. Sie waren so innig miteinander, so hätte ich mir das Alt-Werden gemeinsam mit Johannes auch gewünscht.

Frau Kluge starb und wir sahen Herrn Kluge nach einigen

Wochen wieder. Der Mann war tieftraurig und vollkommen hilflos. Es schien sich keiner um ihn zu kümmern. Eine leichte Verwahrlosung war ihm bereits anzumerken. Er saß mit Tränen in den Augen vor mir, ein Schreiben der Friedhofsverwaltung in der Hand, eine Mahnung, weil er die Doppelgrabstelle nicht bezahlt hatte.

Das konnte ich klären, aber er weinte jetzt richtig. So strich ich ihm über die Hand. »Lieber Herr Kluge, das tut mir so leid. Ich weiß, wie man sich fühlt, denn ich bin auch verwitwet.«

Ich konnte ja nicht ahnen, was ich damit ausgelöst hatte. Auf einmal strahlte er mich an und sagte: »Das ist doch die perfekte Lösung!« Ich verstand überhaupt nicht, was er meinte. Er stand auf und fragte, ob er mich mal in den Arm nehmen dürfe. Auch damit hatte ich kein Problem, ich sah aber noch nicht, was ich damit angerichtet hatte. Es war in meinen Augen vollkommen in Ordnung, einen trauernden Menschen in den Arm zu nehmen, vor allem, wenn er auch noch siebenundvierzig Jahre älter ist.

»Darf ich Du sagen?«, schob er noch nach. Das verwunderte mich zwar etwas, aber die Alarmglocken versagten in dem Moment völlig. Ich nickte und er ging augenscheinlich etwas getröstet von dannen.

Am nächsten Morgen rief er mich an, ob er mir die Rote Bete aus dem Garten bringen könne, die habe seine Frau immer eingekocht, er könne das nicht. Ich wimmelte das ab und bat meine Maria, ihn nicht mehr durchzustellen. Das war zwar feige, aber ihn persönlich vor den Kopf zu stoßen, fand ich nicht viel besser.

Ich gebe zu, ich habe nicht mehr an ihn und seine Sorgen gedacht. Plötzlich stand er doch wieder vor meinem Schreibtisch. Er druckste etwas herum, und es brach dann aus ihm heraus: »Ich habe mir das überlegt, willst du mich heiraten? Und bist du damit einverstanden, dass wir unsere Verlobung noch keinem verraten? So kurz nach Elfriedes Tod würden die Leute doch nur reden!«

Da war er nun, mein vierter Heiratsantrag und wieder war er nicht ein bisschen romantisch. Ich war sprachlos und wusste gleichzeitig, ich würde jetzt so viel Fingerspitzengefühl wie selten benötigen. Erst einmal wies ich ihn auf den Altersunterschied hin. Das wäre für ihn überhaupt kein Problem, erwiderte er. Sehr schön, aber ich war damit noch nicht weiter. Ich fand dann doch noch Worte, die er verstand, die ihn dann letztlich doch geknickt und gebeugt gehen ließen. Selten hatte ich so viel Mitleid mit einem Menschen und fühlte mich schuldig. Sicherlich war sein Ansinnen absurd, aber ich hatte ihn auf die falsche Fährte gelockt. Immerhin dachte ich, das Problem wäre, zumindest für mich, gelöst. Am nächsten Tag rief er wieder an und ließ sich auch von Maria nicht abwimmeln.

»Dann stell ihn durch!« Alfred, wie ich ihn ja nannte, wollte mich doch noch überreden: »Wenn du mich heiratest, bekommst du auch mein Haus.« Noch einmal erklärte ich ihm bestimmt und freundlich, dass ich ihn nicht heiraten würde. Er tat mir immer noch leid. Über sechzig Jahre war er mit Elfriede durch dick und dünn gegangen, Kinder hatten sie nicht, nur einen Neffen.

Wiederum einen Tag später hörte ich schon das Klack-Klack seines Stockes auf dem Flur. Ich dachte kurz daran, mich im Heizungskeller zu verstecken, wollte der Sache aber auch ein für alle Mal ein Ende bereiten. Ich saß gerade mit einem Kollegen in meinem Büro. Den bat ich, eventuell von Mann zu Mann mit Alfred zu sprechen, falls ich ihn nicht würde überzeugen können. So wartete mein Kollege im Nebenbüro, als meine Sekretärin Alfred in mein Büro bat. Alfred war nun sehr verständnisvoll meiner Meinung beziehungsweise Nicht-Meinung gegenüber seinen Eheabsichten. Aber er brauche unbedingt Hilfe, ob ich nicht wenigstens für ihn den Haushalt machen könne, gegen Bezahlung selbstverständlich. Das wollte ich mindestens genauso wenig.

Ich versprach ihm jedoch, andere Hilfe zu besorgen. Er machte einen immer verwahrlosteren Eindruck. Den Eigelbfleck auf seinem Hemd hatte ich schon bei seinem vorletzten Besuch gesehen, unrasiert war er sowieso, aber fern des Alters, in dem ein Drei-Tage-Bart schick aussehen könnte. Mithilfe des Pastors vor Ort konnten wir ihm eine Haushaltshilfe besorgen.

Lange hat er seine Elfriede nicht mehr überlebt.

Am Wochenende fuhr ich immer noch ›Nachhause‹, in ›mein‹ Mieste. Ich half im Stall und zeigte Simon noch einiges. Ich hatte auch mein soziales Umfeld dort, unternahm mit Freunden etwas, feierte Geburtstage. Zudem musste ich meine Wäsche dort waschen, was Franziska zu der Bemerkung veranlasste: »In unserer Familie ist aber auch immer alles anders, normalerweise kommen doch die Kinder mit schmutziger Wäsche heim!«

Ich hatte montagmorgens kein Problem, Mieste zu verlassen, aber Lust auf den Job hatte ich nicht; ich fühlte mich überhaupt nicht gefordert.

Dann machte ich etwas absolut Ungewöhnliches: Ich bin in die Offensive gegangen. Ich sollte in meiner Angestellten-Laufbahn noch oft erfahren, dass sich keiner traut, zu sagen, er hätte nichts zu tun.

Aber ich wollte das jetzt machen. Ich langweilte mich im Job und hatte zusätzlich ein schlechtes Gewissen, weil ich Geld für beinahe Nichtstun bekam. Geld, das von den Landwirten aufgebracht werden musste. Ich hatte den Verdacht, dass ich nicht die Einzige mit diesem Phänomen war. Logischerweise würde von den anderen aber keiner etwas sagen, wer würde sich schon selbst abschaffen? Ich würde mir damit keine Freunde bei den Kollegen machen. Wenn ich also Defizite aufzeigen wollte, müsste ich zeitgleich Alternativen anbieten, ohne auch nur einen Mitarbeiter ganz freizusetzen.

Für die anstehende Vorstandssitzung bereitete ich verschiedene Excel-Tabellen vor: Auslastung, Kosten, so wie ich bisher mein Unternehmen geführt hatte. Es war riskant, denn im Grunde kritisierte ich damit die bisherige Organisation und Führung. Ich hatte mich sehr gut vorbereitet. Entweder es gab einen Ruck und ich würde Spaß an der Arbeit bekommen oder ich würde gehen. Denn so, wie es gerade war, würde ich es nicht aushalten wollen.

Ich druckte meine Excel-Tabellen aus, schaute auf die Landkarte, wie ich zum Ort der Vorstandssitzung kommen würde. Ein Navi erschien mir auf die kurze Entfernung nicht nötig. Ich verließ meine Wohnung am Abend und wollte losfahren. Die Beleuchtung auf dem Parkplatz war miserabel, ich übersah eine dicke Baumwurzel auf dem Weg zu Auto und fiel der Länge nach hin. So richtig lang ausgestreckt auf dem Boden fand ich mich wieder. Nach der ersten Schrecksekunde überprüfte ich, ob ich in irgendeiner Form verletzt wäre; es schien aber alles gut gegangen zu sein. Ich rappelte mich auf und fuhr los.

Leider war die Ausschilderung zum Zielort sehr dürftig. Ich übersah den entscheidenden Abzweig und fuhr daran vorbei. Als ich es merkte, wollte ich in einem Feldweg mein Navigationsgerät nun doch programmieren. Gerade hielt ich auf dem Feldweg, als ich im Rückspiegel Blaulicht sah. Ich war überrascht, was denn die Polizei in dieser abgelegenen Ecke machte, hatte aber nicht bedacht, dass eine Großdemonstration am Tage stattgefunden hatte. Außerdem hatte ich so oft die Polizei erlebt, es wunderte mich einfach nicht mehr. Das gehörte bei mir wohl zum Alltag.

Der Polizist klopfte an die Scheibe und fragte, als ich die

vorsichtig einen Spalt runterließ, ob ich Hilfe benötigte. Ich verneinte es, ich hätte mich nur verfahren.

»Sie sind sich sicher, dass Sie keine Hilfe brauchen? Sind Sie überfallen worden?« Auf meinen Blick wies er in mein Gesicht. Ich schaute in den Rückspiegel und sah, dass mein Gesicht blutverschmiert war. Eine kleine Wunde am kleinen Finger hatte nach dem Sturz stark geblutet und ich hatte das Blut im Gesicht verteilt. Auch die Hose war blutbefleckt und zerrissen, was ich zuvor nicht bemerkt hatte. Der Polizist bot an, zum Tagungsort des Vorstandes, einer Dorfkneipe, vorwegzufahren. Einmal mehr bin ich von der Polizei eskortiert worden und fragte mich, warum mich solche Situationen magisch anziehen würden.

Mein Eintreffen beim Vorstand war also sehr spektakulär. Polizeibegleitung, blutverschmiert und mit zerrissener Kleidung. Und ich wollte doch seriös und businessmäßig meine Auswertungen vorstellen! Der Vorstand hatte sehr viel Humor. Ich bekam einen Schnaps und wir legten los. Nach anfänglicher Beklommenheit geriet ich bei meinem Vortrag in Fahrt. Ich wollte für die Mitglieder etwas erreichen, denn die Landwirtschaft lag mir am Herzen. Zuerst waren die Mitglieder des Vorstandes, nur Männer wohlgemerkt, etwas irritiert, dann aber bekam ich viel Lob für meine Übersichten und Darstellungen. Das Ergebnis war keine Kündigung, sondern die Zuteilung neuer Aufgabengebiete, die ich herausfordernder fand.

Danach lief es beruflich viel besser. Privat war es immer noch schwer. Ich vermisste alles. Einzig die Betriebsführung bei Simon zu wissen, störte mich nicht, das lief hervorragend. Anfangs rief er mich nur bei Problemen an, die er nicht lösen konnte. Das waren komplizierte Probleme, bei den ich auch nicht schnell eine Lösung parat hatte. Die alltäglichen Fragen löste er perfekt allein. Ich fühlte mich schlecht, weil ich ihm bei den schwerwiegenderen Fragen keine Antwort geben konnte, und war besorgt, es könnte dem Betrieb schlecht gehen. Bis ich begriff, dass er die positiven Entwicklungen und Ereignisse nicht erwähnte. Das war zwar logisch, hinterließ bei mir jedoch den falschen Eindruck. Das besprachen wir und fortan bekam ich auch die Erfolgsmeldungen. Damit war es eine gesunde Mischung; ich sah es auch bei meinen Besuchen; es lief alles prima.

Aber ich vermisste unsere Felder, den Hund, die Mitarbeiter, die Freunde. Auf dieses Loch war ich vorbereitet – es hat mich nicht überrascht. Ich hatte aber nicht einkalkuliert, dass es schwere Arbeit ist, einen neuen Freundeskreis aufzubauen. Die natürlichen, sozialen Kontakte über Kindergarten und Schule wie anfangs in Mieste gab es nicht. Kollegen waren entweder meine Vorgesetzten oder ich deren, nicht ideal für Freundschaften. Ich musste mich selbst aufraffen, Menschen zu treffen. Wenn man tagsüber schon viele neue Menschen kennenlernt, ist es eine zusätzliche Kraftanstrengung, in der Freizeit ebenfalls neue Bekanntschaften zu machen.

Tapfer habe ich es dennoch versucht und bin ich in verschiedene Volkshochschulkurse gegangen. Dort traf ich viele nette Menschen, kam auch gut ins Gespräch, aber wenn ich darüber hinaus private Kontakte anregte, kam nichts zustande. Keiner wartet auf einen, der neu dazukommt. Alle haben bereits ihre Freundeskreise.

So ging das also nicht. Zumal ich auch sehen musste, dass ich allmählich die Wochenendheimfahrten reduzierte. Simons Freundin Katrin zog ins Haus. Sie sollten sich ihr gemeinsames Heim aufbauen können und nicht von mir gestört werden. Außerdem war Mieste zwar noch meine Heimat, aber der Hof war nicht mehr in meiner Verantwortung. Ich war nur noch ›Besuch‹. Meine Identität, aus der ich mein Selbstbewusstsein und mein Selbstverständnis gezogen hatte, hatte sich verändert.

Das zeigte sich an einem lustigen, aber auch schmerzhaftem

Beispiel: Ich war wegen einer Hochzeitsfeier nach Mieste gekommen. Am Vorabend war ich bereits angereist und kochte am folgenden Morgen in meiner ehemaligen Küche Kaffee, als Simon einen mir unbekannten Geschäftspartner in die Küche bat. Das ist in der Landwirtschaft durchaus üblich. Die Küche ist immer geheizt und Kaffee in Reichweite. Der besagte Vertreter wurde mir von Simon vorgestellt und dieser begrüßte mich mit den Worten: »Schön Sie kennenzulernen, Frau Bromann, wenn ich gewusst hätte, dass Sie heute hier sind, hätte ich meinen Putzmittelkatalog mit reingebracht.«

Ich war sprachlos und das passiert mir nicht oft. Simon wusste gar nicht, wohin er schauen sollte, so sehr musst er sich das Lachen verbeißen. Solche Machos gab es hin und wieder, darüber stand ich. Aber hier war es genau das Zeichen, es war richtig und gut, gegangen zu sein. Simon war jetzt der Chef und ich, die im Vorjahr noch Entscheidungen über mehrere hunderttausend Euro zu treffen hatte, war nun zur Putz-Oma degradiert. Mit Humor und etwas Wehmut nahm ich das zur Kenntnis.

Umso wichtiger war es, in meinem neuen Umfeld soziale Kontakte zu knüpfen. Mieste war Heimat, die schönste Zeit bislang in meinem Leben, aber es lag noch so viel vor mir, an mir lag es, das zu gestalten.

Ich hatte die Erfahrung gemacht, dass man durch Annoncen immerhin Männer – wenn auch oft die falschen – kennenlernen konnte, warum nicht auch Freunde? Es gab doch bestimmt Frauen in ähnlicher Situation wie meiner. Das wäre immerhin ein Anfang; ich wollte doch nur nicht allein zu Hause sitzen am Abend und am Wochenende. Als ich beschloss, für Freundschaften eine Anzeige zu schalten, bin ich über eine Annonce mit ähnlichem Anliegen gestolpert:

Neu in der Stadt. Wer hat Lust, mir die Gegend zu zeigen oder gemeinsam zu entdecken? Freundschaften gesucht. Suche nette Frauen zum Klönen, für Unternehmungen und Spaß haben.

Das war genau das, was ich suchte. Ich antwortete darauf und traf mich mit Sabine. Wir haben uns gleich gut verstanden und ich kam in die ›engere Wahl‹. Etwas merkwürdig war das schon, eine Frau für eine Freundschaft zu daten. Aber sie hatte genau den Nerv von vielen Frauen getroffen, das spiegelte sich in der hohen Anzahl von Rückmeldungen wider. Nachdem sie alle getroffen hatte, wurde die Auswahl zu einem ersten Treffen in dieser großen Runde eingeladen. Zwölf davon waren bei einem zweiten Treffen noch dabei. Ein- bis zweimal im Monat trafen wir uns nun zu verschiedenen Unternehmungen. Das war wirklich eine tolle Idee gewesen. Der Kreis schrumpfte irgendwann auf acht Frauen, aber die sind bis heute noch dabei. Für Theaterbesuche, Radtouren oder einfach nur zum Reden. Auch Hilfe untereinander ist selbstverständlich geworden.

Es war ein schweres Stück Arbeit, sich ein neues Leben aufzubauen. Aber ich eroberte es mir Stück für Stück und konnte in gleichen Teilen mein altes Leben loslassen. Der Plan ging auf, wenn auch langsamer, als ich gedacht und gehofft hatte. Ich vermisste Mieste noch und manchmal auch mein Leben dort, aber ich war mir immer klar darüber, dass es das nicht mehr für mich gab, wenn ich den Hof abgegeben hatte. Das war das oberste Ziel, dem ich meine Gefühle untergeordnet hatte. Und die Freude darüber, wie es in Mieste lief, wie Simon souverän seine Aufgabe meisterte und die Familie dort Fuß fasste, belohnte und bestärkte mich, dass es richtig gewesen war. Ich baute mir ein Haus neben dem Hof, das ich vermietete, aber als letzte Zuflucht dienen sollte.

Der Job war nun interessanter und herausfordernder geworden, ich hatte einen Frauen-Freundeskreis. Nun war es an der Zeit, auch mein Liebesleben wieder anzugehen.

15 Nummer drei erwartete mich auf einem Parkplatz

Nachdem ich meinen neuen Beruf halbwegs akzeptiert hatte, dachte ich über meine persönliche Situation nach. Genauer gesagt, über mein Projekt ›Männer‹. Ich war nun völlig frei, brauchte keine Rücksicht mehr auf Hof und Kinder zu nehmen. Das könnte es erleichtern. Auf den Zufall zu warten, war noch nie meine Art. Vorwärts, den Stier bei den Hörnern packen. Das Schicksal lag in meiner Hand, wenn ich es nicht beeinflusste, wer dann?

Zuerst machte ich ein Brainstorming für mich. So wie ich es gelernt hatte. Für das Projekt ›Mann‹ wollte ich keinen Coach, das wäre mir etwas peinlich, vor allem aber unnötig teuer. Mein eigenes Coaching ergab …

Ich will einen Mann

für …

Sex

Urlaub

Unterhaltung

Kultur und Freizeit im Allgemeinen

Er sollte …

… gut aussehen, groß, sportlich und gepflegt – so wie es sich jede Frau wünscht, es aber nur fünf Exemplare weltweit gibt; könnte aber sein, dass es umgekehrt genauso ist …

… kein armer Schlucker sein

… einen interessanten Beruf haben

… Zeit für mich haben

… keine unabgeschlossenen Altlasten rumtragen

… in erreichbarer Nähe, also maximal hundert Kilometer entfernt, leben: Also nichts Besonderes eben.

Das war nun also geklärt. Es fiel mir aber schon auf, dass

ich gar nicht nach der absolut festen Beziehung suchte. Zusammenleben und womöglich Heiraten? Ja, später einmal bestimmt gern. Aber jetzt?

Nö, ich konnte mir schon eine etwas andere Art von Liebe vorstellen. Welche genau das sein sollte, das wollte ich auf mich zukommen lassen. Also doch immer noch einen ›Freizeitlover‹.

Dann bin ich wieder verstärkt in die Dating-Portale eingestiegen, da hatte sich inzwischen einiges getan. Aber blöde Fragen für das Matching stellten alle. So sah dann meine Anzeige aus …

Name? Damit ging es schon los, aufgrund meines seltenen Namens und meines häufigen Auftretens in der Öffentlichkeit mit den dazugehörigen Zeitungsartikeln, hätte mein Vorname in Kombination mit nur einem Stichwort bei Google bereits die Anonymität aufgehoben. Selbst der Vorname in Verbindung mit meinem Geburtsjahr reicht leider schon.

Name: ~~Jour~~ Mary Jo

Alter: 47

Blond, schlank, 177 cm

Bis hierher war ich ehrlich, na ja, fast ehrlich.

Was suchst du?

Einen Mann, drei Mal unterstrichen …

Bist du tierlieb: Ich habe ein aufblasbares Krokodil

Wo machst du am liebsten Urlaub?

Da konnte ich nicht ehrlich sein, das hätte jeden abgeschreckt, aber bislang fand ich Urlaub überflüssig, das sollte mir ja ein Mann erst beibringen, da war ich vom Ort flexibel. Also: Transsilvanien

Hobbies: ~~mein Job~~ kochen

Foto: Da habe ich mal Raub betrieben und habe eines, das mir ähnlich sah, aber nicht allzu deutlich war, aus einem Katalog ausgesucht.

In der Hoffnung, dass ich damit einen Volltreffer finden würde, schickte ich diese Annonce in die weite Webwelt.

Aufgrund meiner bisherigen Erfahrung wusste ich, gerade am Anfang würde viel Aufmerksamkeit herrschen. Daher hatte ich nur vier Wochen gebucht.

Zeit hatte ich nun genug. Allerdings hatte ich privat kein Smartphone, die virtuelle Flirterei konnte erst nach Feierabend stattfinden.

Am ersten Abend hatte ich vierundfünfzig Anfragen. Das ging doch schon. Nach grobem Sortieren blieben dreizehn. Eine weitere Filteraktion ließen noch sechs zurück, die es wert schienen, näher betrachtet zu werden. Bei diesen Herren meldete ich mich zurück. Eine unverbindliche Interessensbekundung. Sollten sie darauf originell antworten, blieben sie im Rennen. Es machte mir Spaß, es mit diesem inneren Abstand anzugehen. Ich kam mir sehr abgeklärt und fortschrittlich vor, geradezu cool und modern. Ich fertigte sogar eine Tabelle mit den Kriterien an. Alle sechs Herren schickten mir ein Foto. Das disqualifizierte noch mal zwei davon. Das hört sich jetzt sehr oberflächlich an, aber die Dating-Welt ist so, das hatte ich gelernt. Ich wollte es mir leisten, wählerisch zu sein.

Einer chattete mich an und wir schrieben uns die halbe Nacht. Von den anderen bekam ich Mails, die konnte ich bequem nebenher beantworten.

Am Ende der ersten Nacht mit dem Laptop im Bett blieben drei Männer übrig. Wir vereinbarten Telefonate, die im Stundenrhythmus am nächsten Abend stattfanden. Ich hatte einen klaren Favoriten, wollte den anderen beiden aber auch eine Chance geben. So wurden drei Dates verabredet. Das ging natürlich nun nicht mehr an einem Abend. Da ich auch noch berufliche Verpflichtungen hatte, dazwischen ein Wochenende in Mieste, war bis zum ersten Date schon eine Woche verstrichen.

Ich wollte meinen Favoriten zuerst treffen, in der Hoffnung, dass die beiden anderen sich erübrigen würden. Wir verabredeten uns in einem spanischen Restaurant in Hamburg. Eine Anfahrt von fünfundneunzig Kilometern für mich. Aber alles war besser als vor Ort. Ich wollte nicht von Kollegen oder Mandanten bei meinem Männerfang beobachtet werden.

Morgens hatte ich schon Haare gewaschen, am Nachmittag pünktlich Feierabend gemacht und aufgehübscht. Ich war etwas aufgeregt, aber nur etwas. Quintessenz des Abends: Das exzellente Essen beim Spanier war die einseitige Unterhaltung über Fitness, Sport und Gesundheitspillen wert gewesen. Schönheit muss erarbeitet werden, das wurde mir klar. Er sah verdammt gut aus. Aber es schien kaum ein anderes Thema als Kraftsport, Spinning und Ergänzungspräparate zu geben. Unter eloquent hatte ich anderes erwartet. Ich glaube, ich hatte einen zweiten Klaus erhofft. Das war dieser Mann bestimmt nicht. Es war nicht schlimm, aber auch nicht interessant und lud nicht zur Wiederholung ein. In meiner Tabelle konnte ich ein ›Abgehakt‹ setzen. Das war wirklich schade, aber im Grunde hatte ich es mir auch nicht so leicht vorgestellt.

Ich hatte ja noch zwei weitere, vielversprechende Kandidaten.

Mann Nummer zwei. Wir trafen uns an einem See, wollten einen kleinen Spaziergang machen und dann möglicherweise spontan etwas essen gehen. Mann Nummer zwei hatte einen sehr interessanten Job – zwei Pluspunkte. Beim Aussehen hatte er etwas geschummelt; das fand ich legitim. Das hatte ich auch, wenn auch komischerweise keiner meiner am Ende ungefähr sechsunddreißig Dates den Fake mit dem Foto bemerkt hatte. Da war meine Wahl sehr gut gewesen.

Mann Nummer zwei hatte etwas mehr Bauch als auf dem Foto, dafür aber weniger Haare auf dem Kopf – ich fand, das glich sich aus. Eloquent war er auf jeden Fall, wir konnten über Gott und die Welt genauso gut reden, wie uns unsere Lebensgeschichten erzählen.

Er wohnte sogar in der Nähe, sodass wir uns nach etlichen Stunden erneut verabredeten. Komischerweise in der Sauna. Ich habe keine Ahnung mehr, was wir uns dabei dachten. Zumal man in der Sauna gar nicht viel reden konnte. Vielleicht war das von seiner Seite Absicht, denn erhatte mir einen wesentlichen Punkt verschwiegen. Genauer gesagt, seine aktuelle Situation. Dass er sechs Kinder hatte … kam bei einem Kräutertee in der Spa-Bar heraus. Drei davon aus erster Ehe, die hatte ich in meiner Tabelle abgehakt. Die anderen drei Kinder waren teilweise noch nicht aus den Windeln: eine Hammer-Botschaft. Er steckte in dieser Ehe, die laut seinen Angaben eine reine Katastrophe sei, da seine Frau an krankhaftem Putzwahn litt. Auf meine gekräuselte Stirn erläuterte er das näher. Ich kann mich an zwei Beispiele erinnern: Die Kinder durften nur über der heruntergeklappten Spülmaschinentür essen und die Furniere der Möbel waren bereits durchgescheuert vom nächtelangen Putzen und Scheuern. Das war auch eine interessante Unterhaltung, aber für eine wie auch immer geartete Beziehung kam Mann Nummer zwei damit auch nicht infrage. Das sagte ich ihm deutlich. Er verstand das. Wir haben uns noch auf freundschaftlicher Basis getroffen, wenn er mal wieder seinen Kummer loswerden wollte.

Dann war da Mann Nummer drei. Er lebte sehr weit weg. Ich war geschäftlich unterwegs und wir verabredeten uns auf halber Strecke in Paderborn. Ich hatte noch nie von dieser Stadt gehört, aber sie sollte mir mein weiteres Leben lang leichte Schmetterlinge im Bauch verursachen, wenn ich den Namen hörte.

Nummer drei erwartete mich auf einem Parkplatz im besagten Paderborn. Ich kam fast eine Stunde zu spät und war sehr genervt vom Stau. Nummer drei kam schon auf mein Auto zu, als ich ausstieg. Da war sie wieder, die Erotik auf einen Blick. Die Lachfältchen um seine Augen ließen meinen Ärger sofort verblassen. Mich störte nicht einmal der Dreitagebart, den ich normalerweise nicht mochte. Und groß, so groß – ein ehemaliger Basketballtrainer. Es regnete und wir hatten deshalb einen Grund, gleich zusammengekuschelt unter seinem Schirm durch die Fußgängerzone von Paderborn zu schlendern.

Der Regen wurde stärker und wir sind in ein schnuckeliges Café, es kribbelte immer mehr. Dort gab es schwarzen Tee mit Rum und Käsekuchen. Da es mitten am Nachmittag war, immer noch regnete, mehr ein Schneeregen, gingen wir ins Kino und knutschten wie die Teenies dort bei ›Sherlock Holmes‹. Keine Frage, wir nahmen uns ein Hotelzimmer.

Ich genoss die kleinen Zärtlichkeiten. Am Frühstücksbuffet einmal kurz den Arm um meine Taille, tiefe Blicke und ein verschmitztes Lächeln. Zu schön. Wir konnten uns nicht trennen, wir gingen im mittlerweile tiefen Schnee im Wald spazieren und verliefen uns gewaltig. Der Wald war bestimmt nicht groß, aber wir achteten einfach nicht auf den Weg. Ich war hin und weg. Das schon bei Nummer drei! Irgendwann trafen wir einen Förster, den wir baten, uns zum Auto zurückzubringen.

Wir konnten uns immer noch nicht trennen, so hängten wir noch eine Nacht dran. Die Realität kann grausam sein, wir beide mussten am nächsten Morgen arbeiten und sehr früh losfahren, damit fiel der Abschied sehr kurz aus.

Am Abend erreichte mich die SMS.

»Liebste Jo, das war wunderschön, ich habe diese Stunden mit dir genossen und werde immer mit Wärme und Freude daran denken. Ich bin privat nicht in der Lage, eine Fortsetzung auch nur in Erwägung zu ziehen. Verzeih mir diese Feigheit, aber ich wollte diesen Zauber zwischen uns nicht zerstören. Glaube mir bitte, ich wollte, es wäre anders!«

Das war es dann.

Es löste zweierlei in mir aus. Ich war am Boden zerstört, das tat weh. Aber ich war überrascht, dass ich praktisch einen One-

Night-Stand hatte, der wunderschön war. Selbst wenn Nummer drei immer diese Masche fahren sollte, ich hatte nichts vermisst. Das ergab neue Perspektiven. Die Enttäuschung verwand ich nach kurzer Zeit, denn für eine echte Liebe war das Kennenlernen denn doch zu kurz gewesen.

Ich schaltete die Anzeige mit wenigen Änderungen erneut. Neues Glück. Es gab immer wieder Dates, wovon die meisten sich dann doch als belanglos herausstellten. Wenige Male gab es eine kurze Affäre, mal ein One-Night-Stand. Allerdings nie wieder so eine Anziehungskraft, wie ich sie bei Nummer drei und seinerzeit bei Klaus gespürt hatte. Das wäre auch zu viel verlangt gewesen. Im Großen und Ganzen hat es viel Spaß gemacht, war kurzweilig. Eines Tages würde der Richtige kommen und ich wäre dann auch bereit, mich wieder langfristig zu binden. So dachte ich und datete fröhlich vor mich hin.

Einen echten Reinfall hatte ich nur ein Mal. Da war mir die Nummer einundzwanzig zuwider und ich schlich mich ohne Verabschiedung davon.

Ohne vorheriges Telefonat kam ein Treffen sowieso nicht infrage, da ich mich auch absichern wollte. So konnte ich im Zweifel schon vorher noch mal stoppen, wenn mir das unsympathisch wurde.

Nummer fünfundzwanzig wurde noch mal etwas intensiver. Aber auch da waren die Interessen klar abgesteckt. John war in Berlin an etwas höherer Position, verheiratet und hatte kein Interesse an einer dauerhaften Affäre. Ab und zu mal Spaß, aber keine Verpflichtung, nicht einmal regelmäßiger Kontakt. Wenn er Zeit hatte, fragte er bei mir nach. Ich entschied, ob mir danach war. Dann fuhr ich mit der Bahn nach Berlin. John hatte dort eine kleine Wohnung, kam aber aus Süddeutschland, wo auch seine Familie lebte. Warum er das mit seiner Frau nicht erleben konnte, sagte er nicht und ich fragte auch nicht nach. Das war seine Sache.

Fünf- oder sechsmal bin ich dorthin gefahren. Dann hatte ich keine Lust mehr. Der Sex war gut, aber mehr auch nicht. Er war den Aufwand nicht wert.

Bei über dreißig Dates sollte man meinen, das wäre alles aufregend. Ja, ich fand es klasse, begehrt zu werden und auswählen zu können. Es waren aber auch üble Typen dabei, die ich zum Glück bereits vorher erkannte. Immer noch teilte ich Werner die Telefonnummer meiner Dates mit. Das war keine perfekte Absicherung, aber besser als nichts.

Wahrscheinlich war ich unbewusst doch auf der Suche nach Mr. Right. Die meisten Männer, die ich traf, wollten auch eine längere Beziehung, zumindest sagten sie das. Ich hätte nicht Nein gesagt, wenn einer dabei gewesen wäre, der mir wirklich gefiel. Aber so war es auch gut. Es war immer wieder überraschend.

Da war ein Lyrikprofessor, der wunderschöne E-Mails schrieb, auf dem Foto auch passabel aussah. Beim Date stellte sich jedoch heraus, dass er fürchterlich lispelte. Tut mir leid, auch wenn das oberflächlich war, das ging nicht. Ich konnte weder mit ihm ins Bett noch eine weitere freundschaftliche Beziehung pflegen.

Anders war es dann bei einem Chemieprofessor. Volkhards E-Mail-Account war schon eine chemische Formel, wie oft habe ich mich da vertippt, bis ich sie das erste Mal drin hatte. Er war der zerstreute Professor, wie man ihn sich vorstellt. Er schrieb an einer wissenschaftlichen Arbeit. Das führte dann dazu, dass er Tag und Nacht nicht mehr unterscheiden konnte und ich nachts um zwei Uhr lange Telefonate mit ihm führte, nachdem mich sein Klingeln geweckt hatte. Aber er war nicht nur an Chemie interessiert.

Wir haben gute Diskussionen über Politik und Gesellschaft gehabt. Aber nachdem er mir gestanden hatte, dass er, mitten im Schreibprozess auch mal drei Tage nicht duschen würde, schreckte mich das von einem Date vorerst ab. Trotzdem wollten wir uns kennenlernen und verabredeten uns zu einer gemeinsamen Wanderung im Harz. Dort bin ich immer gern Wandern gegangen und er auch. Es ist eine größere Anfahrt dorthin und ich bin zeitig los. Er hatte es wesentlich näher. Trotzdem ließ er mich fast eine Stunde warten. Immerhin rief er von unterwegs aus an und ich wartete dann doch noch auf ihn.

Es war dann aber so, wie ich vermutete. Als er ausstieg, erkannte ich sofort. Es gab keinerlei erotische Anziehungskraft. Entweder es gab sie oder eben auch nicht. Das hatte ich inzwischen gelernt. Natürlich kann man erotische Anziehungskraft nicht ständig ausleben, man trifft ja durchaus häufiger Menschen, die sie haben. Das kann man unterdrücken. Aber das Gegenteil nicht. Wo keine ist, wird auch nie welche sein. Ehrlich, dafür habe ich genug Dates gehabt, um das zu behaupten – und zu belegen. Volkhard also null.

Aber das machte nichts in dem Moment. Ich hatte mich auf die Wanderung gefreut, er kannte sich dort aus und ich lernte eine neue Strecke im Harz kennen. Auch die Gespräche waren, wie schon unsere Telefonate, gut. Langweile kam nicht auf. Wir sind noch einige Male zusammen im Harz gewandert. Meistens kam er viel zu spät, einmal rief er an, als ich schon am Treffpunkt war, dass er gerade erst aufgestanden wäre, und ein weiteres Mal kam er gar nicht. Das wurde mir zu anstrengend. Ab und zu rief er noch an, immer mitten in der Nacht.

Ein einziges Mal musste ich bei einem ersten Date mein Essen selbst zahlen: Grünkohl und Brägenwurst. Den habe ich nicht wiedersehen wollen. Ein anderer hat versucht, mich für Kunst zu begeistern, das ist aber nicht geglückt. Ich fand Museen meist sehr langweilig. Mit Klaus war ich einmal im Deutschen Haus in Bonn, das war toll. Es gab interessante Treffpunkte, die Bundesgartenschau war interessanter als der

Mann, der sich dort mit mir traf. Herrenhäuser Gärten ...
es war brütend heiß. Drei Akte ›Lohengrin‹ im Opernhaus,
›Mamma mia‹ in Hamburg und ›Troja‹ im Kino.

Bereut habe ich ein Date auf der Eislaufbahn, da habe ich
mich fürchterlich blamiert; ich wusste gar nicht, dass man
Eislaufen verlernen kann. Aber dort gab es besonders leckeren
Glühwein. Einmal war es sogar ein Frühstück bei IKEA, wie
profan, aber wir wollten dicht an der Autobahn bleiben. Zoo
in Leipzig und Weihnachtsmarkt in Lüneburg

So plätscherte mein Liebesleben so vor sich hin. Ich bin viel
herumgekommen bei meinen Dates.

Mal mit Sex, meist ohne. Meist auch ohne ein weiteres Treffen. Manchmal ein zweiter Versuch, bei dem ich dann, wie
erwähnt, lernte, dass Erotik entweder da ist – oder eben nicht.
Sie kommt auch nicht bei Wiederholung eines Dates.

Einmal gab es sogar eine Affäre auf normalem Weg. Ein Mitarbeiter einer Behörde, Herr Schrader, mit dem ich zu Miester
Zeiten zu tun gehabt hatte, meldete sich bei mir. Er hatte in
der Zeitung von meinem Berufswechsel gelesen und lud mich
zum Essen ein. Ich war erstaunt, angenehm erstaunt.

Herr Schrader war mir immer sympathisch gewesen und sah
zudem gut aus. Wir trafen uns in einem angesagten Restaurant in der Kleinstadt. Ich gab mir besonders viel Mühe mit
meinem Outfit. Weißer, schlank geschnittener Rock, dunkel-
blaues Shirt mit Lochstickerei. Zu diesem Date bin ich viel
selbstbewusster gegangen, schließlich hatte ich mich hier nicht
wie sonst im Internet quasi angeboten. Herr Schrader hatte
sehr gute Umgangsformen, die musste er in seiner beruflichen
Position ohnehin haben. Aber Stuhl zurechtrücken und, nach
Rücksprache, das Essen beim Service bestellen, das hatte schon
ein kleines Luxusgefühl zur Folge. Herr Schrader betonte, dass
er schon vor einigen Jahren festgestellt hätte, dass ich eine tolle
Frau sei, er aber Berufliches und Privates streng voneinander

trennte. Er bot mir das Du an – und Clemens brachte mich nach dem Essen zu meiner Wohnung zurück.

Wir begannen eine kleine Affäre und trafen uns einmal in der Woche bei mir. Er hat mich gern mit zärtlichen Worten auf Plattdeutsch angesprochen, oft kam mitten am Tag eine solche SMS von ihm, die mich zum Lachen gebracht hat. Bei dieser SMS habe ich Tränen gelacht, meine Sekretärin ist gekommen, um nachzuschauen, ob mir etwas passiert wäre. Da stand: Vonavend hebbt wi bislapen, zu Deutsch: Heute Abend werden wir Beischlaf haben. Oder er schickte mir ein Lied: *Ich bin immer für dich da von Heinz Rudolf Kunze.*

Er hatte viel Fantasie und Geschick, unsere Beziehung aufregend zu halten. Es waren in meinem Herzen kleine Hüpfer am Tag, die er verursachen konnte. Aber grundsätzlich konnte ich mir nicht vorstellen, mit ihm zu leben. Ich hätte nicht einmal den Grund nennen können. Aber ich fand es schön und ließ es laufen. Nach sieben Monaten gab es ein abruptes Ende, als mich seine Frau anrief und mich bat, ihn in Ruhe zu lassen. Da war ich perplex; er hatte seine Ehe mit keinem Wort erwähnt. Ich hatte allerdings auch nicht gefragt, wahrscheinlich aus Angst vor der Antwort. Eine unverbindliche Affäre scheut das Leben außerhalb dieses engen Rahmens. Seine Frau war, wie ich damals bei Roland, auf die Suche gegangen und hatte Hinweise auf meine Existenz gefunden. Sie erklärte, sie hätten ein behindertes Kind und deshalb könnte sie nicht arbeiten. Es wäre nicht das erste Mal, dass Clemens fremdgehen würde, aber da sie finanziell absolut von ihm abhängig sei, hätte sie es geduldet und weggesehen. Dieses Mal würde sie sich aber Sorgen machen, da es schon so lange dauerte.

Das war starker Tobak, den sie da berichtete. Er hätte, darauf angesprochen, alles abgestritten, er würde mich gar nicht kennen. Als sie ihm Beweise vorlegte, behauptete Clemens sogar, ich hätte ihm die heimlich untergeschoben. Er kenne mich

nur flüchtig vom Job, verstrickte sich weiter in seine Lügen-
geschichte, ich wäre nicht zurechnungsfähig. Es wurde immer
abstruser, als ich von ihm ein förmliches Schreiben per Post
nach Mieste erhielt, in dem er mir eine Unterlassungsklage
androhte, wenn ich weiter behaupten würde, dass ich ein Verhältnis mit ihm hätte.

Ich denke, er hatte genauso viel Angst vor einer Trennung wie
seine Frau. Ich schrieb ihm ein letztes Mal zurück, dass ich ohnehin nicht mit unserer Affäre hausieren gegangen wäre. Aber
wenn er noch irgendwo einmal behaupten würde, ich hätte mir
das nur ausgedacht, würde ich seinen Kollegen mal die SMS
von ihm zeigen, in der er auf Plattdeutsch seinen Beischlaf
für den Abend ankündigte. Mein Fazit aus dieser Geschichte:
Reales Leben und Internet gleichen sich doch!

Das liest sich jetzt wirklich heftig, aber ich wollte hier ja
ehrlich sein. Ich habe irgendwann die Dates nicht mehr mitge-
zählt. Wenige davon waren absolut nichtssagend. die habe ich
vergessen. Die, die mir in Erinnerung geblieben waren, habe
ich geschildert. Es war wie ein neues Hobby, von dem man
anfangs nicht genug bekommen kann, und dann der Punkt
kommt, an dem man mit einem normalen Maß weiter macht.
Und dann wurde es langweilig. Mit kleinen Nuancen war es
immer das Gleiche.

Ich war an einem Punkt angekommen, an dem ich mich
ausgetobt hatte. Ich hatte mehr erlebt, mehr Erfahrungen mit
Männern gehabt, als ich es mir überhaupt jemals habe vor-
stellen können. Ich war satt. Was sollte da noch kommen?
Mir war immer mehr nach Gemütlichkeit zu Hause, gemein-
samen Einkaufen fürs Wochenende. Nicht chic shoppen, son-
dern Butter, Klopapier und die TV-Zeitschrift. Mal mit einem
Mann fernsehen, das hatte ich schon viele Jahre nicht gemacht.
Mindestens Kino war es in den vergangenen Jahren gewesen.
Opern und Musicals. Aber vor dem Fernseher sitzen? Zu zweit?

Dafür waren die Dates nie geeignet. Ich wollte auch nicht mehr essen gehen, sondern zu Hause kochen, kein überkandideltes Menü, wenn ich kochte oder Pizza von ›Doktor Oetker‹, wenn er gekocht hat. Sondern Bratkartoffeln oder, das hatte ich ewig nicht, einen ›Strammen Max‹. ich sehnte mich nach einem spießigen Leben, stellte ich erstaunt fest. Stiefmütterchen im Garten, statt rote Rosen beim Date. Turnschuh anstelle von Pumps. Ich ging auf die fünfzig zu und war bereit, eine feste Beziehung einzugehen.

Ich veränderte also meine Suchkriterien.

Ich will einen Mann für eine Beziehung.

Für …

Sex – das trotzdem

Urlaub – das auch trotzdem

Unterhaltung – das auch trotzdem

Kultur und Freizeit im Allgemeinen. Das auch auf jeden Fall

Zusätzlich:

– für gemeinsames Leben

– zum Altwerden

– als künftigen Großvater meiner Enkel

– für Akzeptanz meiner Schwächen

– Teilung der Hausarbeit

–

Er sollte

… gut aussehen, groß, sportlich und gepflegt – so wie es sich jede Frau wünscht, es aber nur fünf Exemplare weltweit gibt; könnte aber sein, dass es umgekehrt genauso ist …

– Das trotzdem …

… kein armer Schlucker sein

… einen interessanten Beruf haben

… Zeit für mich haben, aber nicht klammern

… keine unabgeschlossenen Altlasten rumtragen.

Unbedingt!

… in erreichbarer Nähe, also maximal hundert Kilometer entfernt, leben. Am besten noch näher dran.

Das Beuteschema war kaum verändert, aber ich hatte meine Einstellung geändert. Schon wieder musste ich überlegen, wie ich das Vorhaben umsetzen würde. Es schien schwieriger.

Als Erstes wechselte ich das Dating-Portal. Ich nahm das Teuerste in der Hoffnung, dass das schon den Unterschied machte.

Die ersten vier Wochen brachten nichts. Ich hatte ein zweites Vier-Wochen-Paket abgeschlossen bei dem Dating Portal mit der Gelehrtenmütze. Das bedeutete an den ersten beiden Abenden viel Arbeit. Ich hatte das schon immer so gelegt, dass ich dann die beiden Abende nichts weiter vorhatte. Es kamen also ungefähr fünfundzwanzig Treffer an. Zwölf Anfragen. Alles war wie immer. Acht davon schienen mir eine genauere Betrachtung wert. Da es dieses Mal ums so viel mehr ging, habe ich meine Tabelle sehr genau geführt. Ein eigenes Punktesystem, nachdem die Matching-Punkte der KI des Anbieters die Vorauswahl für mich getroffen hatten. Mir war klar, dass es keine volle Punktzahl geben würde. Auch ich war kein Lottogewinn für einen Mann. Es war nur die Frage, an welchen Punkten ich bereit war, Kompromisse einzugehen. Ich gebe es zu, es war strategisch gedacht, nicht romantisch. Aber ich kannte Frauen, die seit zwanzig Jahren immer noch auf den Prinzen mit dem Schimmel warteten.

Das kann mal klappen, aber die Chance, sich Hals über Kopf beim Bäcker in der Warteschlange in den Typen vor sich zu verlieben, der dann auch noch gerade in einer vergleichbaren Lebensphase ist und sich genauso unsterblich verliebt, hielt ich für unwahrscheinlicher als einen Sechser im Lotto. Das geht mit siebzehn, da sind alle auf der Suche. Bei einem Fünfzigjährigen steht die Suche nach einer Frau für das weitere Leben nicht auf der Stirn tätowiert.

Wenn ich Zahnschmerzen habe, finde ich Hilfe beim Zahnarzt, wenn ich eine Beziehung suche, dann finde ich sie am ehesten dort, wo sich ebenfalls Beziehungssuchende aufhalten. So einfach ist das.

Ich hatte das große Glück, einige Male auf Wolke Sieben zu schweben. Das finde ich schon ein Privileg. Darauf zu vertrauen, dass das noch mal passiert, hielt ich für vermessen und nicht erfolgversprechend. Also: Abhakliste.

Es waren bei dieser zweiten Runde Dieter, Robert und Thomas. Thomas fiel bei einem Telefonat dann aus, da er eine Frau suchte, die mit ihm auswanderte, da hatte die KI des Anbieters voll versagt.

Also nur noch Dieter und Robert.

Einen der beiden habe ich nach sechs Jahren geheiratet. Nach einem Antrag, der einen kleinen Hauch von Romantik hatte. Immerhin. Und vor allem hatte ich das Gefühl, eine echte Zuneigung zu erleben. Und genug Reife, um abzusehen, dass wir miteinander alt werden können.

Auf dem Weihnachtsmarkt in Meißen bei leichtem Schneefall, der Turmbläser trompetete ›Gloria‹, da flüsterte Robert mir ins Ohr: »Würdest du mich heiraten?« Das war der Gipfel der Romantik, den ich in meinem Leben erwarten durfte.

Einen weiteren Heiratsantrag möchte ich nicht mehr bekommen. Glück und Liebe sind für mich nicht mehr Schmetterlinge, sondern eher ein warmes Gefühl im Bauch. Nicht so flatterhaft, dafür beständiger. Aber es darf trotzdem hin und wieder ein bisschen romantisch werden. Ich hätte nichts dagegen. Robert und ich heirateten mit einer großen Feier und anschließenden Flitterwochen auf Sardinien. Wir fanden ein Haus zwischen Lüneburg und der Elbe, direkt am Waldrand. Modern, so wie Robert es mochte, im Dorf, so wie ich lieber wohnte. ›Und wenn sie nicht gestorben sind …‹

16 Mut-, Mit-, Mies-, Hauptsache Macher …

Woher wusste der Headhunter, dass ich auf der Suche nach neuen Ufern war? Er hatte mein Profil auf Xing, einem Netzwerk für Berufe, gesehen. Die Arbeit beim Verband war langweilig geworden; richtig überzeugt von dem, was ich dort tat, bin ich oft nicht gewesen. Jetzt steckte ich dort fest.

Der Anruf im September kam trotzdem völlig überraschend. Herr Buch wollte mir den Posten eines kaufmännischen Vorstandes in einem börsennotierten Agrarunternehmen anbieten. Davon gab es nicht sehr viele, sodass mir klar war, um welches es sich handelte. Den besten Ruf hatte es nicht. Aber das konnte auch an meiner Sichtweise liegen, die doch mehr aus der Perspektive eines kleinbäuerlichen Familienbetriebes urteilt. Ich wollte endlich weg von der Verbandsarbeit, die mir zu behördenähnlich war. Zu weite Entscheidungsstrukturen und kein betriebswirtschaftliches Denken, das war nicht das, womit ich mich identifizierte. Die Politik hatte ich aus ähnlichen Gründen aufgegeben. Daher konnte es nicht schaden, zunächst einmal ein Vorstellungsgespräch anzunehmen. Ich hatte in den vergangenen Monaten einige davon hinter mir, aber die Betriebe waren im Grunde ähnlich organisiert wie ein Verband und meistens weit entfernt. Daher kam mir dieses Angebot sehr recht. Wenn ich mich veränderte, sollte es grundlegend sein.

Das Unternehmen hatte in Ostdeutschland und international viele landwirtschaftliche Betriebe, einige davon in biologisch-organischer Ausrichtung. Zusätzlich hatte es Biogasanlagen und lebensmittelverarbeitende Produktionsstätten. Das reizte mich. Betriebswirtschaftliches Denken und Handeln vermisste ich, ebenso die praktische Landwirtschaft. Und im Osten Deutschlands fühlte ich mich nach zwanzig Jahren in der Altmark auch heimisch.

Der Vorstellungstermin sollte vier Wochen später in Hamburg sein. Einerseits fand ich den Titel ›Kaufmännischer Vorstand‹ ein wenig abschreckend, dafür fehlte mir die Ausbildung. Andererseits hatte sich der Headhunter bestimmt etwas dabei gedacht, denn ich bekam trotz oder wegen meines Lebenslaufes den Vorstellungstermin.

Das Schicksal nahm damit seinen Lauf.

Pünktlich traf ich an einem nichtssagenden Bürogebäude ein. Eine Fassade inmitten anderer Häuser, aber im Herzen der Stadt an der Alster gelegen. Besonders aufgeregt war ich nicht, denn ich hatte nichts zu verlieren und erwartete auch nicht hier eine Veränderung meines Berufslebens, vermutete dieses Angebot als eine Nummer zu groß für mich. Ich war mehr interessehalber dorthin gefahren.

Ich fuhr mit dem Aufzug in den ersten Stock und betrat eine Anmeldung, die für jedes andere Unternehmen hätte sein können. Einfach ein Tresen, weder alt noch hypermodern. Genau so sahen alle weiteren Räume auch aus. Zweckmäßig, hier und da ein Foto der Firma und eine Grünpflanze. Durchschnittlicher Kaffeeduft. Alles irgendwie durchschnittlich. Das war nicht hübsch, beruhigte mich aber. Ich wurde am Empfang von der durchschnittlich gekleideten Frau genauso durchschnittlich begrüßt und gebeten auf den durchschnittlichen Stühlen zu warten. Dann wurde ich von dem Vorstandsvorsitzenden höchstpersönlich abgeholt, der auf den ersten Blick auch durchschnittlich aussah. Er führte mich in einem durchschnittlichen Konferenzraum, auf deren Tischen durchschnittliche Getränke standen. Die Raumtemperatur war etwas unter Durchschnitt. Aber nur knapp darunter.

Was dann aber geschah, war nie wieder nur durchschnittlich. Der Vorstandsvorsitzende, ich nannte ihn insgeheim Big Boss, war zuvorkommend und visionär. Er entwickelte nach kurzer Zeit Temperament, malte wild auf dem Whiteboard

herum und versuchte mir, meine künftige Aufgabe näherzu-
bringen. Das klang zu meinem Erstaunen alles machbar. Aber
ich wusste einfach nicht, ob ich ihn mochte oder nicht. Er war
schwer einzuschätzen. Während seiner Ausführungen war er
so in Fahrt, dass er sich ständig selbst bemalte – im Gesicht
und an den Händen. Er sah fast wie ein Indianer mit Kriegs-
bemalung aus. Ich bewunderte ihn für sein Engagement und
für seinen Erfolg, nahm aber an, dass er auch sehr ungemüt-
lich werden könnte, sollte etwas nicht nach Plan, seinem Plan,
verlaufen. Dann kam der Ködersatz: »Glücklicherweise sind
wir in der Lage, unseren Führungskräften von Anfang an ein
sehr gutes Gehalt zu zahlen.« Er nannte einen sechsstelligen
Betrag, bei dem keine Eins vorn stand. Dazu käme dann nach
dem ersten Jahr noch der Bonus, der in etwa fünfzig Prozent
des Grundgehaltes ausmachen würde.

Der Haken, wo ist der Haken? fragte ich mich.

Er skizzierte, dass ich an verschiedenen Standorten tätig sein
würde und auch international reisen müsste. Mein Büro wäre
am Hauptstandort in Potsdam.

Ich war ein wenig erschlagen von dieser Ansprache. Ich, Jo
Bromann, die die meiste Zeit ihres Lebens Kühe gemolken
hatte, nun international im Managerbusiness unterwegs? Ich
leide nicht an Selbstüberschätzung, ich genieße sie und bin
diesbezüglich auf jeden Fall immer an die Grenzen gegangen.
Aber das hier? Ich konnte doch nicht einmal Englisch.

Etwas betäubt verabschiedete ich mich. Wie üblich wollte
man sich Anfang der nächsten Woche äußern. Die Firma
würde sich über den Headhunter melden.

Ich konnte das Erlebte nicht einschätzen. Ich hatte schon das
Gefühl, eine gute Figur gemacht zu haben. Dass ich die Stelle
wollte, stand nach der Gehaltsnennung außer Frage, da bin ich
ehrlich und, so wie es aussah, auch käuflich.

Von einer Sekunde, na gut, Stunde zur nächsten gehörte ich

zu den Höchstverdienern, das war unvorstellbar. Gleich wollte ich mir daraufhin etwas gönnen, obwohl noch nichts entschieden war. Ich wünschte mir schon lange ein neues, goldenes Armband. Das habe ich mir dann bei Karstadt ausgesucht; so pragmatisch war ich dann doch. Falls es nichts werden würde mit der hoch dotierten Stelle, würde mich das wenigstens nicht in den Ruin treiben. Für diesen Moment fühlte ich mich reich genug, um einfach einmal unvernünftig etwas zu kaufen, das ich haben wollte. Ich fuhr verwirrt nach Hause und wartet ungeduldig und nervös auf die Rückmeldung.

Der Headhunter, Herr Buch, rief mich am Dienstag an, um mir die Stelle final anzubieten. Ich solle aber zuvor noch einen Tag mit dem Big Boss verbringen, an dem er mir das Unternehmen näherbringen wolle, bevor ich mich endgültig entscheiden würde.

Das fand ich sehr beruhigend, denn ich war mir trotz der inneren Zusage nicht sicher, ob ich in diese Welt passen würde. Ich war hin- und hergerissen.

An einem Freitag Ende November fanden wir einen Termin und ich fuhr in das platte Brandenburg. Dort konnte ich schnell erkennen, dass die Mitarbeiter ganz normale Menschen waren, mit denen ich mithalten konnte. Das Bürogebäude befand sich nun zwar auf dem Land, war aber, wie ich zuvor schon erlebt hatte, ganz zweckmäßig eingerichtet. Weder teuer noch überaltert. Die Produktionsstätten waren so, wie ich sie von meiner Arbeit her bereits kannte, wenn ich im Osten zu tun gehabt hatte.

Alles prima.

Den Big Boss konnte ich nach der Tour immer noch nicht einschätzen. Aber das fand ich bei einer so starken Persönlichkeit normal. Äußerlich fiel er überhaupt nicht ins Auge. Etwas übergewichtig, mittelgroß und gefärbte Haare. Also auf jeden Fall eitel.

Am Montag habe ich dann beim Verband gekündigt. Ich hatte zwei lachende Augen. Ich weinte dem Verband keine Träne nach, auch wenn ich es dort gut gehabt hatte. Meine Kollegen würde ich vermissen und den zentralen Parkplatz in der Stadt. Sonst nichts.

Die Zeit zu gehen war überfällig. Mann, was war ich stolz. Ich war ganz oben angekommen. Sechsstelliges Grundgehalt im Jahr, eine Assistentin und einen Dienstwagen der Superlative. Ich war oben angekommen, ohne dahin gestrebt zu haben.

Ich habe mir dann dort in der Kleinstadt eine schicke Wohnung gesucht, Miethöhe spielte ja keine Rolle. Todschick, und als ich die Kuhfellfliesen im Badezimmer sah, wusste ich, diese Wohnung hatte auf mich gewartet. Frisch renoviert mit vielen Balken und Eichenparkett. Das Beste war eine große Dachterrasse über den Baumkronen mit herrlichem Blick auf den See. Möbel und Küche suchte ich aus und feierte Weihnachten zu Hause wie immer. Ich war gespannt, was mich im neuen Jahr und neuen Job erwarten würde.

Was dann geschah, übertraf die kühnsten Vorstellungen. Es war, als wäre ich mitten in einer Theateraufführung gelandet. Meine Rolle war mir nicht klar und ich beschloss, erst einmal in der ersten Reihe Platz zu nehmen. So konnte ich am besten zusehen.

Natürlich musste ich eingearbeitet werden. Aber es wusste keiner, welche Aufgabe ich eigentlich haben sollte. Ich leider auch nicht. Der Big Boss war kaum vor Ort, ihn konnte man nicht fragen. Klar, der Titel sollte ›kaufmännischer Vorstand‹ sein. Aber ich stellte fest, dass die Gesellschaft, bei der ich diese Position bekleiden sollte, noch gar nicht gegründet war. Das Schild an meiner Bürotür und auf meinen Visitenkarten wies mich etwas nebulös als ›Geschäftsleitung‹ aus. Mir ist immer wichtig gewesen, Geschlechtsbezeichnungen im Job zu umgehen. Es handelt sich um einen Beruf oder eine Position, nicht um ein Geschlecht. Ich finde, da bin ich einfach schon einen Schritt weiter in der Emanzipation und in der Genderei, weil ich es für selbstverständlich halte, dass jeder Mensch jeden Beruf ausüben kann. Es zählt nur fachliche Qualifikation.

Geschäftsleitung fand ich daher gut. Das konnte alles und nichts sein. Für den Anfang gerade richtig. Nun gut, so wurde erst mal mein Büro eingerichtet, Handy, Laptop und Auto. Da konnte ich wählen zwischen einem BMW, einem VW und einem Mercedes, selbstverständlich die größten Ausführungen als SUV. Ich, die große Autos immer verpönt hatte und als Balzgehabe betitelte! Ich habe mich für den VW Touareg entschieden, einfach weil mir das Cockpit von meinem VW-Golf her geläufig war. Die Ausführung kam mit allen Schikanen, die man sich denken kann. Dekadent mit Lenkradheizung, Ledersitzen und Standheizung. Die habe ich gern benutzt, aber es war mir immer peinlich. Auch auf dem Edeka-Parkplatz zu Hause fühlte ich mich deplatziert. Da guckten alle, bestimmt dachten sie, dass ich mit dem Auto meines Gatten angeben würde. Ich hätte am liebsten ›Ich hatte keine Wahl, aber er ist immerhin selbst erarbeitet‹ darauf geschrieben.

Es war die Zeit, alles kennenzulernen. Es wusste immer noch keiner, wozu ich eigentlich in der Firma zuständig sein sollte. Also bin ich in die Betriebe vor Ort gefahren. Als Erstes in die Zentrale nach Hamburg und dort zu einem Geschäftspartner. Leider hatte der eine Tiefgarage. Schon das Fahren in der Großstadt war beinahe zu viel für mich. Dauernd piepte dieses Auto irgendwelche Warnungen. Später habe ich mich leider an diese Karre gewöhnt, es war ein tolles Fahren, aber immer mit schlechtem Gewissen.

Am nächsten Tag bin ich auf den Hof in die Börde gefahren und bin mit vollem Anlauf ins Fettnäpfchen getreten. Die Kollegen hatten mich auflaufen lassen. Keiner hatte mich vorgewarnt, dass die Ex-Lebensgefährtin des Big Bosses jetzt dort mit dem sehr jungen Betriebsleiter lebte. Da ich sie nicht kannte, hatte ich sie für die Sekretärin gehalten. Es wunderte mich zwar, jemanden in Hausschuhen am Schreibtisch sitzen zu sehen, aber warum eigentlich nicht?

Dann bin ich mit Herrn Bätge, dem Betriebsleiter, auf die Felder gefahren, um zu sehen, wie der Weizen durch den Winter gekommen war. Da stand ich dann mitten auf dem Acker, als mein Handy klingelte. Der Big Boss war am anderen Ende: »Frau Bromann, es tut mir leid, aber Sie müssen mir einen Gefallen tun. Meine ehemalige Lebensgefährtin tobt vor Eifersucht, bitte verschwinden Sie unter einem Vorwand!«

Ups.

Als der junge Betriebsleiter ein paar Schritte weg war, habe ich Robert kurz angerufen und ihn gebeten, mich anzurufen und sich nicht zu wundern über das, was dann passieren würde.

Mein Handy klingelte also abermals. Ich meldete mich und tat so, als hörte ich zu: »Aha, ins Krankenhaus? Ja, ich habe die Betreuungsvollmacht, ich komme so schnell ich kann.«

»Es tut mir leid, Herr Bätge, ich muss mich um meinen Schwiegervater kümmern, er ist ins Krankenhaus gekommen.«

Dann bin ich in meinen Angeberschlitten gesprungen, aus dem Dorf gefahren, habe im nächsten Feldweg angehalten und habe zehn Minuten gelacht, Robert angerufen und alles erklärt. Die Frau glaubte doch tatsächlich, ich würde den jungen Mann auf dem Acker vernaschen. Tja, man sollte nicht von sich auf andere schließen.

Nun hatte ich den Rest des Tages frei und konnte nach Mieste zum Mittagessen fahren.

Die nächsten Betriebe besuchte ich mit Herrn Kunzensberg. Er war auch Vorstandsmitglied, mir zu diesem Zeitpunkt noch sympathisch; er wusste aber auch nicht, welche Aufgabe ich im Unternehmen hatte. Er hatte immerhin die Anweisung, mir den Betrieb zu zeigen und zu erklären. Das war zunächst sinnvoll, denn er war der Einzige aus der Führungsebene, der schon etliche Jahre beim Unternehmen war. Das Organigramm an der Wand in meinem Büro war ein dreiviertel Jahr alt und die meisten Führungskräfte schon nicht mehr an Bord.

Immerhin erklärte er mir gleich, dass er die wichtigste Position im Betrieb bekleiden würde, nach dem Big Boss. Außerdem wären seine Frau als Personalchefin und sein Sohn als Leiter der Technikabteilung ebenfalls in der Firma. Den Sohn hatte ich schon kennengelernt und mich gewundert, wie man mit einundzwanzig Jahren eine solch hohe Position erhalten konnte. Aber ich dachte, Big Boss geht in der Personalpolitik andere, sehr innovative Wege und schaut nicht streng auf die berufliche Karriere bei seinen Einstellungen. Immerhin hatte er mich ja auch eingestellt. Später schwante mir, dass es eher System war, an Schlüsselpositionen eher nicht so sehr geeignete Personen zu setzen. Das war für mich nicht sehr schmeichelhaft. Aber sein möglicher Gedanke war vielleicht, dass er mit einem Blondchen seine Geschäftspraktik leichter würde durchziehen können. Gut, ich habe ihn durchschaut, spät, aber ich habe es.

Vieles hat Herr Kunzensberg mir dann trotzdem nicht erklären können, trotz seiner Position als rechte Hand des Chefs. Erst dachte ich an Geheimhaltung, später stellte ich fest, dass er es selbst nicht wusste. Aber auf den Fahrten konnte ich mir einen Reim auf vieles machen. Leider schien der Ruf der Firma, nicht mehr zahlungsfähig zu sein, den Tatsachen zu entsprechen. Ich bekam einen haarsträubenden Anruf einer Mitarbeiterin mit, in dem sie Herrn Kunzensberg anflehte, ihr zu sagen, wo sie noch Diesel bestellen könne. Die bisherigen Lieferanten würden sich weigern. Und die Arbeit auf den Feldern würde stillstehen, es könne keine Gülle mehr gefahren werden. Das erschreckte mich nicht nur in der offensichtlichen Weise. Kein Diesel ist natürlich dramatisch, aber Gülle fahren im Januar ist streng verboten, auch in Brandenburg. Herr Kunzensberg war empört, dass die Firmen nicht liefern wollten, es sei vereinbart gewesen, doch immerhin fünftausend Liter je Woche zu liefern. Das wäre in meinen Augen zwar eine vergleichsweise kleine Menge, aber ich schwieg und hörte weiter zu. Es kam ein Anruf aus Litauen, die Buchhalterin fragte, wovon sie die Löhne bezahlen solle. So ging es den ganzen Tag weiter. Zwischendurch versuchte Herr Kunzensberg, mir die Lage zu erklären. Der momentane Engpass läge an den noch nicht eingetroffenen Subventionen aus Brüssel. Gut, das konnte ich in etwa nachvollziehen, denn das ist ein äußerst großer Posten, der immer Ende Dezember in den Betrieben ankommt. Wenn der ausbleibt, wäre das für alle Kollegen in der Landwirtschaft eine schwierige Situation.

Mein zaghafter Vorschlag, dann doch mit der Hausbank zu reden, um einen Überbrückungskredit zu bekommen, wurde nicht verstanden. Kein Diesel, keine zeitgerechten Arbeiten und schon ist der höchste Ertrag weg. So habe ich es gelernt.

Später habe ich dann erfahren, dass es im Grunde keine willige Hausbank mehr gab; das Geld wurde auf merkwürdigen Wegen beschafft. ›Sale and lease back‹ hieß das Zauberwort. Kreditlinien bei den Handelspartnern wurden zu einer wichtigen Kennzahl. Das waren Kennzahlen, die ich zuvor in meinem Leben noch nie habe beachten müssen.

Eigentlich wollte ich an diesem Abend meine Küche fertig streichen. Stattdessen habe ich einen eigenen Liquiditätsplan gemacht, um zu sehen, wie lange dieses merkwürdige Konstrukt halten müsste, damit ich wenigstens meine Kosten wieder hätte. So ich denn angesichts dieser prekären finanziellen Situation überhaupt ein Gehalt bekommen würde. Es war richtiggehend gespenstisch.

Nach meinen Besuchen der landwirtschaftlichen Betriebe wusste immer noch keiner, welche Position und Aufgabe ich hätte. Ich organisierte meine Tage selbst und habe mich den Biogasanlagen zugewandt und die auch besucht.

Das hätte ich wohl besser gelassen. Denn die Aussagen und die Hilflosigkeit von deren Betriebsleiter waren noch akuter. Es war Anfang Januar und zu erkennen, dass die vorhandenen Silagen, also das Futter für die Biogasanlagen, höchstens bis Ende März reichen würden. Neue Ernte war erst ab Sommer zu erwarten. Die Silagen für die Biogasanlagen waren aber leider auch nicht dort, wo sie gerade benötigt wurde. Bei einer Biogasanlage wäre genug vor Ort gewesen, da aber bei einer anderen bereits der akute Leerlauf drohte, wurde sie dorthin gefahren. Über Hunderte Kilometer war die Tour mit einem Lkw bei sehr knappen Dieselvorräten. Für alle Anlagen hätte der Bestand auf keinen Fall gereicht; es wurden immer nur die nächsten drei Tage geplant. Im Grunde wäre eine vernünftige Entscheidung gewesen, gut laufende Anlagen zu versorgen und diejenigen, die ohnehin wenig Gasausbeute hatten, vorzeitig zu schließen. Es war aber keiner in der Position, diese Entscheidung zu treffen. ›The show must go on‹ war der Tenor aus der obersten Chefetage.

Am 23. Februar erreichte mich ein Hilferuf aus den Biogasanlagen. Das passierte häufig, da alle ratlos waren, wurde der Anruf weiter verbunden, in der Hoffnung, jemanden zu finden, der noch Ideen hätte. Der geplante Zukauf von Substrat hatte nicht funktioniert. Das wunderte mich nicht im Geringsten, denn zum einen war der Markt überall aufgrund der schlechten Ernte im letzten Jahr hochgradig unterversorgt, zum anderen wurde von Geschäftspartnern der Firma immer häufiger Vorkasse verlangt. Von zwölf Biogasanlagen wären nur zwei vor Ort bis zum Beginn der neuen Ernte versorgt. Vier hätten ab Mitte keine Versorgung mehr, sechs weitere Biogasanlagen wurden bis Ende Mai leerlaufen. Nur war ich nicht in der Position, hier Entscheidungen zu treffen.

Ich kam aus dem innerlichen Kopfschütteln nicht mehr heraus. Wenn ich an diese Zeit denke, sehe ich mich abends kopfschüttelnd die Treppe zu meiner schicken Dachwohnung hinaufgehen. Ich glaubte nicht, was ich erlebt hatte.

Schlimm war, dass ich mit keinem darüber reden durfte.

Hier musste Abhilfe geschaffen werden, sonst würde ich platzen. So suchte ich mir einen eigenen Coach. Geld spielte keine Rolle. Einen echten Profi, so dachte ich mir. Den habe ich auch zweimal aufgesucht. Das hat auch Spaß gemacht, aber er konnte mir nicht helfen, das nehme ich ihm jedoch nicht übel. In dem verrückten Laden konnte das keiner.

Einer meiner Besuche führte mich in ein großes Gemüselager. Dort lagerte echtes Gemüse. Leider minderer Qualität, es hatte augenscheinlich bereits im letzten Jahr nicht immer alle nötigen Betriebsmittel zur Verfügung gestanden. Es kamen dann etliche Reklamationen von den Verarbeitern an. Heinz Weiser, der dortige Leiter, hatte keinen leichten Job. Er war mir sehr sympathisch und sollte sich als mein Lieblingskollege herausstellen. Anfang Februar trafen wir uns in Berlin zur Messe ›fruit logistika‹.

Heinz Weiser sollte mich auf der Messe den wichtigsten Geschäftspartnern vorstellen. Ich konnte es schon wieder nicht glauben, was ich dort erlebte. Fast alle waren verschnupft, weil die Firma Zusagen oder Zahlungen nicht eingehalten hätte. Es war hochgradig peinlich. Nachdem ich mich bei den ersten Geschäftspartnern ganz stolz als Mitglied der Geschäftsleitung vorgestellt hatte, ging ich dazu über, mich als die Assistentin von Herrn Weiser zu verhalten und war froh, nicht angesprochen zu werden. Zwischen zwei Messehallen konnte ich es nicht mehr aushalten:

»Sagen Sie mal, Herr Weiser, nach welchem Geschäftskodex wird hier gehandelt? Wer trifft eigentlich die betriebswirtschaftlichen Entscheidungen? Die fachlichen? Das hier widerspricht allem, was ich gelernt habe!«

Wir standen über eine Stunde zwischen Halle 4 und 5. Und es war der Beginn einer langen Freundschaft. Die Zeit dort in der Firma haben wir eng zusammengehalten und uneingeschränktes Vertrauen zueinander gehabt.

Kurz darauf wurde mir mitgeteilt, dass das Coachingunternehmen ›TR & RI Consulting ‹ – ich nannte sie die ›Tempelritter‹, sie kamen etwas frömmlich herüber – wieder einige Tage im Hause sei und ich Coaching in Anspruch nehmen könne, wenn und wie ich es möchte. Das fand ich sehr fortschrittlich. Coaching für die Führungskräfte. Da könnte ich bestimmt etwas lernen und sicherer werden.

Eine Aufgabe der Coaches war es, gemeinsam mit uns eine Vision für die nächsten zehn Jahre entwickeln. Ein Klassiker im Coaching. Das erwies sich als äußerst schwierig, wenn man mit dem Rücken zur Wand steht und sich sorgt, dass es keine zehn Tage mehr gut gehen könnte. Als Ziel zu formulieren, nicht pleite zu gehen, wäre bestimmt nicht durchgegangen.

Wir trafen uns in den Spartengruppen ›Agrar‹, ›Biogas‹ und ›Nahrungsmittel‹ im hauseigenen Bildungsschloss nahe der Autobahn 24. Richtig chic, sehr teuer eingerichtet mit hochmoderner Technik für Veranstaltungen. Das tolle Ambiente konnte nicht darüber hinwegtäuschen, dass es dort in der Pampa nicht ausgelastet war. Für die Show war dem Big Boss aber nichts zu teuer.

Meine Erwartung war hoch, vielleicht würde ich nun erfahren, was ich bisher übersehen hatte. Es konnte doch nicht sein, was ich erlebte. Der Fehler musste bei mir liegen.

Wir bekamen eine Einleitung mit einem Brainstorming von einem der Tempelritter. Dann verließ er uns. Wir schauten uns nur ratlos an. Wir sollten selbstständig den ersten Entwurf des Zielfotos machen. Keiner sagte etwas. Da ich bin, wie ich bin und außerdem der Hierarchie nach den höchsten Rang in der Gruppe bekleidete – mich aber nicht so fühlte –, ergriff ich doch das Wort: »Liebe Kollegen, ich weiß, dass wir gerade mental nicht in der Lage für diese Spielchen sind, da uns die Sorge der Gegenwart treibt. Ich habe in der letzten Stunde mehrere Hilferufe von verschiedenen Betriebsleitern erhalten und ich denke, Ihnen geht es ähnlich.«

Das war ziemlich mutig, ich wusste nicht, welcher Spion in der Runde saß. Da Kunzensberg nicht dabei war, habe ich es einfach riskiert. Es brach aus fast jedem heraus. Es tat allen gut, zu reden. Ich fühlte mich an ›Des Kaisers neue Kleider‹ erinnert. Offiziell bewunderten alle des Kaisers neue Kleider, sprich: unseren tollen Betrieb und so weiter, bis das Kind, in dem Fall ich, sagte: »Aber der Kaiser hat doch nichts an!« Wir redeten eine Stunde lang und fanden aber auch keine Lösung. Ab und zu schaute der Tempelritter herein, dem wir mitteilten, dass wir gut vorankämen.

Zehn Minuten vor der gesetzten Deadline, nahm ich den Zügel wieder etwas straffer an mich und leitete die Visualisierung ein, indem ich einen Baum an die Flipchart zeichnete. Ein Baum ist immer gut. Wir ordneten Begriffe wie Wurzeln = Vertrauen, Früchte=Ergebnisse, Erde=Basis und so weiter zu. Das ging schnell und passte auf alles. Hatte ich x-mal in Trainings gemacht. Damit war ich dazu auserkoren, unser ›Zielbild‹ im Plenum den anderen Sparten vorzutragen.

Ich war in einer so komischen Laune, dass ich eine Präsentation hinlegte, die nach allen Regeln vorbildlich war. Ich bekam vom Big Boss aus der hintersten Reihe eine SMS: Klasse gemacht, Frau Bromann!!!!!, bitte übernehmen Sie die weitere Verfolgung dieses Themas!

Ich bekam meine erste wirkliche Aufgabe; ich sollte das Team ›Agrar‹ zu einem Zielfoto lotsen. Ich lud alle in der Folgewoche in die Cafeteria ein, buk eine Schwarzwälder Kirschtorte, kaufte Würstchen und Rotkäppchensekt. Wir hatten jede Menge Galgenhumor. Mehr aber auch nicht.

Sorgen machte ich mir keine. Ich konnte das Erarbeiten des Zielfotos noch länger hinauszögern, bis ich liefern musste. Bis dahin wären sowieso alle Messen gesungen, dachte ich. Außerdem durfte ich ein professionelles Marketingunternehmen in Hamburg mit zu Hilfe nehmen. Das war lustig, da wir versuchten, einer unlösbaren Aufgabe als Profi zu begegnen. Nach etlichen Telefonaten und Mails beschloss ich hinzufahren. Ich hatte Zeit und eine, wenn auch abstruse, Aufgabe.

Die Jungs in dem Marketingunternehmen, frisch vom Studium, hatten sich gerade selbstständig gemacht. Sie waren hilflos, wie sie unsere zusammengetragenen Aspekte visualisieren sollten. Zumal sie aufgrund ausbleibender Zahlungen für ihre bisherigen Aufträge auch nicht besonders visionär waren. Ich beruhigte sie, indem ich ihnen versicherte, ich wüsste sehr wohl, dass das nicht ginge, sie sollten einfach mal ein schönes Bild mit Landwirtschaft und Nahrungsmitteln machen.

Die Tempelritter-Coaches sollten nicht nur den Teamgeist stärken, sondern uns auch ein Individualcoaching anbieten. Das fand ich klasse und habe mich zu einer Einzelstunde angemeldet. Mir wurde Kai-Uwe als mein persönlicher Coach zugeteilt. Er hatte etwas Pastorenhaftes an sich. Zu meinem größten Erstaunen wurde ich von Kai-Uwe als Hoffnungsträger gesehen. Ich sollte doch die verkrusteten und verängstigten Strukturen etwas aufweichen. Außerdem legte er mir nahe, dass ich dazu auserkoren sei, das Gespräch mit dem Big Boss zu führen, wenn der wieder einmal jeden Realitätsbezug verloren hätte. Wow. Ich gebe zu, zuerst fühlte ich mich in meiner Eitelkeit gekitzelt, dann trat die Verunsicherung ein.

Was Realitätsverlust und verängstigte Mitarbeiter betraf, das lernte ich denn auch schnell kennen. Es traute sich keiner, offen zu reden. Einige Kollegen vermuteten, dass die Coaches fürs Ausspionieren der Mitarbeiter eingesetzt waren, um eine mögliche Rebellion rechtzeitig zu erkennen. Das konnte ich mir nicht vorstellen, aber es lag im Bereich des Möglichen. Auf jeden Fall erlebte ich die Tempelritter auch als hilflos und hatte das Gefühl, ich sollte eher ihre Interessen durchsetzen. Zum Beispiel in der Begleichung ihrer offenen Forderungen.

Das Betriebsklima wurde von Misstrauen jedem neuen Kollegen gegenüber geprägt. Jeder neue Kollege wurde argwöhnisch betrachtet. Wurde er oder sie für vertrauenswürdig befunden, konnte Klartext geredet werden.

Es gelang mir, das Vertrauen vieler Kollegen aus unterschiedlichen Abteilungen zu erlangen. So bekam ich haarsträubende Dinge mit und wurde vor allem gewarnt, dass diejenigen fliegen würden, die die Wahrheit aussprechen oder sich irrsinnigen Anordnungen widersetzen würden.

Eine irrsinnige Anordnung war zum Beispiel, immer mehr Soja anzubauen. Da gab es seit Jahren nur Verluste, da Soja klimatisch für die Region nicht geeignet war. Aber für das Image und die Show konnte nicht darauf verzichtet werden, Soja im Portfolio zu haben. Die Betriebsleiter versuchten es also jedes Jahr wieder in der bösen Gewissheit des Misslingens. Das hatte alle frustriert. Da sie aber alle sehr gut bezahlt wurden, hielten sie den Mund und sich an die Anweisungen. Oder gingen von allein, wenn sie den Zwiespalt nicht mehr aushielten.

Realitätsverlust erlebte ich des Öfteren hautnah. Zu anstehenden Themen wurden wir als Führungskräfte ins Büro von Big Boss zitiert. Dort hörten wir zunächst einen Vortrag von ihm, wie großartig alles wäre. Dann leitete er vorsichtig zum Kern über. Zum Beispiel müssten wir unbedingt zeitnah dafür sorgen, dass genügend Saat auf den Betrieben wäre.

Wir trauten nicht, uns anzuschauen. Wir wussten, dass die Saatgutfirmen uns nichts mehr liefern wollten, da wir bei denen hoch in der Kreide standen. Irgendeiner, meist ein Neuer, erdreistete sich zu fragen, bei wem wir denn noch kaufen könnten. Dann brach ein Sturm über uns herein, der an die Szene im Film ›Der Untergang‹ im Bunker erinnerte.

Ein Kollege brachte eines Tages den Begriff ›Führungsbunkersitzungen‹ ins Spiel. Der Big Boss lief rot an, schrie und schäumte. Wir sollten endlich mal aus unserer Komfortzone heraus und das tun, wofür wir »fürstlich, meine Herren, fürstlich« bezahlt würden.

Dann sind wir ratlos zurück in unsere Büros. Nach kurzer Verschnaufpause ordnete dann Herr Kunzensberg an, bei verschiedenen Firmen einzukaufen. Bei ihm war der Realitätsverlust bereits übergesprungen und sehr weit fortgeschritten, wobei ich den Verdacht hatte, er wäre nie in seinem Leben in der Realität angekommen.

So besprachen wir uns heimlich, was denn noch gehen könne. Der ein oder andere hatte einen sehr guten Draht zu einzelnen Firmen und hat noch eine kleine Menge bekommen können. Im Endeffekt war es alles viel zu wenig. Es wurden einige Äcker gar nicht eingesät, auf anderen die Menge stark gestreckt. In irgendwelchen Lagern wurden noch Restbestände aus den Vorjahren gefunden. Es war ein Provisorium ohnegleichen.

Ich war so froh, dass ich keine eigene Aufgabe im Prozess hatte, wenn man von der Erstellung des Zielfotos absieht. So sah ich immer nur zu, was zwar feige, aber hochinteressant war. Wann immer es sich erklären ließ, bin ich zu meinem Lieblingskollegen Heinz gefahren, um Kaffee zu trinken und gemeinsam zu rätseln, wie lange es denn noch gutgehen und was als Nächstes passieren würde.

An Motivierungsversuchen mangelte es nicht. Zuckerbrot und Peitsche waren in meinem Leben noch nie so präsent wie in der Firma.

Nachdem wir zusammengebrüllt worden sind, bekamen wir am nächsten Tage eine Mail vom Big Boss, die lyrikähnlich

war und uns zum Zusammenhalten und Durchhalten auffor-
derte. Das klang dann so:

*Liebe Landwirte, bei einem so sonnigen Frühjahrstag noch
einige Wahrnehmungen der letzten Tage: Momentan gedeiht
die Natur prächtig und in großen Schritten. Es gibt auf den
Betrieben reichlich zu tun. Meine Wahrnehmung ist,*

*dass wir teilweise aus den Gewohnheiten der hohen Markt-
preisphasen dazu neigen, aus Gold Euro zu machen. Fast um
jeden Preis.*

*Darum geht es jedoch NICHT. Es geht ausschließlich darum,
auf unseren Feldern, mit Fleiß, gutem Management und sparsamen Kosteneinsatz eine vernünftige Ernte zu erzeugen. Es gilt
auf der Kostenseite: ›Weniger ist mehr‹.*

*Bitte lasst und das beherzigen. Es gilt über jede Maschine
nachzudenken, ob sie wirklich benötigt wird, so wie jede Be-
stellung auf die augenblickliche Notwendigkeit zu durchdenken
und zu beschränken. Reifen z.B. gibt es im Verbund immense
Bestände. Bei vielen Themen können wir den Bedarf intern
abdecken.*

*In jedem Unternehmen gibt
Es Menschen mit den 3M's …*
– Mutmacher
– Mitmacher
– Miesmacher
*Nicht jeder von uns hat
Jeden Tag die Kraft nur
MUTMACHER zu sein.*
Das ist menschlich und sehr okay.
*Allerdings: Aktiver Mitmacher müssen wir
Jeden Tag sein!*
Und:
Miesmacher brauchen wir nicht.
Lasst uns, wie echte

MÄNNER im TEAM, unseren Beruf lieben und – wenn auch teilweise mit Improvisation die Frühjahrsarbeiten‹ gut meistern.
Umso mehr werden wir
Bei der Ernte stolz sein.
Es sind ausreichend Betriebsmittel, Diesel etc. verfügbar. Bitte lasst uns diese effizient einsetzen.
Die Verkaufspreise für Biogetreide steigen auf Grund der starken Nachfrage bereits stark an.
Der Bioverbrauch steigt und steigt.
Wir sind hier einer der bedeutenden Marktteilnehmer und werden noch weiter wachsen in diesem Segment.
Wir sind auf dem richtigen Weg
Lasst uns agil, klug und besonnen und mit Fleiß agieren
Danke
Gutes Gelingen

Ich hatte noch immer keine richtige Aufgabe. Das war auch nicht so schlimm, denn mir war klar, dass dieses Schauspiel nur noch von kurzer Dauer sein würde. Im Grunde war ich sehr froh darüber, keine Verantwortung übernehmen zu müssen, rechnete ich doch täglich mit der Insolvenz und war erstaunt, dass sich das noch so lange hinzog. Ich rechnete weiterhin täglich mit einer Kündigung in der Probezeit, da ich nicht wirklich arbeitete. Auf jeden Fall gab ich der ganzen Angelegenheit kein halbes Jahr mehr. Eigentlich nur noch wenige Wochen.

Jeden Sonntag verabschiedete ich mich von Robert, den ich inzwischen eingeweiht hatte, weil er nicht so teuer wie mein privater Coach war.

»Ich fahre dann mal, mal sehen, ob es diese Woche noch hält, oder ob ich vorzeitig zurück bin!«

Wir besprachen auch die Möglichkeit, dass mich ein möglicher Insolvenzverwalter als quasi ›Unbelastete‹ übernehmen könnte, da ich nicht in die Geschäfte aktiv verstrickt war, aber doch immerhin Grundkenntnisse von dem Konstrukt und vom Fach hatte.

Jetzt ging ich dazu über, die lebensmittelverarbeitenden Betriebe aufzusuchen. Überall wurde ich herzlich empfangen, überall erst große Show und unter vier Augen die Klagen. Interessant wurde es, als ich ankündigte, mir einen Tiefkühlbetrieb nahe der polnischen Grenze anzuschauen. Als ich mich dort anmeldete, kam Herr Kunzensberg auf mich zu und meinte, er würde mich gern begleiten, er wäre noch nie dort gewesen. Ich war etwas erstaunt, da ich in dem umfangreichen Organigramm gesehen hatte, dass Kunzensberg selbst dort der Vorstand war. Dieses Phänomen tauchte des Öfteren auf. Es waren so viel Gesellschaften und Untergesellschaften; vielen war die Übersicht über ihre Posten verloren gegangen.

Mir taten die Betriebsleiter nur leid, sie waren Fachleute und konnten nicht so handeln, wie es nötig gewesen wäre. In mir sahen sie eine neue Hoffnung, da ich ihnen zuhörte. Sie erklärten mir die Situation und bettelten förmlich. Ich war gezwungen zu erklären, dass ich zum einen durchaus vom Fach wäre und die Notwendigkeit von Saatgut und Diesel kannte, zum anderen trotz dickstem Dienstwagen überhaupt keine Möglichkeit sah, ihnen zu helfen. Das war deprimierend. Ansonsten fand ich es spannend und teilweise auch amüsant

Ich saß bei dem Theaterstück beziehungsweise Krimi in der ersten Reihe und musste nur aufpassen, nicht auf die Bühne gezogen zu werden. Denn inzwischen wollte ich gar keine Aufgabe, egal, was es gewesen wäre, sie wäre unmöglich gewesen. So begnügte ich mich mit weiteren Betriebsbesuchen. Ich führte Trainings mit den Vorstandsassistenten durch zum Thema Zeitmanagement, Büroorganisation und Projektmanagement. Oft redeten sich die Teilnehmer auch nur ihren Frust von der Seele. Somit hatte meine Anwesenheit zumindest einen Sinn. Sie hatten zum Beispiel Anrufe auszuhalten, in denen sie Kunden wegen ausbleibender Zahlung hinhalten mussten.

Nach einigen Wochen wurde klar, wofür ich gebraucht oder vielleicht auch missbraucht werden sollte. Es war seitens der Geschäftsführung geplant, endlich die neue AG zu gründen, für die ich eingestellt war. Bei der sollten mein Kollege Markus Thieme und ich als Vorstand fungieren. Ämter und Positionen wurden in der Firma verteilt wie anderswo Wahlkampfflyer. Entscheidungsgewalt hatte man an diesen Stellen nicht, wohl aber die personelle Haftung, was vielen nicht klar war. Sie schmückten sich gern mit diesem Titel, fuhren dicke Autos und waren wichtig. Möglicherweise sollte diese neue AG auch nur für ein neues Finanzkonstrukt herhalten. Mittlerweile hatte ich so ziemlich alles vermutet. Dafür wollte ich mich auf keinen Fall zur Verfügung stellen. Hinhalten war also meine neue Devise. Ich hoffte immer noch gekündigt zu werden, denn selbst zu kündigen war auch nicht mein Ziel.

Zum Glück oder Unglück war mein Kollege Markus Thieme plötzlich in Ungnade gefallen. Er sollte entsorgt werden.

Das war zunächst etwas schwierig, weil der sehr eng und gut mit Herrn Kunzensberg zusammengearbeitet hatte. Herr Kunzensberg war grenzenlos naiv, das hatte ich seit einiger Zeit erkannt. Ein Erfüllungsgehilfe ohne selbstständiges Denken. Als Ausgleich hatte er eine andere Eigenschaft in größerem Umfang: Arroganz. Es war ein komplizierter Umgang mit ihm, ich ließ mir von ihm nichts gefallen, musste aber aufpassen, ihn nicht zu stark zu provozieren.

Einen Bürokollegen so einfach ›zu entsorgen‹ musste sensibel vorbereitet werden. Da hätte selbst Kunzensberg einmal nach-gefragt, was das denn solle. In der Praxis ging das dann so:

Der Big Boss kam zu mir ins Büro, Herr Kunzensberg wurde dazu gebeten.

»Liebe Frau Bromann, lieber Björn, wie müssen eine ernste Angelegenheit miteinander besprechen. Es geht um Ihren Kollegen Herrn Thieme. Die Angelegenheit ist ziemlich delikat und ich setzte da auf Ihre Diskretion. Leider sind Herrn Thieme in der letzten Zeit mehrfach große Fehler unterlaufen. Fehler in einer Größenordnung, die auf Dauer zu einer Gefahr für unser Unternehmen werden können. Ein Gespräch mit ihm wird derzeit nicht helfen. Es sind große gesundheitliche Probleme, die ihm zu schaffen machen. Auch die Sache mit seiner Frau lenkt ihn stark ab. Ich vermute sogar, aber das weiß ich nicht mit Bestimmtheit, dass Alkohol im Spiel ist.«

Er machte eine Pause und sah uns nacheinander eindringlich an. »Wir wollen das Beste für ihn, aber wir müssen auch aufpassen, dass er der Firma nicht noch weiter schadet. Bitte achten Sie auf ihn; ich weiß, ich kann mich auf Sie beide verlassen.«

Damit war der Sturz eingeleitet. Obwohl ich weder Alkohol noch Gesundheitsprobleme oder Ärger mit seiner Frau mitbekommen hatte. Diese Gründe waren eindeutig vorgeschoben.

Zwei Wochen später hatte ich es bis in den April geschafft, da durch die Aktion ›Der Thieme muss weg‹ mich zunächst keiner mehr zum Notar drängte, den Vorstandsposten anzunehmen und zu beurkunden. Der zweite Mann würde fehlen.

Der Besuch der litauischen Betriebe stand an. Die sollte ich mit Herrn Kunzensberg aufsuchen. Kaum war ich im Flieger angeschnallt, erklärte mir Kunzensberg, dass sie in der Geschäftsführung, übersetzt: der Big Boss, beschlossen hätten, sich von Herrn Thieme zu trennen. Ich solle mich nicht wundern, wenn er bei unserer Rückkehr nach vier Tagen nicht mehr da wäre. Er platzte beinahe vor Stolz, vom Big Boss so ins Vertrauen gezogen worden zu sein und bot mir an, das Büro mit ihm zu teilen, also den Schreibtisch von Thieme zu übernehmen.

Das war so widerlich! Mir hatte Thieme nichts getan, er hatte nach meiner Vermutung nur zu viel Einblick in gewisse Dinge und konnte gefährlich werden. Aufgrund der Erfahrungen mit den Tempelrittern und auf Empfehlung meines Lieblingskollegen Heinz hatte ich mir schon ein privates Handy besorgt. Spätabends rief ich vom Hotel aus Thieme an, um ihn vorzuwarnen.

Das hätte beinahe meinen Kopf gekostet. Möglicherweise hat sich Thieme jemandem anvertraut, der nicht dichtgehalten hat, ich tippe da auf unsere tollen Coaches oder das Gerücht, dass unsere Handys – ihn hatte ich auf dem Diensthandy angerufen – abgehört würden, stimmte doch. Jedenfalls wusste Kunzensberg nach einigen Tagen, dass Thieme vorgewarnt war.

Er bat mich zum Gespräch. Ich dachte, das wäre jetzt mein Ende dort und war beinahe erleichtert. Trotzdem war mir ganz flau im Magen, als ich in sein Büro hinübergegangen bin. Obwohl streng genommen Herr Kunzensberg gar nicht mein Vorgesetzter war, er führte sich aber immer so auf. Und ich habe ihn meistens gelassen, wenn es ihn doch glücklich machte.

»Frau Bromann, der Herr Thieme wusste von seiner bevorstehenden Entlassung. Wer könnte ihn denn gewarnt haben? Ist Ihnen etwas aufgefallen? Wer würde da infrage kommen?«

»Keine Ahnung, das kann ich mir gar nicht vorstellen, wie das gekommen ist.« Und bin, so schnell es ging, zurück in mein Büro.

17 Bitte nur in Begleitung der Bodyguards

Währenddessen hatte die Geschäftsführung ganz andere Sorgen. Eine große Zinszahlung für Anleihen der Firma stand an und es war ein offenes Geheimnis, dass die vielen Millionen Euro wohl schwer aufzutreiben waren. Nicht einmal mehr der Firmenhubschrauber konnte verkauft werden; der war kein Eigentum, wie so viele andere Maschinen auch nicht.

Es wurde händeringend ein neuer Geldgeber gesucht. Es gab schon noch Banken, die sich trauten, und kamen. Leider wollten die Sicherheiten haben – verständlicherweise. Die Stimmung wurde immer größer werdender Unsicherheit geprägt. Jeder bekam ein Fitzelchen des Dramas mit, aber keiner kannte alles. Das vermutete ich als System.

Es wurde mehr auf dem Hof telefoniert als in den Büros, da keiner mehr wollte, dass der Kollege die Gespräche mithörte.

Selbst bei Nieselregen stand in jeder Ecke ein Kollege und telefonierte mit seinem privaten Handy. Mein Vorschlag, doch Telefonzellen wegen der Witterung zu bauen, hat keiner verstanden.

Zu diesem Zeitpunkt bekam auch Herr Kunzensberg mit, dass wir uns in einer anderen, einer prekäreren Situation befänden als in den Jahren zuvor. Er kam auf die Idee, die Betriebe auf Wirtschaftlichkeit hin zu überprüfen. Er verkaufte mir das als eine bahnbrechende Erkenntnis, während ich mir das Grinsen kaum verkneifen konnte.

Jetzt hatte er eine Aufgabe für mich gefunden. Im Normalfall wäre das eine tolle Aufgabe gewesen. Aber nun hatte ich starke Bedenken. Die brauchte ich aber nicht haben, denn der Chefbuchhalter hatte nicht die leiseste Absicht, mich in die Bücher schauen zu lassen. Ich solle doch besser mit fiktiven Zahlen rechnen, war seine Ansage.

Ich schaue mal genau hin: Prüfung der Wirtschaftlichkeit. Durch ein Mitglied der Geschäftsführung, also durch mich. Und der Chefbuchhalter verweist wörtlich auf ›fiktive Zahlen‹. Das war lustig. Genau mein Humor.

Die Lage spitzte sich weiter zu. Die Zinszahlung konnte nicht aufgetrieben werden. Auch Landverkäufe konnten nicht helfen. Damit wurde der Fall öffentlich. Die Aktie sauste rapide in den Keller. Der Big Boss schaffte es, einige Anleger zu überzeugen, dass es nur wenige Tage seien, da der Landverkauf sich verzögert habe. Sobald der umgesetzt sei, seien die Mittel vorhanden, um den Anlegern die Zinsen zu zahlen.

Wir waren mittlerweile zu viert, ein enger Kreis, der sich vertraute. Wir trafen uns einige Male zum Essen in meiner Wohnung. Oder auf einen Wein auf meiner Dachterrasse. Es mutete sehr konspirativ an. Wir spannen auch den einen oder anderen Plan. Aber eine realistische Idee hatten wir nicht. Es war bereits viel zu spät. Jahre zu spät. Außerdem waren wir viel zu feige.

In dieser Zeit erreichte uns wieder eine Mail:

Liebe Landwirte, aus Zeit- und Kraftgründen eine kompakte Info an dieser Stelle. Heute oder morgen früh schreibe ich noch an einen breiteren Firma-Verteiler zum Stand.

Vorab:

Wir werden das schaffen!!!

Was kann das Agrarteam aktuell tun:

- *Bitte derzeit nur das notwendigste mit der (Kostenintensiven) Maschinenarbeit. GPS Ernte nur etwas Wintergerste, ansonsten bitte diese Woche nichts mit GPS etc. starten. Kommenden Woch sehen wir weiter. Wir müssen unsere Liquidität schonen.*

- *Wir konzentrieren uns diese Tage auf die wichtigsten Zahlungen wie Löhne etc. Es stehen ja noch die Ökoprämien aus 2015 aus von weit über 1 Mio Euro, mit deren Zufluss ist in den kommenden 1-2 Wochen zu rechnen.*

- *Eine große Bitte habe ich: wir haben in der Ernte 2015 eine noch nie dagewesene schlechte Getreidelagerqualität gehabt. Reklamation über Reklamation ...Käfer und vieles andere DAS GEHT SO NICHT!!!*
- *Schnell sind da 10-30 Euro/to beim ohnehin schlechten Preis weg umgerechnet auf unsere Gesamtfläche von 50.000 ha sind das bei ca. 250.000to Menge (auf Raps-und getreidebasis gerechnete 5!!! Mio Euro!!!!*
- *Was ist zu tun?*
- *Bitte wascht diese Woche ALLE HALLEN gründlich aus!!!*
- *Alles muss raus, aus allen Ecken und Kanten!!.Bitte macht das sehr sehr ordentlich!! Wir müssen TOP Qualität liefern an unser Kunden.*
- *In den kommenden Wochen werden die Leasings Gesellschaften die Maschinen kontrollieren. Bitte lasst euch davon nicht nervös machen. Das ist Routine in der Situation. ALLE Leasing- und Finanzierungsraten sind bezahlt.*

So, nun Kopf hoch. Lasst Euch bitte nicht von den Miesmachern den Schneid abkaufen. Seid stolz auf das, was wir gemeinsam erreicht haben. Wir werden gestärkt aus der Krise herausgehen. Ich schließe mit einem Zitat aus Uganda: Die beste Zeit, einen Baum zu pflanzen war vor 20 Jahren. Die nächstbeste Zeit ist jetzt.

Drückt mir die Daumen, dass mir die Kraft nicht ausgeht. Wir schaffen das gemeinsam!

Euer BIGBOSS

Wir Führungskräfte wurden zusätzlich in den ›Führungsbunker‹ geladen, in das helle, supermoderne Eckbüro von Big Boss. Wir waren angespannt und ängstlich. Und wurden überrascht. Der Big Boss war gelassen und superfreundlich. Dabei müsste er doch nun auch zugeben, dass es aus und vorbei, der Insolvenz nicht mehr auszuweichen sei. So dachten wir.

Mich sprach er an: »Frau Broman, es sieht aus, als ob Sie

frieren, tauschen Sie doch mit Herrn Böker den Platz, dort zieht es nicht so.«

In der Tat saß ich mit meinem braunen, ärmellosen Sommerkleid in der Zugluft. Das waren so fürsorgliche Charaktereigenschaften, die er durchaus hatte. Er konnte Menschen für sich gewinnen; ich denke, das ist ein Teil seines Erfolgs gewesen

Am Ende diese Meetings waren wir überzeugt, dass es nur mehr Anstrengungen unsererseits bedürfe, um aus diesem Engpass herauszukommen. Diese Überzeugung hielt bis in unsere eigenen Büros. Sie brach sofort zusammen, als wir die inzwischen eingetroffenen Mails mit den Hilferufen unserer Betriebsleiter draußen lasen.

Der Schwebezustand setzte sich fort. Anfang Juli tat sich etwas. Morgens war ich meist die Erste im Büro. So auch an diesem Tag. Das Fenster meines Büros ging zum Parkplatz hinaus. Um halb acht rollten drei schwarze Kleinbusse auf den Parkplatz und heraus sprangen muskulöse Kerle in Schwarz. Ich dachte an einen Schlägertrupp und flitzte nach vorn, um die Kollegen am Eingangstresen zu warnen, alle Türen zu verschließen und sich in einem Raum ohne Fenster zu versammeln. Wir wussten aus etlichen Telefonaten, dass Anleger, die auf die Firma gesetzt hatten, teilweise vor dem Nichts standen, nachdem der Kurs auf fast null abgestürzt war. Beschimpfungen am Telefon oder auch vor Ort waren in den Tagen zuvor an der Tagesordnung gewesen. Ein Schlägertrupp wäre nicht ungewöhnlich gewesen.

Durch die Tür konnte ich dann sehen: Kunzensberg war gekommen und unterhielt sich mit diesen Männern. Er klärte uns auf, dass es sich um unsere Bodyguards handeln würde, da heute der Big Boss eine Erklärung abgeben würde. Er sprach das Wort Insolvenz nicht aus, aber es schwebte durch die Räume und verbreitete sich schnell.

So kam es denn am Mittag auch zur Bekanntgabe in der

Cafeteria vor den Mitarbeitern, später als Pressemitteilung: Insolvenz in Eigenregie. Der Insolvenzverwalter war auch gleich mit dabei.

Zwei Wochen lang standen die schwarzen Männer vor unseren Eingangstüren, wir mussten anmelden, wenn wir zum Parkplatz wollten, dann wurden wir dorthin begleitet. Wenn wir ankamen, sollten wir so lange im Fahrzeug sitzen bleiben, bis wir abgeholt worden sind. Wie im Krimi, ich hatte es geahnt.

Nun war es also so weit. Der Tag, mit dem wir ständig gerechnet hatten, war da. Jetzt ging es in eine Krimikomödie über. Der Insolvenzverwalter ist mit einem ganzen Trupp von jungen, dynamischen Beratern erschienen nun waren es Sportwagen der höchsten Klasse. Die waren auf der Suche nach echten Zahlen, nicht denen in den Hochglanzbroschüren. Oder den fiktiven Zahlen, die angeboten worden waren. Der Chefbuchhalter war abgetaucht. Auch sonst hat sich keiner getraut, etwas zu sagen. Insolvenz in Eigenregie bedeutet, dass der Eigentümer noch da ist, aber keine Kontengewalt mehr hat. Es wurden alle leitenden Mitarbeiter vom Insolvenzverwalter geladen. Aber man war sich nie sicher, ob der Big Boss während dieser Treffen ins Zimmer kam. Die Riege der Berater mit Schlips, alle vor den Laptops, konnten mit herkömmlichen Formeln nichts anfangen. Sie konnten nichts in ihre Auswertungstools eintragen, weil die Zahlen nie eindeutig waren.

Im Büro traf ich Kunzensberg. Ich vermutete ihn geknickt und fassungslos. Er wirkte aber eher, als wäre er bekifft. Er wäre so glücklich, nun würde alles gut. Mit diesen Worten umarmte er mich. Ich war völlig verdattert.

Auch in einem Insolvenzbetrieb wird in der Produktion weitergearbeitet. Die Felder waren mehr schlecht als recht eingesät worden. Trotzdem stand die Ernte unmittelbar bevor. Die Technikabteilung hatte Mühe, einige Mähdrescher flottzubekommen. Aber da die Zinszahlung und die Anleihezahlung nun ausgesetzt waren, wurden vom Insolvenzverwalter Mittel für Diesel und Ersatzteile freigegeben.

Ich konnte mich nicht durchringen, freiwillig zu gehen, es war einfach zu spannend. So schaute ich bei der Getreideernte zu und aß Eis mit meiner Vorstandsassistentin. Heinz wurde zu mir ins Büro versetzt, er sollte sich um restliche Lagerbestände kümmern und die Lager für die neue Ernte vorbereiten. Das war eine sehr angenehme Bürokonstellation. Die dauerte aber nur wenige Tage.

Eine große Aufregung gab es in diesen Tagen dann noch. Die Ex vom Big Boss, Hauptaktionärin der mittlerweile wertlosen Aktien, kam mit ihrem Porsche angebraust.

Nicht nur ihre Aktien waren wertlos, man hatte ihr seitens des Insolvenzverwalters auch alle anderen Zahlungen eingestellt und Hausverbot erteilt. Sie fuhr wutentbrannt vor, sprang bei laufendem Motor aus dem Wagen, rannte in die Chefetage und riss etliche Laptops von den Schreibtischen. Dann ging sie ins Büro von Big Boss. Sie sprang auf den Schreibtisch, ließ die Hosen herunter und pinkelte los.

An einem Mittwoch Ende Juli ging ich mit meinem Kollegen Heinz zum Mittagessen in die Cafeteria, die Kantine funktionierte noch.

Heinz kündigte an, am Nachmittag eine Getreideprobe zur Untersuchung vom Feld zu holen. Es war ein superschöner Sommertag, ich hatte nichts mehr zu tun, also wie immer, und es war mein Lieblingskollege. So fuhr ich mit.

Es wurde ein schöner Nachmittagsausflug. Dass es für uns beide der letzte sein würde, haben wir nicht gewusst. Auch wenn es uns später keiner geglaubt hat, das war nicht abgesprochen. Als ich mich am nächsten Tag krank meldete, bekam ich zur Antwort: »Was ist denn los, der Heinz ist auch krank!«

Ich war zwei Wochen krankgeschrieben, lag zu Hause auf dem Sofa und wartete ab. Außer einer Mail von Kunzensberg, wann ich denn wieder an Bord wäre, es gäbe viel zu tun, passierte – nichts!

Ich wollte aber auf keinen Fall wieder zurück. Am vorletzten Tag meiner Krankschreibung bekam ich den erlösenden Anruf, dass man sich von mir trennen wolle.

Ich bin also noch einmal dorthin gefahren, habe eine Verabschiedungsrunde gedreht, bin mit den Lieblingskollegen ein letztes Mal Aglio olio essen gegangen und habe meine Wohnung aufgelöst. Und mit dem Zug zurück fahren, denn meinen Superschlitten musste ich selbstverständlich abgeben.

Der Ausflug in die Welt des Big Business war beendet. Ich habe viel Erfahrung mitgenommen und einen Freund behalten. Das war es wert gewesen.

Die Erleichterung war groß, aber nun war ich arbeitslos. So richtig arbeitslos. Eine nie wirklich zu Ende gedachte Vermutung, dass dieser Zustand erniedrigend sein würde, bewahrheitete sich rasch. Noch bevor ich bei dem Jobcenter vorstellig wurde, meldete sich meine Bank, bei der ich noch einen, sehr kleinen, Hauskredit hatte.

»Liebe Frau Bromann, es tut uns ja sehr leid, dass Sie aufgrund der Insolvenz nun keinen Job mehr haben. Das ist sehr bedauerlich. Sie müssen uns aber auch verstehen, dass wir uns um die Rückzahlung Ihrer Verbindlichkeiten sorgen.«

»Wie bitte? Sie wollen andeuten, dass ich, die noch nie auch nur einen Tag im Dispo gewesen war, ein Risikofaktor wäre? Bei den Ihnen geläufigen Kontoständen?«

Ich war empört und gekränkt.

»Äh, ja, verstehen Sie uns nicht falsch, aber bleibt das Haus vermietet oder ziehen Sie nun selbst dort ein? Die Miete deckt ja bislang locker den Kapitaldienst.«

»Ich glaube, das geht Sie nichts an. Meinen Verpflichtungen

werde ich, wie immer in meinem dreißigjährigen Geschäftsleben, weiterhin nachkommen.«

Ein unangenehmes Gespräch. Und vollkommen überflüssig. Um weiter krankenversichert zu sein, musste ich Arbeitslosengeld beantragen. Ich fühlte wie eine Bettlerin, als ich zum Termin in diese Behörde ging. Die Formalitäten waren schnell geklärt, jedoch einen neuen Job konnten sie mir nicht verschaffen. Ich war es mein Leben lange gewohnt, voranzugehen, worauf sollte ich nun also warten?

Ich beschloss, es würde vorerst reichen mit meinem Angestelltendasein. Ich machte mich mit einem Beratungsunternehmen selbstständig, das sich auf Hofübergaben spezialisierte. Da kannte ich mich aus und wollte gern anderen Landwirtsfamilien zur Seite stehen. Ich hätte mein Büro zu Hause und könnte in Ruhe schauen, ob sich das Geschäftsmodell eignete, mich zu ernähren und mich zu befriedigen.

18 Würde und Bürde

Mein neuer Lebensabschnitt war geordnet. Ich hatte mich beruflich mit meiner Hofübergabe-Beratung selbstständig gemacht. Dazu reiste ich durch Deutschland und beriet Familien in den unterschiedlichen Stadien der Hofübergabe des Bauernhofes. Am liebsten waren mir Familien, die sich sehr früh damit an mich wandten. Leider bekam ich den Auftrag oft erst, wenn sich Alt und Jung schon hoffnungslos zerstritten hatten. Es war im Grunde mehr eine Mediation als eine Beratung. Trotzdem fand ich die Tätigkeit interessant. Akquise, Vorbereitung und Reiseorganisation lagen nun auch in meiner Hand. Das war ungewohnt. Bei meiner vorherigen Trainertätigkeit war ich als freie Mitarbeiterin tätig und wurde dann beauftragt, wenn es einen konkreten Termin gab. Aber ich fuchste mich rein und lernte auch hier wieder viel dazu. Ich hatte keine Sekretärin mehr, sondern musste meine Serienbriefe selbst schreiben. Ich hatte keine IT-Abteilung, die mir bei Computerproblemen helfen konnte. YouTube und Word konnten helfen und wurden mir sehr vertraut.

Privat lief alles ruhig und unaufgeregt. Robert und ich genossen unser schönes Haus am Waldrand. Wir hatten einen kleinen Freundeskreis und freuten und über die Kinder samt Enkeln. Simon und Katrin lebten in Mieste auf dem Hof, hatten zwei Söhne, sie konnte ich häufiger besuchen. Felix war Biologe geworden und mit Frau Beth und Tochter in die Nähe von Heidelberg gezogen. Franziska hatte mit Ihrem Freund Axel ein Haus bei Frankfurt, immer noch das Pferd Fritzi dabei. Roberts Töchter waren ausbildungsbedingt viel im Ausland unterwegs. Wir sahen uns seltener, hatten jedoch mit den neueren, technischen Möglichkeiten engen Kontakt.

Ein wenig fehlte mir die Politik nun doch. Im Job sah ich die

Menschen immer nur ein oder zwei Beratungsintervalle lang auf rein professioneller Ebene. Ich hatte das Bedürfnis nach weiteren, menschlichen Kontakten und ich hatte weiterhin das Bedürfnis, mich für andere zu engagieren.

Eine Idee schwebte schon länger in meinem Kopf: die Sterbebegleitung. Ich durfte einige meiner Angehörigen beim Sterben zu begleiten. Aber ich hätte gern mehr darüber gewusst. Denn ich handelte instinktiv, als ich am Sterbebett saß. Bei Johannes, meinem Vater und meiner Schwiegermutter bis zum letzten Atemzug. Gern hätte ich mehr erfahren über den Vorgang. Ich hatte das Gefühl, dass ich in solchen Momenten eine besondere Kraft habe und diese auch ausstrahle. Wenn ich anderen Menschen damit helfen könnte, würde ich das sehr gern tun. Vor allem würde ich es schön finden, wenn möglichst wenige Menschen allein sterben müssten. Der Geburt, dem Auf-die Welt-Kommen, wird ein sehr großer Stellenwert in der Gesellschaft beigemessen, warum nicht auch dem Von-der-Welt-Gehen? Als Angehörige sah ich es als Chance, sogar als Privileg, einen lieben Menschen auf den letzten Schritten in seinem Leben begleiten zu dürfen.

Warum sollte ich diese Begleitung nicht ehrenamtlich machen? Bei Menschen, die keine Angehörigen in der Nähe haben oder allein sind? Oder Angehörige dabei zu unterstützen, ihre Liebsten beim Sterben nicht allein zu lassen. Oft ist diese Angst vor dem Sterben ein Tabu-Thema. Sowohl das eigene Sterben als auch das der Nahestehenden wird nicht angesprochen. Partnern oder Kindern ist es ein großes Bedürfnis, es den Sterbenden schön zu machen, aber sie sind unsicher. Ich erinnerte mich gut an meine Zweifel, wie ich mich Johannes gegenüber verhalten sollte, wie ich herausfinden wollte, was er wünschte, ohne direkt zu fragen.

Diese Erwägungen ließen mich eine Ausbildung zur Sterbebegleiterin machen. Ein halbes Jahr bin ich jeden Montagabend zu dieser Weiterbildung gegangen, dann musste man so eine Art Praktikum machen und bekam das Zertifikat ›Ausgebildete Sterbebegleiterin‹.

Den Begriff ‹Praktikum› fand ich etwas zynisch. Da stirbt man einmal im Leben und bekommt dann einen Praktikanten zugeteilt? Aber natürlich ist irgendwann immer das erste Mal.

Die Ausbildung war tiefgreifend und außergewöhnlich. Wir lernten dort in einer Gruppe von fünfzehn Teilnehmern alles über Tod und Sterben. Was passiert im Körper beim Sterbeprozess? Welche Phasen durchläuft ein sterbenskranker Mensch psychisch? Die praktische Ausbildung fand auch am Pflegebett statt. Religion und Kultur in Bezug auf Tod und Sterben war ebenso ein Thema.

Nachdem ich die Ausbildung durchlaufen hatte, bekam ich meinen ersten Fall zugeteilt, mein Praktikum. Organisiert wurde alles über einen Hospizverein, der sowohl die Ausbildung organisierte als auch die Betreuung und Koordinierung von Sterbenden und Sterbebegleitern.

Ich wurde zur Betreuung eines fünfzigjährigen Mannes namens Alfons eingeteilt, der mit einem Gehirntumor austherapiert nach Hause entlassen wurde. Alfons' Lebenserwartung wurde noch auf zwei bis fünf Monate geschätzt. Mit bangem Herzen bin ich zu ihm nach Hause gefahren. Er lebte mit Frau und seinem achtzehnjährigen Sohn in einem Haus in einem kleinen Dorf. Seine Frau, die uns auch gerufen hatte, öffnete mir. Sie war mit der Situation nervlich überfordert. Praktisch hatte sie alles perfekt im Griff.

Alfons saß in seinem Sessel und ich versuchte, mit ihm ins Gespräch zu kommen, zu ertasten, worüber er mit mir reden wollte? Über das Sterben? Welche Worte konnte ich wählen? Unverfänglich fing ich mit dem Motorrad an, das ich auf dem Hof hatte stehen sehen. Das war augenscheinlich genau richtig, denn nun erzählte er von seinen Touren, die er gemacht hatte.

Er hatte bereits erhebliche Sprachstörungen durch den Tumor. Darauf kam es aber nicht an. Ich hatte weder technischen Verstand von den schweren Zweirädern, noch war es wichtig, in welchem Jahr er in Marokko seine Motorradtour gemacht hatte. Er hatte leuchtende Augen und das zählte.

Gerade wollte ich mich verabschieden, als er mich am Ärmel fasste und bat, mich noch einmal kurz zu setzen. Er sprach mit mir über seine Krankheit und von seiner Kenntnis über den weiteren, den endgültigen Verlauf. Er wäre sehr unglücklich darüber, in so jungen Jahren sterben zu müssen, aber hauptsächlich sorgte er sich um seine Frau. Es wäre beruhigend für ihn zu wissen, wenn ich mich auch um seine Karina kümmern würde, wenn er stürbe oder es ihm schlechter gehen würde. Das konnte ich ihm zusagen. Wir vereinbarten einen wöchentlichen Besuch.

Es schien, als hätte er eine Ahnung gehabt, denn am folgenden Abend bekam er einen Schlaganfall und erlangte das Bewusstsein nicht mehr. Bei meinem nächsten Besuch lag er ohne jegliche Reaktion im Pflegebett im Wohnzimmer. Der Sessel war verschwunden. Ich nahm auf einem Stuhl an seinem Bett Platz und seine Frau Karina setzte sich gegenüber. Sie hat viel aus ihrem gemeinsamen Leben erzählt; ich hatte den Eindruck, es tat beiden gut. Dann bat sie mich in die Küche auf einen Kaffee und brach dort in Tränen aus.

Sie hatte sich informiert und wollte ihren Alfons gern noch einer Chemotherapie unterziehen lassen; sie hoffte, es käme dann doch noch zu einer Heilung. Aber sie hatte auch Angst, Alfons' Leid noch zu vergrößern. Ich sah eine verzweifelte Frau vor mir, deren Gefühlswelt ich so gut kannte. Zerrissen zwischen Hoffnung wider besseres Wissen und sich der Wahrheit beugend.

Objektiv fand ich so eine Chemotherapie den blanken Wahnsinn. Ich hatte bei dem vorigen Besuch gemeint zu erkennen, dass Alfons so etwas nicht wünschen würde. Aber ich war weder Arzt noch maßte ich mir an, Alfons gut genug zu kennen, um Karina einen Rat zu geben. Aber meine Erfahrung in Mediation war in dem Moment Gold wert. Das Gegenüber mit Fragen dazu zu bringen, Lösungsansätze zu finden, ohne meine eigene Meinung erkennen zu geben, war hier die richtige Methode.

Karina wollte einen kleinen Familienrat aus ihrem Sohn, seiner Mutter und seiner Schwester einberufen. Beim nächsten Besuch erzählte sie mir, die Werte hätten sich bei Alfons jetzt so verschlechtert, dass die Ärzte eine Chemo ablehnen würden. Und da war es wieder: Einerseits war sie erleichtert, keine Entscheidung treffen zu müssen, andererseits war ihr wieder ein Stück Hoffnung genommen.

Ein knappes halbes Jahr bin ich wöchentlich zu Alfons und Karina gefahren, es wurde ein Ritual. Karina auf der einen, ich auf der anderen Seite von Alfons Bett und eine halbe Stunde Bericht in fröhlichem Ton über ihr gemeinsames Leben, dann einen Kaffee mit Karina in der Küche. Oftmals mit Tränen berichtete sie mir dort, wie sehr es mit Alfons bergab ging.

An einem Mittwochmorgen rief mich Karina an, berichtete mir, dass Alfons in der Nacht gestorben sei. Sie bat mich, ein letztes Mal zu kommen, um noch einmal an seinem Totenbett mit ihr zu sitzen und zu reden. Diesen Wunsch erfüllte ich ihr natürlich. Das war mein Praktikumseinsatz beim Hospizverein.

Ich war danach voll etablierte ehrenamtliche Sterbebegleiterin.

Ich habe noch einige Menschen begleitet, nur einmal war ich allerdings direkt beim Sterben dabei. Als Ehrenamtliche kann man das nicht immer einrichten. Aber darum geht es bei der Sterbebegleitung nicht nur. Die Phasen davor, vor dem Sterben sind genauso wichtig für den unheilbar kranken Menschen.

Mit Frau Thoms bin ich zweimal in der Woche zum Supermarkt gefahren. Ihre Tochter lebte in der USA und sie hatte sonst keinen Menschen vor Ort. Sie hatte unheilbar Blasenkrebs. Als sie nicht mehr laufen konnte, organisierte ich ihr einen Rollstuhl. Wir sind damit im Dorf spazieren gefahren und auch weiterhin zum Supermarkt. Auch hier haben wir ein kleines Ritual entwickelt. Ich glaube fest daran, dass Rituale als Anker im Leben wichtig sind. Nach dem Einkauf im Supermarkt haben wir dort im Bäckershop noch einen Kaffee und Kuchen genossen. Wir haben tiefgreifende Gespräche geführt, sie war trotz ihrer neunzig geistig topfit und sehr gebildet. Wenn ich sie wieder sicher in ihrem Haus abgeliefert hatte, haben wir uns noch einen Sanddornlikör genehmigt.

Ihr zehn Jahre zuvor verstorbener Mann war Hobbymaler und ich bewunderte regelmäßig sein Geschick und seine Bilder. Besonders sein Schneebild aus der Heide tat es mir an. Frau Thoms sagte darauf, dass ich es nach ihrem Tod haben sollte. Am besten sei, ich würde es gleich mitnehmen. Ich sträubte mich, wir dürfen eigentlich nichts aus dem Nachlass unserer zu betreuenden Personen annehmen. Aus gutem Grund. Wobei ich nicht an einen hohen Wert des Bildes glaubte.

Beim nächsten Mal verabschiedete ich mich für zwei Wochen, da ich mit Robert in den Urlaub fahren wollte. Schön ist es, dass die Betreuung über einen Verein läuft, der in solchen Fällen eine Vertretung organisiert. Ich habe meine Vertretung bei Frau Thoms vorgestellt, wir haben zu dritt einen Sanddornlikör getrunken und dann hat sie darauf bestanden, dass ich das Schneebild mitnehmen sollte. Das tat ich dann. Es schien mir, als wäre es ihr wichtig. Frau Thoms ist gestorben, während meines Urlaubs an der Loire, bis zur letzten Minute betreut von meiner Vertreterin des Hospizvereins. Das Bild hängt heute noch in meinem Büro, nachdem die Angehörigen es mir gern überlassen wollten. Ihre Mutter hatte ihnen das bereits vor ihrem Tod mitgeteilt.

Ich habe noch einige andere Menschen vor ihrem Tod betreut, meist aber nur eine kurze Zeit bis zum Tod, sodass kein wirkliches Kennenlernen mehr möglich war. Teilweise war es auch eine Bettwache beim Sterbeprozess, um Angehörigen eine stundenweise Verschnaufpause zu geben, die ihre Liebsten nicht eine Minute allein wissen wollten. Die Dauer eines Sterbeprozesses ist nicht vorhersehbar.

Dieses Ehrenamt habe ich sehr gern ausgeübt. Ich hatte immer das Gefühl, den Menschen ein kleines Stück Lebensqualität am Ende des Lebens zu geben oder der Familie eine kleine Hilfe zu sein.

Oft wurde ich gefragt, ob es nicht belastend sei. Das konnte ich aus vollem Herzen verneinen. Der Rahmen und der Hintergrund standen fest, wenn ich diese Menschen kennenlernte; mir war klar, dass unsere gemeinsame Zeit aufgrund der Diagnose ›unheilbar krank‹ nur von kurzer Dauer sein würde. Die Zeit wurde individuell gestaltet. Das Sterben an sich hat für mich persönlich den Schrecken genommen. Es sah nie gequält oder fürchterlich aus. Ich möchte noch lange leben, aber Angst vor dem Sterben habe ich nicht mehr.

Einmal betreute ich die Mutter einer mir bekannten Frau. Ich hatte Karola während meines Berufes kennengelernt. Nun trafen wir uns einige Male am Sterbebett ihrer Mutter. In der Phase löste ich sie täglich für zwei Stunden ab. Eine ganz normale Betreuung.

Wochen später rief sie mich an und bat mich um ein Treffen in einer anderen Gelegenheit. Sie würde mich gern bei den ›Lions‹ als neues Mitglied vorschlagen. Es ist eine hohe Ehre, in einem Service-Club aufgenommen zu werden. So elitär, wie sie vielleicht einmal waren oder von außen gesehen werden, sind solche Service-Clubs nicht.

Gern bin ich dort Mitglied geworden, nach drei Jahren war ich bereits Präsidentin. Für mich war das eine tolle Gelegenheit, weiter karitativ tätig zu sein, denn den Hospizverein und die Sterbebegleitung hatte ich nach knapp drei Jahren beendet. Es ließ sich nicht mehr mit meinen vielen Dienstreisen vereinbaren. Ich hatte Verantwortung für den sterbenden Menschen übernommen, das bedeutete auch eine Konstanz, die ich nicht mehr gewährleisten konnte.

Im Lions-Club lässt sich die Tätigkeit besser mit dem Job vereinbaren.

Im Wesentlichen wird in einem solchen Club Geld durch sogenannte Activities erworben: Glühweinverkauf, Sponsorenlauf und Ähnliches. Jedes Mitglied ist verpflichtet, mit anzupacken. Der Erlös kommt unterschiedlichen Projekten zugute. Ich habe Freude an der gemeinsamen Arbeit dort und neue Freunde gewonnen.

19 ... ohne alles, kein Strom, kein Handy ...

Nicht immer, aber sehr oft kamen mir beim Rotwein die besten Ideen. Ich konnte aber nur zur Entspannung einen Rotwein trinken und es passierte nichts.

Mein Abenteuer auf dem Ponyhof ist jedoch wieder einmal auf Rotwein zurückzuführen. Ich war zu einer Hofübergabe auf einen Ponyhof in Brandenburg gebeten worden. Mutter und Tochter riefen um Unterstützung. Der Hof lag noch mehr in der Pampa als Mieste. Die Landschaft war so, wie ich sie mochte: etwas karg und weit. Wenige Menschen und geringe Besiedlung. Es gab noch nicht einmal befestigte Dorfstraßen dort. Das tat dem eigenwilligen Charme des Hofes keinen Abbruch. Er lag inmitten seiner Wiesen. Ponys, wohin man blickte. Der Hof war über den Zeitraum von fünfundzwanzig Jahren mit viel Liebe renoviert worden. Es tummelten sich dort hundert Ponys und zu Ferienzeiten ebenso viele Kinder. Das war harte Knochenarbeit für die Eigentümer. Sie haben sich selbst nichts gegönnt und haben aus Platzmangel nur in zwei Zimmern gelebt – und das Haus war geräumig! Aber alles andere war ausgebaut, entweder für Feriengäste oder für die zahlreichen Mitarbeiter, also die jungen, pferdebegeisterten Mädchen. Bei so vielen Vierbeinern brauchte man viele Hände zur Versorgung. Auch für die Küche wurde Personal benötigt. In einer umgebauten Scheune befanden sich Speiseraum und Großküche.

Ich wurde gerufen, als der Mann unerwartet gestorben war. Eine Situation, die ich aus eigenem Erleben kannte. Die Tochter wollte den Hof übernehmen und ich sollte bei der Übergabe beraten. Die Tochter war noch sehr jung – zweiundzwanzig Jahre. Ich konnte in mehreren Gesprächen feststellen, dass sie, obwohl pferdebegeistert und erfolgreiche Turnierreiterin, sich nicht mit dem Gedanken anfreunden konnte, nun für den Gesamtbetrieb die Verantwortung zu übernehmen. Die Mutter jedoch war erschöpft, voller Trauer über den Tod des Ehemannes und wollte am liebsten alles nur noch hinter sich lassen.

Einerseits jedenfalls. Andererseits war es ihr Wunsch, wie ich es so oft in den Hofübergabeberatungen erlebt habe, dass nichts am Betrieb geändert würde. In diesem Fall noch verstärkt, da sie meinte, genau das ihrem verstorbenen Mann schuldig zu sein. Eine schwierige Lage. Wir kamen in der Beratung nicht voran und beschlossen, es nach drei Tagen Pause weiter zu versuchen.

Mit diesen Gedanken fuhr ich nach Hause. Selten habe ich so mitgefühlt mit den Problemen einer Bauernfamilie. Meistens konnte ich deren Sorgen auf den Höfen lassen und abschalten. Dieser Fall beschäftigte mich ununterbrochen. Hofaufgaben beim Eintritt in die Rente ohne Nachfolger sind nicht selten, auch das war während meiner Beratung Alltag geworden. Meist kündigte sich das aber jahrelang vorher an und es wurde nichts mehr investiert, die Betriebe liefen langsam aus. Hier war der Fall jedoch anders. Er war gerade erst aufgebaut worden und lief aktuell richtig gut an. Am äußersten Speckgürtel von Berlin gelegen war es ein idealer Standort mit Zukunft.

Ich habe am Abend auf der Terrasse mit Robert darüber gesprochen – bei einem Rotwein. Ich wollte für den Ponyhof gern einen Ausweg aus der Lage finden. Rotwein macht mich bekanntlich kreativ, daher schenkte ich ein weiteres Glas ein. Ich fand, dass die beiden, Mutter und Tochter, eine Probezeit verdient hätten. Es müsste eine vorübergehende Vertretung organisiert werden, die dort in der Geschäftsführung einsprang. Damit die Mutter sich eine Auszeit nehmen konnte und die Tochter Bedenkzeit, bekam.

Welche Lösung könnte ich vorschlagen? Eine Idee formte sich in meinem Kopf: Diejenige würde ich sein, ich würde einspringen! Hatte ich laut vor mich hingedacht? Ja, ein Blick in Roberts Gesicht bestätigte es. Wir diskutierten die weitere Umsetzbarkeit der Idee und ich wollte es wagen.

Mit dieser Idee bin ich nach drei Tagen wieder nach Brandenburg gefahren. Ich schlug dort konkret vor, mich als freiberuflichen Berater, als Interims-Geschäftsführer zu beauftragen. Wir verhandelten ein wenig über den Betrag, aber grundsätzlich stieß die Idee auf große Zustimmung. Die Mutter wollte die Zeit in ihrer alten Heimat, in Schwaben, verbringen. Die Tochter würde auf dem Hof bleiben und einiges mit mir besprechen, mich unterstützen, aber mir auch über die Schulter schauen.

Merkwürdigerweise fühlte ich mich kein bisschen unwohl bei dieser Aufgabe. Der landwirtschaftliche und der kaufmännische Part, samt Beantragung der EU-Gelder aus Brüssel waren mir vertraut. Um die Pferde kümmerte sich die Tochter größtenteils weiter zusammen mit der Bereiterin. Ich konnte zwar reiten, misten und füttern, mehr aber auch nicht. Für die Pferdebetreuung waren außerdem fünf Auszubildende eingestellt, im Büro weitere fünf Mitarbeiter für die Abwicklung der Reservierungen, Rechnungen und die Betreuung der Website.

Selbstverständlich musste ich vor Ort wohnen. Es war abgesprochen, dass ich von Donnerstag bis Montag wöchentlich vor Ort sein würde. Für die Betreuung meiner anderen, noch laufenden Hofübergaben wurde ich freigestellt. Das waren aktuell nur zwei laufende Fälle, die kurz vor dem Abschluss standen. Zusätzliche Aufträge würde ich vorerst nicht annehmen.

So bin ich dann meist am Montagabend nach Hause gefahren und am Mittwochabend wieder auf den Ponyhof. Das Wohnen war für mich wieder eine neue Situation. Es gab eine Mädels-WG in einem ausgebauten, ehemaligen Tagelöhnerhaus. Dort war ein Zimmer frei. Ich lud also, wieder einmal, meinen Ikea-Sessel und diverse weitere Kleinmöbel in meinen Golf und bin dort eingezogen.

Mit zweiundfünfzig Jahren war ich jetzt also das erste Mal in einer WG. Es war so lustig. Mit dabei waren die Bereiterin, die Bürokauffrau, die Köchin und eine Auszubildende. Ein Zimmer für jeden. Wohnküche und Bad für alle gemeinsam. Selbstverständlich gab es auch einen Putzplan und Fächer für jeden Bewohner im Kühlschrank. Wir hatten viel Spaß, verstanden uns super und – Rotkäppchensekt war nicht selten unser Gast.

Mein Job war es, den Ponyhof zu leiten. Das Konzept stand, aber es kamen immer wieder neue Herausforderungen auf mich zu. Verstopfte Wasserleitungen, abgebrochene Zimmerschlüssel und damit verbunden die Handwerker, die in Brandenburg genauso schwierig zeitnah zu bekommen waren wie anderswo auch.

Die ersten Wochen verliefen, abgesehen von diesen Kleinigkeiten, sehr ruhig. Der Trubel ging mit Beginn der Herbstferien so richtig los. Volles Haus. Ausgebucht. Ich wurde auf einmal Mädchen für alles.

Die Reinigungskraft kündigte, so schnell war kein Ersatz zu bekommen, also zog ich die Betten ab und wischte die Flure. Richtig interessant wurde es, als die Köchin ausfiel. Sie war Polin und musste in die Heimat, weil ihr Vater starb. Es waren ungefähr hundert Kinder und die zwölf Mitarbeiter zu verpflegen. Denn es gab neben den Pferde- und Büromädels auch noch einen Hausmeister und einen Treckerfahrer für die Landwirtschaft. Da war guter Rat teuer.

Auch hier war so schnell kein Ersatz zu bekommen. Es war somit logisch, dass ich mir eine Schürze umband und die Küche betreute. Frühstück, Mittag, Kuchen zum Nachmittag und Abendessen. Das war mehr als ein Vollzeitjob. Selbstverständlich konnte ich in dieser Zeit auch nicht nach Hause. Robert besuchte mich also dort, schlief in der Mädels-WG und schaute sich tagsüber das Umland an. Wir waren so weit ab von jeglicher Zivilisation, dass mein wöchentlicher Ausflug in die fünfundvierzig Kilometer entfernte Kreisstadt zum dortigen Kaufland der Höhepunkt der Woche war.

Weil die Köchin gar nicht da war, musste ich mir allein den Umgang mit den Großküchengeräten beibringen. Zur Sicherheit gab es am ersten Tag Milchreis. Es war erleichternd, dass es hauptsächlich Kinder waren, die versorgt werden mussten. Mit der Zeit traute ich mir dann auch schwierigere Gerichte zu.

Es war schierer Stress am Anfang und ich war am Abend fix und fertig. Ich nahm mir noch ein Mädel zur weiteren Hilfe dazu und die Tochter machte das Frühstück. So kamen wir zurecht. Es fing an, sehr viel Spaß zu machen. Ich wurde mutiger und kreativer beim Kochen. Milchreis, Würstchen und Kartoffelsalat hatte ich bald hinter mir gelassen. Kürbisauflauf mit Salat, Hähnchenschenkel und Eintöpfe aller Art. Es galt zwei Wochen zu überbrücken.

Das gelang mir küchentechnisch zwar gut, aber die andere Arbeit blieb liegen. Plötzlich gab es Alarm, weil das Kraftfutter alle war, ich hatte vergessen, es zu bestellen. Gäste standen ewig am Bahnhof der Kreisstadt, weil ich nicht daran gedacht hatte, das Abholen zu organisieren. Es ging drunter und drüber. Dazwischen die acht- bis siebzehnjährigen Kinder, meist Mädchen, die sich stritten und die Zimmer wechseln wollten. Der Hufschmied kam, wer kümmert sich um ihn? Eine Auszubildende war schwer vom Pferd gefallen, ein Notarzteinsatz folgte, die Unfallmeldung musste geschrieben werden. Und so weiter.

Nach zwei Wochen kam Magda, die Köchin zurück. Ein wenig schade fand ich es schon, denn es hat mir in der Küche großen Spaß gemacht. In dem Zusammenhang fiel mir auf, dass sowieso regelmäßig ein freier Tag für Magda eingeplant werden sollte. Da habe ich dann freitags weiterhin die Vertretung gemacht.

Ansonsten galt es aber nun, das Chaos aufzuräumen, das sich vor allem im Büro aufgetürmt hatte.

Zum Glück lief dann schon wieder alles fast normal, als der Super-GAU eintrat. Durch einen Sturm im Januar waren wir ohne Strom. Was das in einem Privathaushalt bedeutet, weiß jeder. Aber eine Ferienfreizeit von hundert Kindern und neunundsiebzig Ponys ohne Strom zu versorgen ist logistischer, organisatorischer und körperlicher schwerer Aufwand.

Es ging keine Beleuchtung, kein Herd, kein Warmwasser. Die Pumpen für die Pferdetränken liefen ohne Strom auch nicht. Weder Telefon noch Internet waren am Netz.

Wir waren ganz auf uns allein gestellt. Wir wussten nicht, ob noch weitere Gäste mit Auto auf Anreise waren, aber wir wussten, dass einige nicht abreisen konnten, da auch die Bahn ihren Verkehr eingestellt hatte. Das würde zur Überbelegung führen, wir konnten ja niemanden rauswerfen. Wir mussten uns Notunterbringung überlegen. Und das alles im Dunklen.

Es gab ein Notstromaggregat, aber damit konnte von den Anwesenden keiner umgehen. Anrufen konnten wir auch denjenigen Mitarbeiter, der sich im Urlaub, zum Glück zu Hause, befand auch nicht. Ich musste eine Mitarbeiterin mit dem Auto loszuschicken, um Benjamin zu holen.

Lagebesprechung bei Kerzenschein. Die Gäste kamen laufend herein, also wurde ein Mitarbeiter für die Beruhigung und für Fragen der Gäste abgestellt. Wir waren unsicher, wie lange der Zustand dauern würde. Es konnten Minuten, Stunden oder Tage sein. Wir wussten ferner nicht, in welchem Umkreis der Strom ausgefallen war, auch das war entscheidend.

Zunächst mussten die Gäste versorgt werden. Kalte Getränke waren für ungefähr drei Tage vorhanden. Die Kinder tranken normalerweise kalten Tee für den Durst, der mehrmals am Tag gekocht wurde. Das fiel nun auch aus, solange wir keine Stromversorgung hatten.

Endlich erschien Benjamin, der sich mit dem Notstromaggregat auskannte. Leider war es doch nicht gewartet worden, wie gedacht. Er hatte große Schwierigkeiten, das Notstromaggregat zu starten. Und das Gerät war nicht halb so leistungsfähig, wie ich gehofft hatte.

Wir schlossen die Tiefkühl- und Kühlzellen an, damit die Lebensmittel nicht verdarben. Als wir dann noch die Pumpen für die Wasserversorgung mit hinzunehmen wollten, ging das Aggregat in die Knie.

Wenigstens die Hälfte der Wasserpumpen konnten wir nun laufen lassen, zu den anderen Ponys mussten wir das Wasser in Eimern schleppen. Das lief, solange wir Diesel hatten, dann reibungslos. Nachtanken war auch nicht selbstverständlich, die nächste Tankstelle hatte den Betrieb mangels Elektrizität eingestellt, wusste Benjamin zu berichten, der losgeschickt worden war, weiteren Diesel zu besorgen.

Und immer diese Unsicherheit. Wie lange würde dieser Ausnahmezustand dauern? Wann gab es wieder Strom, wann funktionierten Telefon und Handy wieder?

Es waren dann über achtundvierzig Stunden, in denen wir jeden selbstverständlichen Handgriff improvisieren mussten. Kaffee kochen, Essensversorgung organisieren und alles drumherum. Dazu kam, dass die Gäste anfangs sehr unruhig waren. Wir machten sogar etwas Reitunterricht, allerdings nur Theorie. Draußen stürmte es weiter. Ich musste dann auch mit zwei Mitarbeitern raus, um Zäune zu reparieren, weil umgestürzte Bäume hinaufgefallen waren. Das war nicht ungefährlich. Aber viel gefährlicher wäre ein Ausbrechen der Ponys gewesen.

Die Erleichterung ist gar nicht zu beschreiben, als die ersten Lampen nach zwei Tagen wieder aufflackerten und die Stromversorgung auch stabil blieb. So viel Abenteuer und Verantwortung zerrte ganz schön an den Nerven.

Insgesamt habe ich den Job auf dem Ponyhof sehr gern gemacht. Es war für mich eine tolle Mischung aus Landwirtschaft und Menschen. Und Reiten. Ich habe lange Ausritte auf den wundervollen Ponys gemacht – wann immer es die Zeit erlaubte.

Es stand nun die weitere Beratung über die Zukunft des Hofes an. Leider hatte sich an der Meinung der Eigentümerin nichts geändert. Ich wäre auch bereit gewesen, noch länger oder eventuell sogar ganz zu bleiben. Wir konnten uns da nicht einig werden, zu unterschiedlich waren unsere Ansichten. Als ich ging, war immer noch nicht klar, ob die Tochter in absehbarer Zeit den Betrieb übernehmen würde.

Buch FÜNF

Jo's Wohnzimmerrestaurant

20 War ich wieder größenwahnsinnig geworden?

Verrückte Ideen pflasterten ihren Weg‹, das könnte meine Familie oder Freunde eines Tages über mich sagen. Simon sagte einmal: »Bei Muttern muss man mit allem rechnen.« Freunde und Familie waren sich sogar vor mir sicher, dass ich einmal ein Buch schreiben würde.

Die nächste gravierende Veränderung war zunächst nicht zu erkennen gewesen.

Unsere fünf Kinder hatten uns zur Hochzeit ein gemeinsames Wochenende geschenkt. Sie kamen aus allen Himmelsrichtungen nach Sachsen angereist. Sechs erwachsene Kinder waren es mit meiner Schwiegertochter und zwei Enkelkinder.

Wir haben uns zur gemeinsamen Anfahrt sortiert, soweit es eben ging. Robert, Roberts Töchter Larissa und Antonia und ich starteten gemeinsam. Es war lange her, dass wir uns gesehen hatten, und es wurde viel berichtet. Antonia und ich hatten auf der Rückbank plötzlich fürchterlichen Durst. Selbstverständlich hatten wir große Proviantkörbe eingepackt.

»Wer kommt an die Getränke ran?«

Unter vielen Verrenkungen zog Antonia stolz eine Flasche Rotwein hervor. Egal, saßen wir doch auf der Rückbank und kamen damit in lockere Stimmung.

Ich erzählte ihr von unserer neuen Nachbarin, der Foodbloggerin, die auch schon mehrere Kochbücher geschrieben hatte. Wir schauten uns ihre Webseite an. Es sah sehr interessant, aber auch gar nicht so schwer aus. Antonias spontane Idee: »Das kannst du doch auch!«

Interessanter Vorschlag! Nur als Bloggerin konnte ich mich so gar nicht vorstellen. Aber wir hatten Spaß daran, uns Namen auszudenken.

Am Abend in unserer Ferienwohnung gab es zum Essen auch

wieder Wein. Wir kamen ins Erzählen. Kochen war bei uns schon immer ein großes Thema. Alle Kinder haben den Spaß am Kochen von zu Hause mitbekommen. Viele ihrer Anrufe bei mir drehten sich um Fragen rund ums Kochen. Meine Tochter Franziska rief an, wenn sie im Supermarkt keinen Stremellachs fand, Simon, ob man den Brandy beim Rehbraten durch einen anderen Alkohol ersetzen könnte. Auch an diesem Abend wurde nach unseren Familienrezepten gefragt.

Im Kopf noch die Idee der Foodbloggerin, schlug ich dann vor, eine Familienkoch-Website zu machen. Enthusiastisch, wie man so in Rotweinlaune eben ist. Auch am nächsten Tag ließ mich der Gedanke nicht los. Wir überlegten weiterhin gemeinsam schon den Titel.

Gleich nach unserer Rückkehr am Montagmorgen schaute ich mir bei einem Internetprovider die verschiedenen Möglichkeiten für Websitegestaltung an. Es war sogar günstiger, als ich dachte und auch die Anleitung auf Deutsch. das war nicht selbstverständlich.

Hier ergaben sich nun neue Möglichkeiten. Ich fand die Idee faszinierend, meine Rezepte für meine Kinder zu erhalten. Jederzeit erweiterbar. Sogar die Kinder konnten selbst Rezepte dazu besteuern.

Ein weiterer Aspekt war für mich auch, meine EDV-Kenntnisse zu erweitern. Gesagt, getan. Ich entwarf das Gerüst und schrieb einige Rezepte auf. Ein paar Fotos hatte ich noch gefunden. In der heutigen Zeit schickte jeder WhatsApp-Fotos mit seinem Mittagessen, so hatte ich eine kleine Auswahl. Gerade die Fotos unserer Familien-Stammgerichte wurden gern umhergeschickt, um die anderen neidisch zu machen.

Es war gar nicht so einfach, ein Rezept zu schreiben. Die Tücke steckt im Detail. Vieles musste ich nachwiegen, da ich beim Kochen gern variiere oder frei nach Gefühl würze. Es musste in eine logische Reihenfolge gebracht und jeder Schritt beschrieben werden. Ich bat Robert, die Rezepte gegenzulesen. Er sollte sowohl nach Rechtschreibfehlern suchen als auch nach logischen Fehlern.

Es war so aufregend, die Seite hochzuladen. Meine Kochwebsite war auf einmal öffentlich und konnte von jedem gesehen werden. Herzlichen Glückwunsch, ihre Website wurde veröffentlicht! las ich da. Nun war ich besessen. Ich kochte und fotografierte, schrieb Rezepte und Robert musste essen und Rezepte kontrollieren.

Ich stellte fest, dass ich immer mehr Spaß am Fotografieren fand. Mit Liebe zum Detail suchte ich die Accessoires für die Fotos zusammen. Am liebsten waren es Dinge, die meine Kinder von früher kannten. Ich stellte beispielsweise ein Weihnachtsbilderbuch mit auf das Foto ihrer Lieblingskekse. Einen Teller, den ich aus unseren früheren Tagen gerettet hatte. Ich freute mich, als ich unseren alten Wanderrucksack fand, den ich mit auf das Foto der Würstchen im Schlafrock drapierte. Dann fing ich an, auch die Hintergründe zu gestalten. Ich baute das Bügelbrett mit Tischdecke vor unseren großen Fernseher und zog Fotos auf den Bildschirm, sodass unsere Schneeflöckchentorte, die es Heiligabend immer gab, vor der weihnachtlichen Stube in Mieste zu stehen schien. Ich gab mir viel Mühe mit Anrichten und Dekorieren. Beruflich war ich mit meinem Beratungsunternehmen nicht voll ausgelastet, sodass ich sehr viel Zeit in mein neues Hobby stecken konnte.

Bei einer Wohltätigkeitsveranstaltung gewann ich eine Spiegelreflexkamera. Meine Kinder schenkten mir zu Weihnachten einen privaten Fotokurs, der mich in die Geheimnisse meiner neuen Kamera einweihte. Drei Stunden lang hatte ich Privatunterricht bei einem Berufsfotografen.

Es sollte wohl alles so sein, als ob mein neues Hobby einen Plan verfolgte. Ich steuerte auf einen neuen Lebensabschnitt zu, ohne es zu wissen.

Die ersten fünfzig Rezepte waren fertig. Ich kochte an jedem Wochenende neu, lud Freunde und Familie ein. Was für besonders lecker befunden wurde, kam auf die Website zu den traditionellen Familiengerichten. Ich hatte schon vorher sortiert, um die Rezepte nicht zu kompliziert werden zu lassen. Es sollte für Menschen mit nur leichten Kochkenntnissen Anreiz zum Nachkochen geben.

Das reichte mir irgendwann nicht mehr. Ich überlegte, wie ich noch mehr Menschen bekochen könnte. Es ging mir nicht nur um das Kochen; ich vermisste ebenso die großen Tischrunden aus Mieste von früher.

An einem Samstagabend hatten wir unsere Freunde gerade verabschiedet, da tranken Robert und ich noch ein Glas Rotwein, um den Abend abzuschließen. Ich kam wieder in kreative Rotweinlaune und überlegte, wie ich einen noch größeren Personenkreis erreichen könnte. Fremde Menschen würden ohne Gegenleistung nicht kommen wollen. Aber eine Bezahlung wollte und durfte ich nicht verlangen. Wenn es also Fremde sein sollten, müsste ich ihnen das Gefühl geben, eine Gegenleistung für ein Menü geben zu dürfen. Die Idee für das ›Essen für den guten Zweck‹ war geboren. Ich lud erst nur meinen erweiterten Bekanntenkreis zu einem Fünf-Gang-Menü ein. Wer wollte, konnte sich anmelden. Am Ende des Abends stand ein Spartopf bereit. Es sollte gespendet werden. Der Spendenzweck war selbstverständlich für die Hospizarbeit, die mir immer noch sehr am Herzen lag.

Die Abende wurden wunderbar. Ich bot ein Essen mit fünf Gängen, gestaltete dazu Menükarten, dekorierte den Tisch passend zum Thema. Beim selbst kreierten Aperitif machten wir eine kleine Kennenlernrunde, bevor es dann an das Essen ging. Beim ersten Mal hatte ich Sorgen, dass das Tischgespräch erlahmen könnte, da die Menschen sich nicht kannten. Robert und ich hatten uns für den Fall schon unverfängliche Themen überlegt. Die Sorge war unbegründet, bereits beim Anrichten der Vorspeise flüsterte ich Robert in der Küche zu: »Eigentlich könnten wir uns jetzt auch davonschleichen!« Die Unterhaltung war durchgängig rege und meistens endeten die Abende gegen Mitternacht. Es kamen zwar überwiegend Paare, aber manchmal auch Singles, da war es besonders wichtig, alle einzubeziehen.

Das gelang jedes Mal prima.

Nach einigen dieser Essen wurde der Bekanntenkreis zu klein, ich erweiterte ihn ständig. Auch über meine Website lud ich zum ›Essen für den guten Zweck‹ ein. Doch die Website wurde nur sehr langsam bekannt. Ich wollte für Werbung kein Geld ausgeben. Aber ich schickte sie an jede E-Mail-Adresse, die ich in meinem Verteiler und die ich auf Visitenkarten fand. Unter anderem landete meine Einladung zum ›Essen für den guten Zweck‹ beim Chefredakteur der heimischen Kreiszeitung. Der kam zwar nicht selbst, schickte aber seine Redakteurin für eine Reportage. Das war der Turbo für meine neue, wieder ganz andere Karriere, deren Keim mit Rotwein auf dem Rücksitz gelegt wurde.

Der Artikel in der Zeitung bescherte mir starken Zulauf für mein Charity-Essen. Ich hätte nun jeden Samstag meine Tischrunde voll haben können. Aber mehr als einmal im Monat war gar nicht geplant.

Spannend wurde es, als eine überregionale Zeitung berichtete. Mir wurde nicht mitgeteilt, wann der Artikel erscheinen würde; ich hatte es schon fast vergessen. Eines Morgens aber riefen sämtliche Fernsehsender an und wollten über das Event berichten.

Ich war total verwirrt. Und habe alle hingehalten. Ich konnte mir das nicht vorstellen, es war doch eine sehr private Veranstaltung. Meine Gäste sollten ungestört sein. Aber gereizt hatte es mich schon. Beim nächsten Mal fragte ich die Teilnehmer, ob sie sich vorstellen könnten, Teil einer Fernsehreportage zu sein. Als ich daraufhin eine Tischrunde zusammen hatte, die damit einverstanden waren, erlaubte ich dem öffentlich-rechtlichen Sender bei einem ›Essen für den guten Zweck‹ zu drehen.

Das war wieder eine neue Erfahrung für uns. Ich war so froh, dass Robert das alles mitmachte. Fremde Menschen im Haus, Filmkameras und er hatte die Statistenrolle. Er war immer cool dabei. Vorsichtshalber hatte ich am Drehtag mein Essen vorab fast komplett vorbereitet. Sicher ist sicher, dachte ich mir. Und ich sollte recht behalten. Zuerst begleitete mich das Filmteam beim Einkaufen im Ort. Ich musste etliche Male beim Schlachter zur Tür hineingehen, den Inhaber begrüßen und meinen Einkauf bestellen, ein Gespräch über die Qualität führen. Schon die letzten Schritte vor der Ladentür wurden gefilmt, als ich mit schlenkerndem Korb auf dem Weg darauf zukam. Ich kaufe sonst nie mit einem geflochtenen Henkelkorb ein, viel zu umständlich, aber optisch machte das natürlich mehr her als eine Plastikkiste. Ich musste immer aufpassen, dass ich nicht direkt in die Kamera schaute. Es war sehr lustig, die Kameramänner waren junge Kerle, die Reporterin nett und professionell.

Die Aktion war, wie ich erwartet hatte, sehr zeitintensiv, da auch noch ein Interview mit mir geführt werden sollte. Bis zum Eintreffen der Gäste musste das alles erledigt sein. Weiterhin wollte das Fernsehteam eine Szene, in der Robert mitspielte. Ich schnitt Gemüse, Nahaufnahme auf meine Hände, dann musste ich sagen: »Schatz, kannst du mal die Muffins aus dem Ofen nehmen, ich habe nasse Hände.« Robert musste dann in den Ofen schauen und sagen: »Ich glaube, die Minimuffins können noch etwas.« Wie oft der Küchenwecker geklingelt hat, bis dieser Abschnitt im Kasten war, weiß ich nicht mehr. Es war auch nichts im Ofen, das war zum Glück alles fertig. Es gab …

Roher Spargel als Salat
Falsche Möhre
Grüne Suppe mit frischen Erbsen und Makrele
Spargel im Kräutercrêpe
mit Nussmayonnaise und Schinken vom heimi-
schen Schlachter
Waldmeister-Panna cotta
Erdbeeren im Vanillebad mit gerösteten Cashew-
kernen
Espresso und Rhabarber-Marzipan-Minimuffins

Das hätte ich nie vor den Augen der Kamera, quasi in der
Öffentlichkeit fertig bekommen. Ich notierte mir in meinen
Gedanken, keine Kochshow in meinem Leben zu machen.
Robert wurde dabei gefilmt, wie er den Wein zu entkorkte.
Es war schon aufregend, aber bis dahin nicht sehr realistisch.
Die Gäste trafen ein und alles war nun wie immer. Es gab
den Aperitif in Form einer Waldmeisterbowle. Das lockerte
die Stimmung erheblich. Dann vergaßen wir die Anwesenheit
des Filmteams fast. Es hielt sich dezent im Hintergrund. Es
wurden noch Interviews mit zwei Gästen geführt und gegen
zehn Uhr verließ uns das Kamerateam. Der Abend ging dann
wie immer fröhlich bis Mitternacht und der Spendentopf war
wie immer sehr voll.

Das Filmteam hatte so viel Material, dass sogar zwei Reporta-
gen daraus geschnitten wurden. Später haben wir das aufgrund
der guten Erfahrung noch einmal mit einem anderen Sender
wiederholt. Das hat unglaublich viel Spaß gemacht. Und wir
haben die Küche so gründlich geschrubbt, wie nie zuvor. Allein
aus diesem Grund hat es gelohnt.

Inzwischen hatte ich mich beruflich verändert. Die Hofübergabe-Beratung fand ich zunehmend frustrierend. Ich war stän-

dig auf der Autobahn, musste in Hotels übernachten und dann wurde der Termin so manches Mal sehr kurzfristig abgesagt. Ich wurde meist in den hoffnungslosen Fällen gebucht, bei denen es zwar sehr nötig war, die Aussicht auf Erfolg aber gering. Das machte nicht nur keine Freude, sondern brachte auch nicht genug Geld auf das Konto.

So hatte ich mich nach einem anderen Job umgesehen und landete schließlich als Hauptgeschäftsführerin eines großen Landvolkverbandes im Vorharz. Eigentlich gar nicht so schlecht, weil Robert damit eine wesentlich kürzere Anfahrt zu seinem Arbeitsort gehabt hätte. Trotzdem gefiel es mir, gefiel es uns nicht, umziehen zu müssen; gerade hatten wir tolle Freunde gefunden. Der Job war zwar in Ordnung. Mehr aber auch nicht, er erfüllte mich inhaltlich überhaupt nicht. Und das ist nicht mein Anspruch für den Rest meines Arbeitslebens. Und es war einfach nicht die Altmark. Nach drei Monaten wöchentlichem Pendeln waren wir unentschlossen, wie es weitergehen sollte.

Aber es geschehen noch Zeichen und Wunder. Immer wenn Robert die Augen gerollt hatte, weil es ihm zu viel wurde mit meinem Hobby Kochen, Website und Charity-Diners, hatte ich ihn aufgemuntert: »Wer weiß, wozu das alles gut ist?«

Es sollte sich bald zeigen, wozu das alles gut war.

Es war der 30. Juni, es war brütend heiß. Ausgerechnet an diesem Tag sollte ich meinen Abschied vom Lions-Präsidentenjahr feiern. Meinem Ehrgeiz folgend natürlich zu Hause. Ich rechnete mit den üblichen vierzig Gästen. Das wäre schon von diversen Geburtstagen geübt und kein Problem gewesen. Warum auch immer, es wurden sechzig Anmeldungen.

Geplant war ein spanisches Buffet. Die logistische Herausforderung brachte mich an meine Grenzen. Das größte Problem war die Kühlung. Die Nachbarn stellten netterweise ihre Kühlmöglichkeiten mit zur Verfügung. Mit Unterstützung von Freunden und Familie wurde es ein voller Erfolg.

Es war ein schöner und extrem heißer Nachmittag. Auch ein wenig rührselig wurde es, denn ich hatte das Präsidentenamt gern ausgeübt, war aber auch erleichtert, es so gut hinter mich gebracht zu haben. In meiner Begrüßungsrede brachte ich noch nachdrücklich zum Ausdruck, wie ungern ich in Kürze die Region verlassen würde.

»Wenn sich eine berufliche Perspektive für mich vor Ort ergeben würde, bleibe ich mit Freuden«, fügte ich noch scherzhaft an. Nach dem Essen saß ich mit den letzten Gästen zusammen, als mich Lions-Kollege Theo fragte, ob ich nicht das Restaurant im Nachbarort übernehmen wolle.

»Das wäre ideal für dich. So wie du die heutige Abschiedsfeier gemanagt hast, würde dir das bestimmt Freude machen. Außerdem kannst du hier bleiben und wir im Club verlieren unser engagiertes Mitglied nicht!«

Ich tat es zunächst als Schnapsidee ab.

Aber er ließ nicht locker. »Ich kenne den Eigentümer, ich erkundige mich mal.«

Wir beide, Robert und ich, waren noch beim Aufräumen, bauten gerade das Festzelt ab, als Theo anrief, er habe in einer halben Stunde einen Besichtigungstermin mit dem Eigentümer des Restaurants vereinbart. Meine erste Reaktion: »Ich darf kein Auto mehr fahren.« Ich war nicht betrunken, hatte aber auf der Feier ein oder zwei Gläser spanischen Rotwein getrunken. Gerade zum Abschluss, als der Stresspegel gesunken war. Theo war so angetan von seiner Idee und so überzeugt davon, dass er Robert und mich abholte.

So nahm denn die Fügung seinen weiteren Verlauf! Ich hatte schon von diesem Restaurant gehört, bin aber nie dort gewesen. Die Speisen dort waren uns viel zu teuer und als wir es einmal für einen ganz besonderen Anlass versuchten, gab es keine freien Plätze mehr. Ich war also auch überrascht, dass es leer stand. Daher haben wir die Räumlichkeiten zum ersten Mal betreten.

Was wir sahen, haute zumindest mich um. Wenn ich mir je ein Restaurant gebaut hätte, dann genau so. So und nicht anders. Man ging direkt an der verglasten Küche vorbei in einen Empfangsbereich mit Bar. Im oberen Stockwerk lagen die Gasträume, lauter kleine, schnuckelige Räume in dem dreihundert Jahre alten Fachwerkhaus. Alles war top renoviert mit Lehmputz an den Wänden. Der kleine Biergarten hinter dem Haus war durch alten Baumbestand wunderbar schattig und kühl, denn wir hatten immer noch fünfunddreißig Grad. Dort saßen wir mit dem Eigentümer und sprachen über erste Konditionen. Ich konnte es nicht glauben, was ich da tat.

War ich denn schon wieder größenwahnsinnig geworden? Ich kochte gern und war vor allem gern Gastgeber. Aber die restliche Erfahrung in der Gastronomie hatte ich als Gast. Tief im Inneren wusste ich aber, dass es Zeit für ein neues Abenteuer war.

21 Durchs Restaurant schweben und Gäste betüdeln

Oh je, was hatte ich denn jetzt schon wieder angestellt? Ich hatte meinen sicheren, gut bezahlten Job gekündigt, meine Wohnung sowieso und plante nun mein eigenes Restaurant.

Ich wollte einfach wieder selbstständig sein. Das ›Essen für den guten Zweck‹ hatte mir gezeigt, dass ich nicht nur Felder und Tiere aus meinem früheren Leben vermisste, sondern auch die großen Tischrunden, die in der Landwirtschaft noch mehr stattfinden als anderswo. Oftmals viele Kinder, Eltern, Praktikanten und Mitarbeiter. Wenn dann zufällig ein Geschäftspartner da gewesen war (und ich ihn leiden konnte) wurde er kurzerhand mit an den Esstisch gebeten.

Ich liebe das Lied von Reinhard May:

›*Bei Ilse und Willi auf dem Land*‹*: Oma in der Fensterbank, im Korb schnarcht der Hund, Ulla deckt den Küchentisch, es geht wieder rund. Kaffee aufm Herd und Braten in der Röhre, kein Platz auf der Welt, wo ich jetzt lieber wäre, ich schwöre. Die Füße unterm Tisch, die Gabel in der Hand, bei Ilse und Willi auf dem Land.*

Ich vermisste es aber auch, Entscheidungen zu treffen, für die ich die Verantwortung trug. Die Höhen und Tiefen des Unternehmertums. Den Stolz, wenn etwas geglückt war, aber auch das Akzeptieren, wenn etwas gründlich misslang. Das war die Grundtendenz, die ich verspürte. Den Rest meines Arbeitslebens in einem behördenähnlichen Verband zu verbringen und dazu auch noch umzuziehen, das widerstrebte mir gründlich. Ich war noch zu jung, mit etlichen Jahren Arbeitsleben, zumindest bis zur offiziellen Rente, hatte ich noch rund ein Drittel meines Arbeitslebens vor mir. Mich nervte das Gerede in meinem Umfeld fürchterlich, wenn man sich über die nun Gott sei Dank bald nahende Rente freute. Wie armselig war das denn, es nicht geschafft zu haben, sich einen Job zu suchen, der mehr Freude bereitete als das Rentnerleben, das statistisch betrachtet zwanzig Jahre, also rund ein Viertel des Lebens ausmachte?

Diese Einstellung ist arrogant. Das weiß ich. Es ist tatsächlich nicht jedem vergönnt, sich einen Arbeitsplatz zu suchen, der ihm hundertprozentig gefällt. Aber in meinem Freundeskreis wäre das bei allen möglich gewesen, behaupte ich einmal. Raus aus der Komfortzone, etwas riskieren. Wenn sie sich nicht trauten, sollten sie eben nicht jammern. Das war und ist zum großen Teil meine Meinung.

So schwer fand ich es nicht, sich zu verändern. Den Mut konnte ich immer wieder aufbringen. Lieber etwas riskieren und auch mal scheitern, als in Langeweile zu ersticken. Das Gerede der anderen zu ignorieren, die meinten, ich solle doch froh über einen sicheren, gut bezahlten Job sein, hatte ich vor Jahren gelernt.

Daher war es gar nicht so erstaunlich, dass ich nach einer ersten Besichtigung des Restaurants zwar mit leisen Zweifeln, aber auch mit voller Begeisterung in meinem Kopfkino verschwand. Ich sah die Räume nach meinem Geschmack eingerichtet. Die kleinen Fachwerkräume, die an Séparées erinnerten, dezent rustikal. Gemütlich, aber nicht überladen sollten sie sein. Vor meinem inneren Auge sah ich mich zwischen den Tischen umhergehen, die Gäste begrüßen und Wein einschenken.

So die Fantasie.

Ich war Unternehmer genug, um das ganze Projekt in Zahlen darstellen zu wollen. Aber da stieß ich an echte Grenzen. Wie sollte ich planen? Bei Getreide kann man das gut. Kosten für Aussaat, Pflege, Dünger und Ernte, inklusive Arbeitskosten. Die Ertragsschätzung konnte man gut nach Schätzzahlen erledigen, da gab es genug Informationen.

Aber hier? Wie viel Gäste würden kommen? Was würden sie umsetzen? Klar, ich konnte auch einen Preis für ein Gericht kalkulieren, aber wie viel davon würden im Magen der Gäste landen und welche Anzahl im Müll?

Berater für die Gastronomie gab es in größerer Anzahl. Viele Köche, die aussteigen wollten, versuchten, sich mit Beratung über Wasser zu halten. Ich bekam den Verdacht, dass es mehr Berater als Köche gab. Aber wen immer ich auch fragte, sie kamen mir mit den Pauschalantworten. Personalkosten sollten vierzig Prozent vom Umsatz nicht übersteigen und so weiter. Weil es nicht konkreter geschätzt werden konnte. Gäste verhalten sich immer unberechenbar.

Das sollte ich noch zur Genüge erfahren. Essen sie an einem Wochenende fast nur Fisch, lassen sie ihn am anderen links liegen, bei gleichen äußeren Bedingungen.

Welche Öffnungszeiten waren die besten? Ich machte etwas Marktbeobachtung und konnte feststellen, dass von Montag bis Donnerstag nicht viel los war in der Kleinstadt. Eine Einkaufsstadt war sie bestimmt nicht, dazu war die Kreisstadt Lüneburg in zwanzig Kilometern Entfernung viel zu attraktiv. Es waren hübsche Fachwerkhäuser zu sehen und ein neu gestalteter Hafen lud zum minimalen Bummeln ein. Das war nur etwas für die Wochenendtouristen aus Hamburg. Und im Sommer die Radfahrer, die auf dem beliebten Flussradweg entlangradelten. Darauf mussten wir uns einstellen. Für die schlechtere Jahreszeit müssten wir gut genug sein, um das nähere Umfeld zu uns zu locken. Es musste ein Erlebnis werden, bei uns zu essen.

Das war der Kenntnisstand. Ich bastelte eine Excel-Tabelle, die einen kleinen Gewinn auswies, sollten die Annahmen stimmen. Ich war mir aber bewusst, mit zu vielen Unbekannten rechnen zu müssen und es schlicht auch Glück und Kreativität bedürfen würde, um davon leben zu können. Immerhin hatte der Vorgänger nach vier Jahren das Handtuch geworfen, das war keine gute Motivation. Aber er hatte ein gänzlich anderes Konzept.

Ich wollte vor allem eines: eine Küche mit echter Regionalität und Saisonalität. Das sollte zwar schwerer werden als zunächst gedacht, machte aber aus unserem Kochstil ein echtes Markenzeichen.

Die Namensgebung hatte ich schon nach dem ersten Rundblick im Restaurant festgelegt, das war alternativlos. Es sollten ein, nein: mehrere Wohnzimmer sein. Die vielen, kleinen Räume ermöglichten das. ›Jo's Wohnzimmerrestaurant‹ war geboren.

Das waren die einfachsten Schritte. Die folgenden wurden sehr schwer, da sie der Realität standhalten mussten. Ich war mir durchaus bewusst, dass es ein sehr harter Weg zum Erfolg sein würde. Insgeheim schloss ich einen Misserfolg auch gar nicht aus. Aber ich wollte es so gern versuchen. Nicht immer nur, man könnte, man sollte, ich würde, sondern: Ich mache.

Der Big Boss der Pleite-Firma hätte seine Freude an mir gehabt, ich war kein Miesmacher, kein Mitmacher, sondern ein Mutmacher. Wobei ich mir in erster Linie selbst Mut machte. Mir war klar: Ich brauchte ein Konzept und Mitarbeiter. Das war essentiell. Ein Konzept hatte ich im Kopf, aber ich hatte keinerlei Erfahrungen in der Gastronomie. Ich konnte gut kochen, auch für viele Menschen. Das war es allerdings auch schon. Grundsätzliche Betriebsführung war mir geläufig und ich machte sogar die Buchführung gern. Das waren Punkte, die Mut machten. Ich hatte mir drei Monate Zeit bis zur Eröffnung gegeben. Es lief alles nach diesem Zeitplan. Konzept, Einkauf von Einrichtung, Speisekarten, Kontoeinrichtung inklusive EC-Gerät, Versicherung, Müllanmeldung und weitere Kleinigkeiten.

Verzweifelt war ich bei der Suche nach Mitarbeitern. Gleich

am Anfang hatte ich triumphiert, dass es so leicht sei. Ich hatte innerhalb einer Woche eine Reinigungskraft, aber dann stockte es über Wochen. Köche waren gar nicht zu finden und Servicekräfte nur, die nicht unserem gewünschten Niveau entsprachen. Sicherlich ist es in einer Kleinstadt schwieriger. Eine weitere Anzeige wurde geschaltet. Da tat sich dann etwas. Sandra stellte sich vor. Ideal für uns. Mit viel Erfahrung, freundlich und kompetent. Sie suchte genau das, was wir ihr anbieten konnten. Das passte also. Aber für die Küche tat sich überhaupt nichts.

Es war vier Wochen vor Start und ich hatte keinen Koch. Nun musste Plan B daher. Ich suchte mir einen Koch-Coach mit Restauranterfahrung und machte dabei wieder die Entdeckung, dass es davon mehr zu geben scheint als Köche. Viele kehren dem Restaurantbetrieb den Rücken zu, weil es zu anstrengend ist, auf Dauer nicht mit dem Familienleben vereinbar und die Arbeitszeiten einfach ungünstig sind.

Ich wollte von ihm gecoacht werden, bis ich selbst im Restaurant kochen könnte. Das war nicht ideal, denn eigentlich wollte ich durchs Restaurant schweben und die Gäste betüdeln.

Immerhin hätte ich durch unsere Showküche, die unsere Gäste durch eine Glasscheibe am Eingang sehen konnten, wenigstens Blickkontakt zu unseren Gästen.

Ein Freund von uns, der gerade zwischen zwei Jobs stand und früher einmal als Smutje unterwegs war, sprang mir als Unterstützung bei.

Der Coach kam und brachte das Rundum-Paket. Von Einkauf, Zubereitung, Lagerung und allgemeinem Restaurantbetrieb. Das half einerseits und andererseits versetzte mich das noch mehr in Panik. Was er meinte, was wir alles noch zu bedenken, einzukaufen, umzubauen und Personal einzustellen hätten, erschreckte mich zutiefst. Aber beim Kochen lernte ich dazu.

Wir waren in unserer dritten Coachingstunde, als die Tür aufging und Markus hereinspazierte: »Hier wird noch ein Koch gesucht?«

Sprach es aus und blieb. Markus war ein Idealist wie ich. Auch er hatte vor etlichen Jahren einen Bürojob aufgegeben, um nur noch zu kochen. Dann verschiedene Stationen durchlaufen, war aber immer noch auf der Suche nach dem Traumjob. Auf der Suche nach einem Restaurant, in dem er kochen konnte. Keine Fertigprodukte, keine Pommes aus der Fritteuse. Kein Schnickschnack, sondern ehrliche, deutsche Küche auf moderne Art. Das passte zu hundertzwanzig Prozent auf uns. Gerade noch rechtzeitig. Glück gehabt.

Die nächsten Stunden Coaching waren wir dann schon final im Team. Markus, Sandra, Kerstin, Uwe, Robert und ich. Wir nahmen noch das Rundum-Coaching-Paket für das Restaurant hinzu. Servieren, Eindecken, Hygiene und die Weinprobe. Die Stimmung war heiter, wir verstanden uns gut, aber mir wurde die Sache unheimlich. Ich fühlte mich bereits wieder als Hochstaplerin.

Selbstüberschätzung? Ich leide nicht daran, aber in dem Fall konnte ich sie auch nicht genießen. Zu viel hatte ich riskiert und alles auf diese Karte gesetzt. Und ich war doch nur die kleine Hausfrau, wer sollte da schon viel Geld für Essen ausgeben?

Keiner merkte mir an, dass ich butterweiche Knie bekam. Aber raus aus der Nummer konnte ich nicht, wollte ich auch nicht. Robert unterstütze mich, wo er nur konnte. Mehr als ich je vermutet hatte.

Website online stellen, Speisekarten drucken, Bier bestellen, Mitarbeiter und vor allem das Gewerbe anmelden. Zu tun gab es genug.

Der Eröffnungstermin wurde festgelegt. Wir planten ein Testessen an einem Sonntagabend, bei dem gute Freunde und Bekannte kommen sollten, um die Karte und uns testen. Dafür sollten sie aber nicht bezahlen, sondern für die örtliche Jugendfeuerwehr spenden.

Kleidungsfragen klären, Wechselgeld besorgen, die Vorbereitungen wurden immer kleinteiliger und konkreter, vor allem zeigten sie, dass es nun bald losgehen sollte. Die Plätze für das Testessen waren in kürzester Zeit vergeben. Sogar die ersten Buchungen für Weihnachtsfeiern kamen schon herein. Daran hatte ich noch gar nicht gedacht: Ich musste plötzlich schon Angebote schreiben.

Wir waren alle schrecklich aufgeregt, als der große Tag des Testessens kam. Die Horrormeldung kam mit der Botschaft von Markus am Abend zuvor: »Ich bin krank, ich hau mich erst mal hin«, und war bis zum nächsten Nachmittag nicht zu erreichen. Weder per Telefon noch über Haustür-Sturmklingeln. Absagen oder Augen zu und durch? Ich entschied mich für letztere Variante. Genau in dem Moment tauchte er in der Küche auf und übernahm. Ich konnte also die Schürze abbinden und mich in Servierkleidung hübsch machen.

Die Gäste kamen, es lief gut, nicht reibungslos, aber gut. Wir konnten noch Fehler im System erkennen. Es kam eine schöne Summe für die Jugendfeuerwehr zusammen.

Dann war der Sonntagabend beendet mit einer Auswertungsrunde, wie wir Fehler noch bis zur offiziellen Eröffnung in drei Tagen beheben könnten. Auch das erste Trinkgeld war verdient, das komplett an die Mitarbeiter ging und immer gehen wird.

Nun fühlten wir uns etwas sicherer und konnten beruhigt den normalen Restaurantbetrieb angehen. Der lief ziemlich schleppend an. Zwei Wochen lang kamen nur sehr vereinzelt Gäste. Dann sprach es sich rum und es kamen mehr – auch zum zweiten und dritten Mal. Die ersten Stammgäste! Ich begann, mich auf die Abende zu freuen und nicht nur ängstlich zu sein.

Es lief längst nicht alles glatt. Wenn ich da an die erste Weihnachtsfeier eines Lehrerkollegiums denke … Chaos ohne Ende beim Bestellen, beim Servieren und Bezahlen. Immerhin schmeckte den Gästen das Essen ausgezeichnet, aber alles anderes lief durcheinander. Wie peinlich! Trotzdem wurde es allmählich immer mehr. Ich backte an jedem Wochenende einen Kuchen mehr als in der Vorwoche.

Die Gäste lobten unser Konzept, die Zubereitung und unsere Herzlichkeit. Wir waren uns im Team da sehr ähnlich und behandelten unsere Gäste wie persönliche Gäste. Genau das, was mir so wichtig war, schien aufzugehen. Ein Wohnzimmerrestaurant, die Gäste sollten sich wie zu Hause fühlen; ich wollte Gastgeberin sein und nicht der Wirt oder Restaurantinhaber.

Finanziell war es noch sehr, sehr anstrengend. Wir brauchten noch sehr viel Personal, um die Arbeit zu bewältigen, und es fehlte noch viel Equipment, das hätte ich gar nicht gedacht. Aber die Suppenterrine für die Hochzeitssuppe musste genauso angeschafft werden wie der Tannenbaumständer in der Adventszeit. Ich hatte in der Anfangszeit nicht mit großen Überschüssen gerechnet, sodass ich zumindest kein Problem darin sah. Man muss immer erst investieren, bevor man Geld verdient. Dafür war ich zu sehr Unternehmer und die Richtung, die wir nahmen, war eindeutig der Weg, den wir gehen wollten.

Die Idee des Singletreffs entstand. Aus meinen ›Essen für den guten Zweck‹ wusste ich, dass es Menschen gibt, die sehr aufgeschlossen neuen Erfahrungen und anderen Menschen gegenüber sind. Als Single geht man nicht gern allein essen, das wusste ich auch aus eigener Erfahrung. Ich fand es auf meinen Geschäftsreisen immer blöd, allein im Restaurant zu sitzen. Mit großen Zeitungsanzeigen warb ich für den ›Singletreff bei einem leckeren Menü‹. Sechs Singles kamen und genossen das Essen und gute Unterhaltung. Alle zwei bis drei Wochen wiederholten wir dieses Event. Es war ein voller Erfolg, die Single-Gäste blieben nie unter vier Stunden.

Es kamen Weihnachten und Silvester. Menüs und Party. Wir waren ungeübt, aber begeistert, das glich kleine Fehler aus.

Der Januar war dann im Abwärtstrend, aber auch damit hatte ich gerechnet; es überraschte mich nicht.

Am 20. Januar besuchte mich mein Sohn Felix und warnte vor Corona. Bis dahin hatte ich nur ganz am Rande davon gehört, hatte ich doch andere Baustellen. Durch die Warnung, die er als Biologe aussprach, verfolgte ich in den Medien dieses Thema und es machte mir zunehmend Sorgen. Ich weiß noch, als es hieß, man könne in Österreich als Hotel Kurzarbeitergeld beantragen, wenn man von Corona betroffen sei. Das erschreckte mich zutiefst.

Vorerst kam eine andere, große Herausforderung auf mich zu. Markus brach sich mehrere Rippen mit kompliziertem Verlauf. Ich musste für ihn einspringen und die Küche übernehmen. Das ging nur gut, weil coronabedingt immer weniger Gäste kamen. Sonst hätte ich das gar nicht geschafft. Einkauf, Wäsche und Werbung mussten ja auch gemacht werden. Ich hatte alle Hände voll zu tun.

Während ich die ersten Lorbeeren als Restaurantköchin verdiente, ging die gesamte Gastronomie in die Knie. Ich merkte die Folgen von Corona anfangs nur an den Zahlen, denn ich kam kaum aus der Küche raus. Dann merkte ich es beim Einkaufen; die Regale im Großhandel waren leer gefegt. Es gab weder Nudeln noch Mehl.

Ich verfolgte das Thema nun intensiver, und als die Schulen dann auch schlossen, entschied ich, ab der nächsten Woche auch nicht mehr zu öffnen. Mitarbeiter auf Kurzarbeit, Heizung ausdrehen, Schild an die Tür und abwarten. Mich störte nicht nur die schlechte Auslastung, verbunden mit finanziellem Verlust, sondern es widerstrebte mir auch, Gäste einzuladen und noch mehr zu werben. Zumindest, solange die allgemeine Empfehlung lautete, möglichst zu Hause zu bleiben. Diesen Widerspruch konnte ich nicht auflösen.

So übel das war, war ich doch erst mal erleichtert, denn meine Entscheidung wurde dann durch die allgemein angeordnete Schließung bestätigt. Ich habe eine Woche fast nur geschlafen, weil ich es vor lauter Anspannung in den Wochen davor nicht konnte. Dann aufgeräumt und gewartet. Und gewartet.

Zwischendurch kam die anfängliche Unsicherheit wieder auf, ob denn unser Konzept überhaupt Anklang gefunden hatte; angesichts sinkender Gästezahlen konnte ich das nicht mehr eindeutig erkennen. Das war eine üble Zeit. Ich bin viel zum Kinderhüten in Mieste gewesen. Homeoffice war für junge Frauen, also auch für meine Schwiegertochter Katrin, eine schwere Belastung.

Finanziell wäre es ohne staatliche Hilfe verflixt eng geworden. Ich hatte am Anfang mein Erspartes in das Projekt gesteckt, so schnell konnte ich das nicht wieder ausgleichen. Ich hatte deswegen aber zum Glück keinen Kredit, den ich hätte zurückzahlen müssen.

Es vergingen zwei gefühlt sehr lange Monate. Corona verunsicherte uns alle. Wir haben es sehr ernst genommen. Die Kontaktbeschränkungen befolgten wir penibel. Wir sahen kaum jemanden und wenn, dann nur aus der Ferne. Wir fuhren Tretboot mit Freunden auf dem Lopausee und unterhielten uns aus zwei Meter Entfernung miteinander.

Eine Anordnung schockierte mich besonders: Es war verboten, in das angrenzende Bundesland nach Mieste zu fahren. Das wurde untersagt, weil der Baumarkttourismus unterbunden werden sollte; in einem Bundesland waren sie geöffnet, im anderen geschlossen. Damit fühlte ich mich von der rettenden

Heimat abgeschnitten. Mein sicherer Anker war nicht mehr da. Mir schossen Gedanken durch den Kopf, das alte Nummernschild wieder anzuschrauben oder einen Arbeitsvertrag mit Simon zu schließen, denn Arbeitsplätze hätte man aufsuchen dürfen. Tatsächlich sind Robert und ich dann heimlich und verbotenerweise nach Mieste eingereist. Über Schleichwege. Wir haben dort eine Rundfahrt im Feld gemacht, Picknick auf unserer Wiese und keinen der Familie getroffen. Sicherlich hätte uns nicht viel passieren können, wenn wir erwischt worden wären. Höchstens eine Geldstrafe. Aber ich bekam eine leise Ahnung, wie sich meine Schwiegereltern nach dem Krieg gefühlt hatten. Abgeschnitten von der Heimat, zu Zeiten, in denen ein Telefon nicht selbstverständlich war.

Ohne lange Vorwarnung ging es dann wieder los. Wir durften öffnen. Ich war aufgeregter als bei der ursprünglichen Eröffnung, denn inzwischen wusste ich, was so alles schiefgehen konnte. Ich war nicht mehr so naiv. Allerdings glaube ich aus heutiger Sicht und viele Lebenserfahrungen weiter, dass man sich in neuen Lebensphasen im Nachhinein immer naiv fand, denn sonst wäre es nicht neu gewesen.

Die Auflagen für die Eröffnung waren sehr streng. Maske tragen, Abstände erweitern, laufend desinfizieren, Datenerfassung. Das war sehr schwer. Die Gäste machten aber gut mit. Die Gäste, die kamen wohlgemerkt – denn es kamen in den ersten zwei Monaten wieder wenig Gäste. Es gab immer noch die offiziellen Warnungen: sehr vorsichtig zu sein und die Kontakte möglichst einzuschränken. Auch durften sich nicht mehr als zwei Haushalte treffen. Feiern konnten noch nicht wieder stattfinden. So richtig entspannt war ich nicht.

Ein weiteres Problem hatten wir mit unserem Nachbarn des Restaurants, der mit der Biergartennutzung nicht einverstanden war und uns etliche Steine in den Weg legte. Gerade der Biergarten hat uns gerettet, denn die Gäste nutzten den sehr gern. Draußen fühlten sie sich vor Corona sicherer. Unser Garten hinter dem Haus war wunderschön, unter lauschigen Bäumen, ringsum eine Hainbuchenhecke. Platz für zwanzig bis dreißig Gäste. Normalerweise. Den Coronaanforderungen gemäß reduzierten wir, beziehungsweise stellten wir auch vor unser Haus ein paar Tische.

Was passierte, war ein Supersommer. Es gab Tage, an denen kein einziger Gast in den Innenräumen aß.

Inzwischen war das Problem ›Akustik im Biergarten‹ gelöst worden. Ab zehn Uhr mussten wir die Gäste bitten, leiser zu sein, und ab Mitternacht ganz schließen. Das war für uns nicht schwierig; es war so selten, dass jemand so lange blieb. Wir hatten ja keinen Biergarten im klassischen Sinne, sondern nur den Außenbereich eines guten Restaurants. Unsere Gäste verhielten sich immer sehr zivilisiert. Wir waren jeden Abend, wenn das Wetter es zuließ, ausgebucht. Es lief super.

Ende des Sommers nahmen die Corona-Zahlen wieder zu. Es stand ein erneuter Lockdown im Raum. Die Gästezahl nahm bereits wieder empfindlich ab. Das war, ehrlich gesagt, auch eine Erleichterung, wenn auch der Umsatzrückgang damit in der Kasse zu spüren war. Wir waren ziemlich abgekämpft. Ich war körperlich fertig. Da eine erneute Schließung drohte, hatte ich keinen weiteren Mitarbeiter eingestellt, es war mit unserem kleinen Team kaum zu schaffen; wir arbeiteten alle am Limit.

Die Schließung Ende Oktober nahm ich als Zeit der Regeneration hin. Ich hätte es sowieso nicht ändern können und wollte diese Zeit intensiv für Aufräumen und innovative Ideen nutzen. Dass diese Schließung jedoch sieben Monate dauern sollte, damit hatte ich nicht gerechnet.

Wir wollten nicht tatenlos sitzen und warten. Dieses Mal nicht. Wir kannten uns inzwischen als Team besser und besonders Markus und ich entwickelten neue Konzepte. Menüs zum Fertigkochen außer Haus, Kochkurse mit zwei Haushalten. Das brachte alles kaum Geld, schon gar nicht genug, ließ uns aber noch den Kontakt zu unseren Gästen halten und vor allem nicht untätig abwarten. Ich perfektionierte in dieser Zeit den Umgang mit Powerpoint und Bildbearbeitung, sodass ich jede Woche neue Plakate für die wechselnden Menüs entwarf.

Wir erweiterten unsere Mini-Direktvermarktung mit selbst gemachten Produkten, kochten Suppe zum Mitnehmen. Einiges lief gut, einiges gar nicht. Aber wir waren beschäftigt. Die Einnahmen waren nicht höher als die Ausgaben. Und es waren insgesamt auch nur sehr wenige Stunden, die wir im Restaurant verbrachten, aber es war besser als Däumchendrehen.

Aber es gab auch private Einschränkungen. Robert vermisste seinen jährlichen Skiurlaub sehr. Kurzerhand baute ich unser Schlafzimmer in eine Skihütte um. Alte Skistöcke von eBay, Schlitten vom Dachboden, Holzscheite vom Kamin und eine Seilbahnlichterkette wurden montiert. Kunstschnee und Hirschgeweihe. Dazu eine riesige Leinwand vor dem Fenster, den Beamer auf den Kleiderschrank hinter uns und fertig war unser persönlicher Winterurlaub. Dazu stellte ich dann noch einen elektrischen Kamin auf.

Jeden Morgen, an dem Zeit dafür war, tranken wir nun unseren Kaffee im Bett und schauten uns das Alpenpanorama live via österreichischem Fernsehen an. Schneetreiben, Sonnenaufgänge über schneebedeckten Gipfeln, das alles konnten wir im kuscheligen Bett erleben.

Mit unserem Koch Markus hatte ich einen guten Draht während der Lockdownzeit. Wir telefonierten fast täglich und tranken mal einen Kaffee. Sandra hingegen hat sich gar nicht gemeldet.

Als sie dann eine andere Stelle annehmen wollte, war ich überhaupt nicht traurig. Wir suchten dann eine neue Servicekraft. Das war extrem schwer. Keiner wusste, wie sich Corona weiterentwickeln würde und keiner wollte eine neue Stelle annehmen.

Das verstand ich vollkommen. Da kam dann Debbie, eine Schülerin, die ich anlernte und sich sehr gut bewährte. Wir sind in kurzer Zeit ein Superteam geworden. Da wir mittlerweile professioneller unterwegs waren, kam ich insgesamt auch mit weniger Personal aus.

Nach sieben Monaten durften wir endlich wieder öffnen. Dieses Mal war ich aber nicht verunsichert, sondern überzeugt, dass unser Konzept genau richtig war.

Es folgte eine Wiederholung des vorigen Sommers. Richtig gut. Volles Haus, super Gäste und ein fröhliches Team. Körperlich war es noch anstrengender, weil wir weniger Kollegen waren, aber wir hatten so viel Spaß, dass wir durchhielten.

Es drohte wieder eine Herbst-Corona-Welle. Die Gästezahlen nahmen ab, Kontaktbeschränkungen wurden wieder verschärft. Wir mussten auf unseren so beliebten Singleabend verzichten. Jetzt war ich wieder extrem angespannt, denn es gab keinen regulären Lockdown, sondern ich musste entscheiden, ob und wann wir öffneten. Das war eine nervliche Belastung, die kaum zu ertragen war. Coronazahlen anzusehen, Gästeverhalten interpretieren und die finanzielle Situation im Auge behalten. Die Corona-Lage spitzte sich zu, bereits gebuchte Weihnachtsfeiern, die jetzt mit 3G oder 2G, also geimpft, genesen, getestet oder nur geimpft oder getestet, erlaubt waren, wurden storniert, ebenso die Familienessen zu Weihnachten. Es war fürchterlich. Wenig zu tun und keine guten Aussichten.

Ich beschloss, mich abzulenken. Unser Sofa hatten wir mithilfe von Corona durchgelegen. Es sollte ein neues Sofa sein. Das wollte ich mit einer Neugestaltung unseres Wohnzimmers verbinden.

Möbelhäuser durfte man unter 2G betreten. Geimpft oder ge-

nesen. Die Impfung hatten wir auf dem Laufenden gehalten, sodass wir in mehreren Möbelhäusern das Sofa aussuchen konnten.

Mittags aßen wir, auch unter 2G, im Restaurant eines Möbel-
hauses. Dann bestellten wir unser Sofa und bezahlten es. Hinter
der Kasse gab es eine Weinverkostung eines bekannten Weingu-
tes. Das durfte jedoch wegen Corona keinen Wein ausschenken,
sondern nur in ganzen Flaschen verteilen. Das war Schicksal.

Wir nahmen dankend eine Flasche Rotwein mit. Im Auto
begann ich zu grübeln. Jetzt da das Sofa gekauft war, wie sollte
ich weiter die Zeit aushalten bis zur Normalisierung der Corona-
Lage? Weitere große Veränderungen im Haus wollte ich nicht
anstoßen, da die finanzielle Situation nicht klar war. Das brachte
mich dazu zu überlegen, wie ich während dieser Überbrückungs-
zeit Geld verdienen könnte. Der Ansatz war sehr gut. Dann
bekam ich fürchterlichen Durst nach der fettigen Currywurst.
Die einzige Flüssigkeit im Auto war der Rotwein. Den zog ich
aus der Tasche und trank aus der Flasche. Reichlich beschwipst
kam ich zu Hause an. Und dachte weiter über Möglichkeiten
nach: erstens Geld zu verdienen, zweitens der Situation nicht
mehr ständig ins Auge sehen zu müssen und drittens eine echte
Herausforderung zu erleben, möglichst etwas Fachliches oder
etwas fürs Leben zu lernen.

Vor Ort erschien mir das alles schwierig. Ich hatte keine Lust,
als Tester ins Testzentrum zu gehen; die Gastronomie hatte
rundum dieselben Schwierigkeiten, da stellte keiner jemanden
zusätzlich ein. Außerdem konnte ich nicht als Restaurantinha-
berin beim Nachbarn Aushilfskellnerin sein.

Wer suchte mich denn? Meine Fähigkeiten? Da fiel mir unser
morgendliches Alpenpanorama auf der Leinwand im Schlafzimmer ein. Dort waren Skifahrer wie zu Vor-Corona-Zeiten täglich
zu sehen. Der Blitzgedanke fraß sich fest und ich bewarb mich
am nächsten Morgen formlos als ›Irgendwas‹ im Skigebiet. Das
klappte schneller, als ich dachte.

22 Kolja und die Schüssel Crème fraîche

Da saß ich nun also im Zug. Im Zug nach Irgendwo in Österreich. Ich hatte eine Fahrkarte mit einem Zielbahnhof, die Mail eines Hotels, in der mir einen Job als F&B Manager Assistent zugesagt wurde. Aus einer weiteren Rotweinlaune heraus war ein neues Abenteuer entstanden. Es sah jedenfalls ganz danach aus.

Vor vier Tagen hatte ich ein Vorstellungsgespräch via Skype geführt, nachdem ich mich ohne Lebenslauf formlos beworben hatte. Mein Lebenslauf in der Gastronomie war extrem kurz. Lediglich das Zertifikat über die Ausbildung zum Weinberater vom letzten Sommer hatte ich an die Mail angehängt. Obwohl das Vorstellungsgespräch mit der Hoteleigentümerin eine dreiviertel Stunde gedauert hatte, war mir nicht hundertprozentig klar, welche Aufgaben mich erwarteten. Nur das enorme Arbeitspensum dort war deutlich zu erkennen gewesen. Aber ich wollte es wagen, unbedingt.

Ein riesiger Koffer und mein Rucksack begleiteten mich. Außerdem gute Wünsche und meine Beklommenheit.

Was hatte ich mir da vorgenommen? Dreieinhalb Monate fort? Ich, die es sonst nur zehn Tage fern der Heimat aushielt? Von meiner Aufgabe dort hatte ich nur sehr vage Vorstellungen. Das schien machbar. Aber die Kommunikation sollte hauptsächlich auf Englisch sein und dort hatte ich große Defizite. Angesichts meiner Urlaubs-Phobie bin ich nie viel gereist, ins Ausland noch seltener. Und weder meine Bauern noch meine Kühe sprachen mit mir Englisch. Meine Gäste im Wohnzimmerrestaurant waren höchstens einmal Holländer.

War das wieder ein Wahn an Selbstüberschätzung? Beruhigend war nur, dass ich ja jederzeit zurückkönnte, wenn es denn gar nicht auszuhalten war.

Trotzdem war ich auch freudig aufgeregt. Der Zug fuhr am Bodensee vorbei, die ersten Berge kamen in Sicht. Und Schnee. Ich staunte und fing an, den Daheimgebliebenen per WhatsApp und Fotos zu berichten.

Die Berge um mich herum wurden immer gewaltiger, leider wurde es auch immer dunkler. Am Zielbahnhof ging es dann in den Bus, so weit hatte alles gut geklappt. Wir fuhren durch diverse Skiorte, da wurde ich ziemlich ängstlich, ob diese Umgebung das Richtige für mich wäre. Es sah nach Party und Remmidemmi aus. Mondän. Das wäre wirklich nicht meine Welt. Aber hey, ich hatte es so gewollt. Augen zu und durch.

Aufgrund meiner mangelnden Reiseerfahrung machte es mich auch nervös, mehrmals umsteigen zu müssen und das letzte Ende sogar in die Bergbahn. Das Hotel war im Winter nicht mit dem Pkw oder Bus zu erreichen, sondern eben nur per Bergbahn.

Von der Bushaltestelle musste ich nur über die Straße in die Bergbahn. Aus dem Bus gestiegen, versöhnte mich der viele Schnee sofort. Die Bergbahnfahrt war zum Glück nicht sehr hoch, denn ich habe erheblich Höhenangst in solchen Gefährten. Das war aber bei dieser großen Gondel gut auszuhalten. Ich konnte den Ausblick genießen, nicht ahnend, was mich in dieser Hinsicht noch alles erwarten würde.

Zum Glück wurde ich oben von David, dem Direktionsassistenten erwartet, dem ich vom Tal aus meine Ankunft mitgeteilt hatte. Unterirdisch ging es mit einem Golf-Caddy zum Teamhotel.

Die Anreise war geschafft. Das Zimmer war in Ordnung, schätzungsweise zwölf Quadratmeter, ein großes Bett, ein Schrank und ein Sessel. Das Bad war kuschelig warm. Ich freute mich über einen Balkon und war auf den Ausblick am nächsten Morgen gespannt. Ein letzter Imbiss aus dem Rucksack, denn leider wurde mir kein Essen mehr aus dem Hotel angeboten. Sicherlich hätte ich essen gehen können, aber auf die Idee bin ich gar nicht gekommen. Ich war auch ziemlich erschöpft von der Reise und der Aufregung und konnte sehr gut schlafen.

Am nächsten Morgen hatte ich nicht nur einen gigantischen Ausblick auf die Berge, direkt aus meinem Bett heraus, sondern auch acht Anfragen von Familie und Freunden, ob ich gut angekommen sei und wie es mir ginge. Es war unvorstellbar, sie alle so lange Zeit nicht sehen zu können. Zum Glück gab es viele technische Möglichkeiten über WhatsApp, Skype und Ähnliches. Und, das war fast ein Wunder, das Wlan im Teamhotel erwies sich als äußerst stabil.

Nun sollte aber der erste Arbeitstag beginnen. Wieder einmal stand ich vor einer völligen Veränderung meines Alltags und wieder einmal verfluchte ich meine Rotweinlaunen, die mir in solchen Momenten den größten Stress bescherten.

David nahm mich mit zum Hotel. Er führte mich durch den Tunnel, das war alles sehr verzweigt und ich konnte mir den Weg nicht merken. Das Hotel erwies sich als bodenständiger als ich erwartet hatte. Die Website ließ eine wesentliche vornehmere Ausstattung erahnen. Aber das beruhigte mich eher, es schien hier auch nur mit Wasser gekocht zu werden. Gediegen auf höherem Niveau bis etwas altbacken – so würde ich es beschreiben. Das wahre Pfund war einfach die Lage. Man hatte fast auf allen Seiten eine atemberaubende Aussicht. Ob es die Terrasse war oder das Schwimmbad, man sah auf eine Bergwelt, die ihresgleichen suchte. Das spiegelte sich auch in der Preisgestaltung wider. David zeigte mir das Hotel bis in den letzten Winkel, auch das war sehr verwirrend, es sollte einige Tage dauern, bis ich alles auf Anhieb fand.

Besonders beeindruckend fand ich verschiedene Weinkeller, die bis obenhin mit Weinen voll waren. Leider merkte ich dann, dass es überwiegend österreichische Weine waren. Mit denen kannte ich mich kaum aus. Qualitätsstufen wurden ganz anders bezeichnet, als ich es gelernt hatte. In den folgenden Wochen hatte ich es mit ›Smaragd‹ und ›Federspiel‹ zu tun, statt mit ›Auslese‹ und ›Kabinett‹.

»Und hier findet jeden Tag das Meeting der Abteilungsleiter statt, du musst um halb elf Uhr sehr pünktlich erscheinen!« David wies auf einen Konferenzraum hin.

Aha, dachte ich, dann bin ich also Abteilungsleiter und wusste nicht, ob ich mich darüber freuen oder ängstigen sollte. Abteilungsleiter, das klang nach viel Verantwortung, das war aus meinem vereinbarten Gehalt gar nicht ersichtlich. Grundsätzlich habe ich gern Verantwortung, aber da mir nicht klar war, was ich tun sollte, war ich etwas verstört. Ich ging von einer etwas untergeordneten Stelle aus. Für dreieinhalb Monate.

Beim ersten Meeting traf ich dann die anderen Abteilungsleiter. Die Bereiche waren Küche, Restaurant, Rezeption, Spa und allgemein ›Haus und Hof‹. Immerhin erhoffte ich mir, in den Meetings viel zu lernen. Das war aber leider nicht der Fall; es wurden nur die Belegungs- und Coronafälle bekannt gegeben. Gut für alle zu wissen, aber grundsätzliche Überlegungen und Diskussionen wurden dort nicht geführt, auch später nicht.

Der Hoteldirektor selbst übernahm es nun, mich in meine Aufgabe einzuweisen. Mittags musste ich in der Küche die Essen aus der Küche auf dem sogenannten Pass, ein sehr großer Tresen, unter den Wärmelampen für den Service aufzubereiten. Besteck und Brot anlegen, die Speisen für die Tische zusammen möglichst auf ein Tablett, ein riesiges Tablett, denn auf der Sonnenterrasse konnten zweihundert Gäste bewirtet werden.

Die Servicemitarbeiter waren fast alle kroatisch, ein Italiener war dabei, ein Österreicher und eine Engländerin. Zwischendurch sollte ich Besteck polieren und Brot schneiden. Das war alles im Grunde simpel, jedoch war das Tempo durchaus sehr hoch. Nach einigen Tagen, als ich mich halbwegs in den riesigen Weinkellern auskannte, musste ich zwischendurch auch noch Wein aus ebendiesen Kellern holen. Weil nicht alle, die auf der Weinkarte standen, auch in der Nähe des Restaurants untergebracht werden konnten. Das war dann oft für mich ein reines Gehetze. Achtzehn Treppenstufen von der Küche in den Weinkeller. Alles im Galopp, denn der Gast wartete schließlich auf den Wein. Das war mein Job mittags und abends. Sehr wichtig zwar, aber auch nicht von hoher Verantwortung geprägt.

Je nach Betrieb hatte ich zwischen Mittag und Abend drei bis dreieinhalb Stunden sogenannte Zimmerstunde, also Pause.

Am ersten Tag wollte ich in dieser Pause in mein Zimmer gehen. Aber nicht durch den Tunnel, denn da hätte ich mich verlaufen, außerdem war strahlender Sonnenschein. Ich habe nicht damit gerechnet, mich auch draußen schrecklich zu verlaufen. Ich wusste doch gar nicht, wie meine Unterkunft von außen aussah! Ich habe es also in drei Stunden nur gerade wieder ins Hotel geschafft, ohne Pause.

Nach der Abendschicht bin ich mit einer Kollegin gegangen, damit ich auch wirklich in meinem Bett ankam. Es war beides bitternötig.

Vor dem Meeting hatte ich die Aufgabe, für Nachschub zu sorgen. Getränke in den Bars und weiteren Stationen mussten aufgefüllt werden, Wein einsortiert und Klopapierbestellungen getätigt werden. Die Stunden begann ich zu lieben. Es war zwar körperlich schwer, denn es kamen schon mal Lieferungen von sechzig Wasserkisten, die ich stapeln musste. Aber ich war für mich allein, entweder in meinem kleinen Büro, das ich mir zwar mit einem Kollegen teilte, der aber so früh nie auf war. Oder ich war im Weinkeller. Kein Stress, weil mir englische Wörter nicht einfielen oder es in einem Wahnsinnstempo ging. Im Schnitt habe ich bei der Arbeit täglich zwölf Kilometer zurückgelegt, davon viel Treppen und viel im Schnellschritt. Es war kein Wunder, dass ich am Ende zwei Konfektionsgrößen abgenommen hatte.

Da ich viel in Keller und Küche war, hatte ich kaum Tageslicht. Umso mehr genoss ich es, in der Mittagspause genüsslich zum Teamhotel zu schlendern, die atemberaubende Bergwelt zu bestaunen. So viel Schnee hatte ich bisher nicht erlebt. Sehr selten trank ich eine heiße Schokolade auf der Terrasse eines anderen Hotels, die Preise waren mir einfach zu hoch. Acht Euro für ein Stück Sachertorte fand ich nicht angemessen. Aber der Ort war insgesamt teuer und mondän. Eher auch dekadent. Solche Szenen kannte ich bis dahin nur aus dem Fernsehen. Schon mittags auf der Terrasse floss der Champagner in Strömen und die Flasche Wein kostete schon mal einen vierstelligen Betrag.

Da habe ich lieber die Beine auf meinem Bett hochgelegt, mir einen Marzipan-Cappuccino aus der Tüte angerührt und mich bis zur Abendschicht erholt.

Abends zum Hotel hinauflaufen war in der Dämmerung ein neues Erlebnis. Die Abendstimmung, wenn der Schnee noch hell war, der Mond schien, das war ein ganz unwirkliches Licht. Nach der Schicht, so gegen halb zehn Uhr war es dann dunkel, wenn ich zurück bin. Die Pistenraupen waren unterwegs und die Partygänger. Allerdings gab es zu Beginn meines Jobs dort coronabedingt noch die Sperrstunde um zehn Uhr, sodass ich meist allein zwischen den Pistenraupen hinuntergegangen bin.

Die ersten sechs Tage dort habe ich viel gestaunt. Die Welt war ein gänzlich andere geworden für mich. Die Landschaft, die Arbeit, die Kollegen. Es war ein internationales Team. Mit dieser Tatsache wurde sogar geworben; es klang so modern. Genauer betrachtet ist es aber ein Armutszeugnis gewesen, denn es war so international, weil deutschsprachige Arbeitskräfte noch weniger zu bekommen waren.

Sicherlich hatte ich das immer gewusst, aber das jetzt so hautnah zu erleben war eine bedeutende Erfahrung. Meeting hin oder her, ein Abteilungsleiter war ich nicht. In der Küche arbeitete ich im Rang der Servicekräfte und von Speis und Trank, dem sogenannten F&B, war ich die Assistentin des Direktors. Das hätte mich nicht gestört, es war nur sehr ungewohnt für mich, ein reiner Befehlsempfänger zu sein und einen Chef zu haben, der jünger als meine Söhne war. Aber er war sehr nett und fair. Und zum Glück Österreicher, sodass wir nur manchmal Verständigungsschwierigkeiten hatten, wenn manche Dinge anders benannt wurden.

Mit den Begriffen ›Fetzen‹, ›Polster‹ und ›Kasterl‹ konnte ich anfangs nichts anfangen. Aber sonst klappte die Zusammenarbeit prima. Auch mit dem Küchenchef, der witzigerweise Herr Rotkohl hieß, kam ich gut zurecht. Er war manchmal brummelig, aber immer fair und ging gut mit seiner Mannschaft um, die noch internationaler war. In der Küche gab es Ungarn, Polen, Griechen, Italiener, Ukrainer, Syrer und noch mehr Nationen. Oberflächlich betrachtet wurden alle gut behandelt.

Aber mir blieb die Luft weg, als ich vernahm, die Zimmer würden regelmäßig kontrolliert. In Abwesenheit. Das konnte ich gar nicht glauben, wir waren alles erwachsene Menschen. Selbst wenn es da Vorfälle mit zerstörtem Mobiliar gegeben hätte, wäre das in meinen Augen keine Rechtfertigung. Wir hatten Kaution gezahlt für eventuelle Schäden. Und jeder Mensch hat ein Anrecht auf eine ungestörte Privatsphäre. Dachte ich. Und ich dachte auch noch, dass ich bestimmt, da ja ›Führungskraft‹ davon ausgenommen sei. Ich legte, ganz Sherlock-Holmes-mäßig, eine Falle auf den Boden in Form einer Münze, deren genaue Lage ich auf den Fugen mit einem Foto dokumentierte. Und siehe da, auch ich, beziehungsweise mein Zimmer, wurde kontrolliert, die Münze war am Abend verschoben. Das war echt die Höhe! Ich fühlte mich ziemlich erniedrigt und habe das auch deutlich zum Ausdruck gebracht. Aber es half nichts, die Hotelleitung konnte mein Problem nicht verstehen, schließlich sei in meinem Zimmer doch nichts zu beanstanden gewesen. Ich schluckte tief und ließ es auf sich beruhen. Wenn andere das ertragen konnten, muss ich meinen Stolz eben auch mal in die Tasche stecken.

In meinem Zimmer versuchte ich, es mir etwas gemütlich zu machen, was gar nicht so einfach war. In meinem einen Koffer war kein Platz für Schnickschnack oder Küchen-Equipment. Es gab nur das Zahnputzglas im Zimmer, weiter nichts. Die Gemeinschaftsküche mied ich, da war ich Snob, aber auch abends noch kroatischen Gesang auf Sperrmüllmöbeln zu hören? Nein, danke!

Robert musste mir einen Wasserkocher, Plastikteller, etwas Besteck und das Opernglas für die Beobachtung der Gämsen schicken. Zu viel durfte es auch nicht werden, denn es musste ja wieder mit der Bahn von mir zurücktransportiert werden.

Einkaufen war dort auch eine ganz andere Nummer als sonst. Es ging nur zu Fuß und ein Stück mit der Bergbahn. Wie bescheiden ich dann wurde und nach welchen Kriterien ich meine Einkäufe auswählte, war eine neue Erfahrung. Aber es war immer ein herausragendes Erlebnis, da ich nur an meinem freien Tag einkaufen konnte, verband ich es meist mit einem Ausflug. Ich kaufte mir ein Geschirrtuch mit Tiroler Muster als Tischdecke und eine Kerze. Als ich auf der Jagerteeflasche im Supermarkt einen Gratis-Becher sah, habe ich gejubelt. Ich leistete es mir, einen Joghurt im Glas zu kaufen, obwohl der schwerer war, damit ich nach dessen Verzehr auch ein Glas für Wein hatte und somit mein Zahnputzglas nicht ständig in Doppelfunktion herhalten musste.

Meine Wäsche wusch ich im Waschbecken, dank der großen Hitze im Bad und der funktionierenden Lüftung war sie auch immer schnell trocken. Auch hier mochte ich nicht die Gemeinschaftswaschmaschine nutzen.

Das Bügeleisen bestellte ich mir bei Amazon, sodass ich nach wenigen Tagen alles, also meinen Haushalt, erledigen konnte, ohne das Zimmer zu verlassen. Als Mitarbeiter konnten wir im Hotel essen. Das Essen wurde extra für uns gekocht und war auch durchaus ordentlich und abwechslungsreich. Aber ich nahm mir dort nur mein Frühstück mit ins Büro. Mittags und abends hätte das Essen vor der Schicht stattgefunden und ich konnte nicht mit vollem Bauch den Arbeitsstress durchhalten.

Außerdem fühlte ich mich am Essenstisch noch einsamer, denn dort sprach keiner wenigstens Englisch, sondern die Landsleute unterhielten sich munter in ihrer Muttersprache. Daher also nur ein wenig Müsli am Schreibtisch und abends dann im Zimmer, was immer sich dort bewerkstelligen ließ. Heiße Tasse, Käse, Cräcker, Oliven und Wein war so das Gängige. Wenn es noch frisch vom Einkaufen war, dann auch mal ein Stück mehr Obst oder einen Schokopudding von Dr. Oetker. Das hört sich minimalistisch an, war es bestimmt auch, aber ich fand es teilweise luxuriös. Es kommt halt immer auf die Perspektive an.

Schwierig wurde es, als mein Shampoo ausgelaufen war. Die Flasche war komplett leer. Mein Duschgel war bereits aufgebraucht und mein Einkaufstag stand noch nicht an. Als F & B hätte ich Zugriff auf die Hotelware gehabt, aber das kam für mich nicht infrage, das wäre Diebstahl gewesen. Den Direktor zu fragen? Irgendwie auch komisch. Das waren so Alltagsprobleme, die es im normalen Leben nicht gab. Schließlich tauschte ich zwei Portionen Shampoo gegen eine Tüte Marzipancappuccino mit meiner Zimmernachbarin.

Donnerstags konnten wir uns als Mitarbeiter zwischen fünfzehn und sechzehn Uhr frische Wäsche abholen. Ein wenig fand ich es wie im Knast, wenngleich ich noch nie im Knast

gewesen bin. Klopapier konnte ich das mir zustehende immerhin direkt aus dem Lager besorgen, da saß ich schließlich
an der Quelle. Aber auch hier wurde unterschieden zwischen
Gästetoilettenpapier, vierlagig, schneeweiß, und Mitarbeiter-
Sorte: dünn, hart und grau.

Ich war sechsundfünfzig Jahre alt, lebte auf zwölf Quad-
ratmetern und wusste nicht einmal, wie ich es finden sollte.
Immerhin hatte ich ein eigenes Bad, viele meiner Kollegen
mussten sich das zu zweit, zu dritt oder sogar zu viert teilen.
Ich fing an zu schreiben, lange Berichte mit Fotos gingen an
die Lieben zu Hause. Und es gab viele Antworten und Durch-
halteparolen. Das hielt mich. Und ich fing an, die Tage abzu-
streichen, auch wie im Knast, na ja, oder bei der Bundeswehr.

Interessanterweise gab es für die Führungskräfte – und damit
war ich in dem Fall wieder mit im Boot – einen Coach. Tino
war waschechter Österreicher mit entsprechendem Akzent. Mit
gemischten Gefühlen ging ich zu einer ersten Sitzung mit ihm.
Ich halte zwar viel vom Coaching, aber mit dem firmeneigenen
Coach hatte ich bei der Pleite-Firma noch unangenehme Erfahrungen im Nacken.

Ich erlebte ein Coaching, bei dem ich nicht wusste, ob ich lachen oder protestieren sollte. Jeder Coach hat ja so seine besonderen Vorlieben. Tinos Aufgabe war es – und er schien davon
sehr überzeugt –, uns alle in ein System einzusortieren. Dafür
standen neun Schubladen zur Verfügung. Das hieß zwar nicht
Schubladen, aber es kam mir so vor. Mein Redepart betrug
während dieser zwei Stunden ungefähr fünf Prozent, schon allein das war für ein Coaching ungewöhnlich. Das alles mit österreichischem Dialekt. Eine ganz besondere Note. Tino stellte
mir die Schubladen alle vor und ich sollte dann Personen aus
meinem persönlichen Umfeld benennen, die dort hineingehö-
ren würden. Da ich dieses Prinzip innerlich ablehnte, hatte ich
auch Probleme damit. Keiner sollte in eine Schublade.

Tino jedoch schaute mich so erwartungsvoll an, dass ich ihn nicht enttäuschen mochte und wild drauflos fantasierte. Für jede Schublade fand ich nun ein Familienmitglied oder einen Freund. Insgeheim entschuldigte ich mich bei allen. Das Ergebnis, also die seine Erkenntnis, in welche Schublade er mich einsortierte, so offenbarte mir Tino am Ende der Stunde, würde für alle leitenden Mitarbeiter öffentlich. Aus dem angeblichen Grund, damit Konflikte besser gelöst werden könnten. Mir war sowieso schon schwindelig von dem Redeschwall, sodass ich nicht mehr dagegen protestierte. Ich sprach nur noch an, wie empörend ich die Zimmerkontrollen fand. Das Verständnis für meine Empörung hielt sich bei Tino in Grenzen. Eine lapidare Erklärung kam, dass es wohl irgendwann einmal eskaliert wäre in den Zimmern. Für mich immer noch kein Grund für einen Generalverdacht allen Mitarbeitern gegenüber, aber mir fehlte die Kraft, hier noch weiter gegen anzugehen.

Die ersten drei Wochen war die Arbeit locker und leicht zu ertragen. Trotzdem lebte ich, zum ersten Mal in meinem Arbeitsleben, auf meine freien Tage hin. Die Ausflüge, die ich dann unternahm, habe ich geliebt. Der Wintermensch war ich ohnehin schon immer, aber hier war es der Winter der Superlative. Ich liebte es, bei strahlendem Sonnenschein und bei dickstem Schneetreiben. Mein Frühstück an dem Tag nahm ich mit. Müsliriegel, hartgekochte Eier, Laugenbrötchen und Ähnliches.

Wenn ich auf meiner Tour vorher durch den Ort kam, kaufte ich auch eine Leberkässemmel und ein Krapfen für den Rucksack. Heißer Tee komplettierte den Proviant, die Thermoskanne hatte ich ja bereits bei der Bahnfahrt dabeigehabt. Später als acht Uhr bin ich nie los. Zuvor habe ich mir die Routen ausgeguckt und habe so meine fünfzehn bis zwanzig Kilometer lange Touren gemacht. Mal hinauf auf die Berge, wo nur noch Schnee und Eis war, mal unten im Tal am Bach entlang und durch den verschneiten Wald. Mit einer Bergbahn bin ich auf einen Gletschergipfel gefahren und konnte meine Unterkunft als klitzekleinen Punkt erkennen.

Denn genau diese Gipfelstation konnte ich von meinem Bett aus sehen. Bis auf einen richtigen Schneesturm, bei dem ich froh war, heile zurück zu sein, war es immer ein Naturerlebnis der besonderen Art. Zwei, drei Pausen machte ich, manchmal bin ich eingekehrt in einer Hütte für einen Kakao oder Glühwein. Und immer allein. Ich hatte für mich beschlossen, dass ich diese dreieinhalb Monate als eine Art Pilgerreise betrachten würde. Es machte mir gar nichts aus, allein zu wandern oder allein auf dem Zimmer zu sein. Zum einen gab es viel Kontakt mit daheim über alle möglichen Kanäle, zum anderen fühlte ich mich unter den fremdsprachigen Kollegen viel einsamer. Sicherlich konnten und mussten wir uns auf Englisch verständigen, was die Arbeit betraf, das war unvermeidlich und ich kam, wenn es nicht zu stressig war, auch nach kurzer Zeit damit klar. Nur persönliche Worte, die gab es dadurch nie.

Nach drei Wochen kehrte eine gewisse Routine ein. Es waren noch knapp hundert Tage, Corona allgegenwärtig. Ungefähr ein Viertel der Mannschaft war immer in Quarantäne. Das merkten wir alle, die wir dann mehr arbeiten mussten. Oft elf Stunden am Tag und nicht immer jeden siebten Tag frei bedeutete das. Die Auslastung des Hotels wurde immer größer und die Nerven immer angespannter. Fröhliches Singen der kroatischen Kollegen wurde seltener, wenn ich auch anfangs die dadurch entstehende Ruhe angenehm fand, das Singen während der Arbeit wurde durch mehr Schimpfen ersetzt. Körperlich konnte ich das nur gut durchhalten, weil ich außer Arbeit keine weiteren Verpflichtungen hatte. Arbeiten und auf dem Bett liegen, andere Zustände kannte ich dann gar nicht. Nur den freien Tag, den gestaltete ich bewusst als etwas ganz Besonderes.

An einem Samstag im Februar eskalierte die Stimmung in der Küche. Unser guter Küchenchef, Herr Rotkohl, bekam am Freitagabend nach einem Routinetest den positiven Corona-Befund. Das hieß, sofort alle Arbeit einstellen und die Küche verlassen.

Nun musste Kolja, Sous Chef und Pole, einspringen. Er war bislang nur durch eine ständig miese Stimmung und Wutausbrüche aufgefallen. Mir war gar nicht bewusst gewesen, dass er der zweite Mann an der Front war. Am Freitagabend ging es noch ganz gut, auch wenn er laut und augenscheinlich sehr gestresst war. Das konnte ich gut verstehen. Als eine Art Puffer stand der Hoteldirektor mit in der Küche und vermittelte, wenn es Schwierigkeiten gab. Kolja sprach kein Wort Deutsch, das war für mich besonders schwer, denn die Verständigung mit dem Küchenchef war für meine Arbeit wichtig.

Am Samstagmittag war die Terrasse brechend voll, die Küche noch knapper besetzt, da inzwischen noch mehr Küchenpersonal in Quarantäne musste. Etliche Mitarbeiter standen an einer für sie ungewohnten Position, um den Ablauf zu gewährleisten. Das bedeutet eine zusätzliche Anspannung für sie. Martha, die sonst für die Salate zuständig war, musste nun den Kaiserschmarrn machen, da in der Patisserie noch mehr Leute ausgefallen waren. Objektiv gesehen war es ein Ding der Unmöglichkeit, den Ablauf sauber und fehlerfrei zu bewältigen. Der Hoteldirektor nahm mir die Rennerei in den Weinkeller ab, da ich teilweise den Service mit ersetzen musste, denn auch dort fehlten einige Kollegen.

Es kam, wie es kommen musste. Kolja wollte etwas von mir, ich verstand sein Anliegen nicht sofort, und er brüllte mich an, wie mich noch nie jemand angebrüllt hatte. Die Folge war, dass ich nun erst recht sein Englisch nicht mehr übersetzen konnte und immer noch nicht nach seinen Anordnungen handelte. Er schmiss mir eine Schüssel Crème fraîche vor die Füße. Die

Kraft, die er für seine Wutattacke brauchte und die Zeit, die ich für die Reinigung des Fußbodens benötigte, brachten uns den Gästen gegenüber noch mehr ins Hintertreffen, sodass von draußen immer mehr Beschwerden kamen. Als er ›you are to blame‹ rumbrüllte, dass alles meine Schuld wäre, verlor ich die Beherrschung und rannte heulend raus. Ich war fertig mit den Nerven und wollte nur noch nach Hause. Es hielt mich einzig der Gedanke, dass Robert mich in der folgenden Woche besuchen wollte. Er hatte das Hotel bereits gebucht. Mit ganz viel Willenskraft redete ich mir gut zu und tröstete mich, dass Kolja nicht nur mich so niedermachte.

Auch wenn er offensichtlich einen Fehler gemacht hatte und beispielsweise Sue, unsere englische Servicekraft, mit einer Leberknödelsuppe zurückkam, die eigentlich eine Kaspressknödelsuppe hätte sein sollen, schrie er rum. Und das Schlimme war, dass ich ihn dazu bringen musste, die Suppe neu und richtig zu machen, was er nicht immer einsah. In diesen Tagen bin ich mit Angst jeden Tag hoch zum Hotel gegangen. Ich betete, dass Herr Rotkohl möglichst schnell zurückkäme.

Es waren aber doch leider zehn Tage. Zehn Tage Mobbing am Arbeitsplatz. Ich war nur froh, dass ich freiwillig dort war und meine Zeit von vornherein begrenzt. Ich begann zu ahnen, wie sich Menschen fühlen müssen, die keine Alternative haben und solche Situationen ständig aushalten müssen, ob nun so offensichtlich wie in diesem Fall, oder hinterrücks.

Nach zehn Tagen kam Herr Rotkohl zurück und es wurde wieder besser. Eine fast ausgelassene Fröhlichkeit herrschte, denn es waren alle, bestimmt auch Kolja, erleichtert. Nie hätte ich gedacht, dass ich mich in meinem Alter und meiner beruflichen Karriere einmal so niederbrüllen lassen würde. Aber nun war wieder alles gut.

Herr Rotkohl hat mich nicht ein einziges Mal mit Namen angesprochen. Er erklärte das damit, dass bisher noch niemand diese Position so lange ausgehalten hätte wie ich. Das kam einem Ritterschlag gleich. Noch heute habe ich sein »Madame, Madame, Service bitte!« in den Ohren. Das übernahm die gesamte Küchencrew. Ich war ›Madame‹. Damit konnte ich leben. Manchmal hörte ich Herrn Rotkohl, wenn ich auf der Treppe zum Weinkeller war, rufen »Where is the lady?«

Ich hatte knapp die Hälfte der Zeit herum, als die Ankunft von Robert nahte. Am Morgen des ersehnten Tages, es war mein freier Tag, wachte ich mit Halsschmerzen auf. Nicht schlimm, aber deutlich. Mir schwante Böses. Natürlich war der Schnelltest auf Corona positiv, ich hatte immer damit gerechnet, warum sollte es mich nicht erwischen? Ob geimpft oder nicht spielte bei der Ansteckung schon lange keine Rolle mehr. So rief ich erst Robert an, der gerade seit drei Stunden auf der Autobahn war. Dann informierte ich meinen Arbeitgeber, der mich zur offiziellen Teststation unten im Ort schickte. Ich solle die Bergbahn dorthin nehmen. Das wollte ich nun auf keinen Fall; das fand ich verantwortungslos. Zum Glück ging es mir bis auf den schmerzenden Hals sehr gut, sodass ich laufen konnte. Ich hätte heulen können vor Enttäuschung. Gerade an diesen Tagen, auf die ich mich seit Wochen so gefreut hatte, die uns beide so wichtig waren. Robert und ich hatten uns seit fast zwei Monaten nicht mehr gesehen, nur über Skype. Das war hart.

Als er kam, haben wir draußen, ich vom Balkon und er unten, miteinander reden können. Die von mir bestellten und mitgebrachten Sachen habe ich an zusammengeknoteten Gürteln an einer Tasche mir ins Zimmer geholt. Darüber mussten wir schon wieder lachen, war es doch fast wie bei Rapunzel, nur mein Haar war eben nicht lang genug dafür.

So lief Robert in dieser Woche Ski und ich war in Quarantäne. Ich hatte aber ein schlechtes Gewissen meinen Kollegen gegenüber, obwohl ich nichts dafür konnte. Mir ging es blendend, und so habe ich frühmorgens wenigstens die Bestellungen und die Einkäufe erledigt. Anschließend habe ich jeden Tag eine Zwölf-Kilometer-Wanderung gemacht, auch da bin ich keinem begegnet. Das waren herrliche Sonnenaufgänge und Frühstück im ersten Dunst auf dem Berg.

Ich begann, die Quarantäne zu genießen. Bevor der Trubel losging, war ich wieder in meinem Zimmer, lag von Mittag bis Nachmittag in der Sonne auf meinem Balkon. Dieser Balkon war ein echter Glücksfall, es gab nur zwei Zimmer mit diesem Luxus. Südseite, ich bekam eine gesunde Urlaubsbräune. Dann habe ich gelesen und Filme geschaut, die ich schon immer mal schauen wollte. So erholt war ich selten. Roberts geplanter Abreisetag kam näher und ich habe den vorletzten Quarantänetag doch noch mit ihm eine Wanderung gemacht. Das war wunderschön.

Dann ging auch diese Zeit vorbei und im Hotel war immer noch viel los. Ich staunte über den zur Schau gestellten Reichtum der Gäste. Was die für eine Nacht zahlten, davon hätten Robert und ich zwei Wochen Urlaub machen können und wir sind auch nicht unbedingt unterste Kategorie gereist. Zwei Wochen Urlaub hatte ich noch nie am Stück gemacht; kein Wunder, dass mein Heimweh stetig zunahm. Trotz Heimweh habe ich diese Zeit nicht bereut.

Ich würde es wieder tun, aber ich werde es nicht wiederholen. Diese Monate dort haben mir eine weitere, tiefe Lebenserfahrung gebracht. Die Veränderung des Blickwinkels auf den Tourismus, auf das Funktionieren der Gesellschaft hat mich sehr beeindruckt. Die Kluft zwischen Arm und Reich in der Gesellschaft, ich habe sie nicht nur betrachten können, sondern sie sehr intensiv miterlebt. Das internationale Team, das nicht aufgrund der modernen Arbeitswelt international war, sondern weil es vor Ort keine Menschen gab, die diesen Service-Dienst unter sehr harten Bedingungen hätten leisten wollen, einerseits. Und es andererseits aber in den Heimatländern meiner Kollegen kaum Perspektiven gab. Das alles hat mich sehr nachdenklich gemacht und noch demütiger, dankbarer für mein Leben.

Für mich waren diese Monate eine Art Zäsur. Finanziell betrachtet habe ich noch nie einen so geringen Stundenlohn als Angestellte gehabt und noch nie so weit am unteren Ende einer Hierarchie gearbeitet. Trotzdem hat mein Einkommen dort einiges an Verlusten aufgefangen, die wir durch Corona in ›Jo's Wohnzimmerrestaurant‹ gehabt hatten. Besonders wichtig war es, in dieser Zeit von der privaten Krankenversicherung befreit zu sein, die in Deutschland sehr teuer ist.

Die letzten Wochen gingen ohne besondere Vorkommnisse vorbei. Ich packte meine Sachen, bekam ein sehr gutes Zeugnis, fuhr mit der Bergbahn hinab und setzte mich in den Bus zum Bahnhof. Dort staunte über den schon sanft erwachten Frühling. Zehn Stunden chaotische Bahnfahrt und ich war wieder in meinem alten Leben angelangt. Hatte ich im Hotel beim Abschied keine Träne vergossen, so kamen sie mir auf dem Heimatbahnhof, als mich Freunde und Robert mit einem riesigen Willkommenstransparent empfingen.

23 Nichts Neues: noch ein neuerlicher Neustart

Es war nicht so einfach, mich wieder zurechtzufinden. Unser Haus erschien mir riesengroß. Irritiert war ich außerdem durch die Jahreszeit. Frühling, es wurde schon sehr grün und ich hatte bis zuletzt in Österreich nur weiß gesehen.

Viel Zeit zum Eingewöhnen hatte ich nicht, denn am übernächsten Tag hieß es wieder ›Jo's Wohnzimmerrestaurant‹. Ich freute mich auf mein Team und die Gäste. Mein Team freute sich ebenso, ließ mir aber keine Zeit, mich zu akklimatisieren. Sie hatten lange auf mich gewartet, um mit mir die Saison und die Neuigkeiten zu besprechen. Auch die Ereignisse der letzten Wochen wollten sie loswerden. Sicherlich hatte ich auch über Robert und die vielen WhatsApp einiges erfahren, das ersetzte jedoch nicht das persönliche Gespräch.

Bei aller Wiedersehensfreude … die Berichte waren doch nicht sehr ermutigend. Corona hatte ja bereits das Gästeaufkommen stark gesenkt und wir hatten immer noch sehr hohe Infektionszahlen. Junge Menschen ließen sich nicht so sehr von Restaurantbesuchen abhalten, denn erlaubt war mittlerweile alles wieder; wir hatten keine Auflagen mehr. Aber unsere Klientel war grundsätzlich etwas vorsichtiger und gerade vor Ostern wollte keiner eine Erkrankung riskieren und blieb lieber zu Hause, um Ostern mit der Familie feiern zu können.

In den folgenden Wochen konnten wir nur etwa die Hälfte der gewohnten Gästezahl begrüßen. Das war heftig! Ich machte mir große Sorgen. Zwar hatte ich finanziell einen Puffer durch meinen Job in Österreich geschaffen, aber so konnte das nicht weitergehen. Mir tat unsere Aushilfe Debbie so leid. Ich versuchte, sie so viel wie möglich zu beschäftigen, gerade weil sie eine Spitzenkraft war und ich sie mir erhalten wollte. Betriebswirtschaftlich rechtfertigen ließ sich das nicht. Markus und ich schafften den Betrieb im Grunde alleine.

Seit dem Ausbruch des Ukrainekrieges mit dem steilen Anstieg der Inflationskurve kam auch Sparsamkeitsverhalten der Gäste hinzu. Nicht nur die Anzahl der Gäste war gering, auch der Pro-Kopf-Umsatz sank erheblich.

Das war einerseits sehr frustrierend, denn auch wir hatten mit den gestiegenen Lebensmittelpreisen zu kämpfen und ich musste die Schmerzgrenze der Preiserhöhung bei den Gästen zu treffen. Wenn sie sowieso schon weniger im Portemonnaie hatten, und noch mehr im Restaurant bezahlen sollen, hatte bestimmt der ein oder andere Gast schon überlegt, lieber zu Hause zu essen. Stammgäste, die sonst jede Woche kamen, entschuldigten sich bei mir, vorerst lieber nur noch ein- bis zweimal im Monat zu kommen, sie wollten das Geld lieber sparen. Das war alles sehr beunruhigend.

Aber es war auch eine schöne Zeit, so merkwürdig das klingt. Die Sorgen nahmen wir nicht mit in den Betrieb. Durch die verringerte Gästezahl hatten wir viel mehr Ruhe und Zeit für unsere Gäste. Wir legten noch einmal eine Schippe drauf bei ihrer Betreuung und dem Anrichten der Speisen. Ich habe viele interessante Gespräche geführt.

Dann ging Ende Mai die Touristensaison richtig los. Die Botschaften der Medien wurden zwar eher noch bedrückender durch die Ankündigung, dass die Gaspreise explodieren würden, aber unsere Gästezahl stieg immens. Wir hatten den Eindruck, dass alle versuchten, die schrecklichen Aussichten zu ignorieren und noch einmal einen tollen Urlaub ohne Beschränkungen zu erleben. Es waren auch immer noch Gäste dabei, die das erste Mal nach zwei Jahren Corona überhaupt erst wieder ausgingen.

Unser Biergarten war oft gut gefüllt, wir schafften es kaum. Dementsprechend anstrengend war es auch. Nach sechs Wochen sehnten wir das Ende des Sommers herbei.

Ich hatte kaum Zeit viel nachzudenken. Wir hatten zwar zwei Ruhetage, die waren aber meist gefüllt mit Wäschemachen, Einkauf und erneutem Kuchenbacken.

Es konnte jedoch keinen Sommer geben, in dem ich nicht wenigstens einmal auf dem Mähdrescher in Mieste gesessen hätte. Also plante ich gut, arbeitete ein wenig vor, indem ich nachts bügelte, und schuf mir so die beiden Tage als Ausflug nach Mieste.

So sind Robert und ich an einem Mittwoch im August ganz früh nach Mieste gefahren. Schließlich hatte ich Simon und Familie seit Weihnachten nicht mehr gesehen. Das tat so gut. Mieste war immer wie ein dickes Federbett, in das man sich kuschelt.

Ich habe den Tag in vollen Zügen genossen. Feldrundfahrt mit Simon, Picknick mit den Enkeln. Staub auf dem Mähdrescher und schmutzige Füße. Der Duft des Sommers, die vertrauten Felder. Das Rumpeln der Erntewagen, die auf den Hof fuhren. Alle Sinne waren erfüllt von Vertrautem. Ich hatte das erste Mal seit Langem das Gefühl, mich einmal, wenn auch nur kurz, fallen lassen zu können. Die ganzen schwerwiegenden Gedanken fühlten sich für diese Stunden gar nicht schwerwiegend an.

Abends saßen wir draußen vor der Küche mit Blick auf den Hof alle um den Tisch, ein ganz normales Abendbrot, und doch wieder nicht normal. Seit Jahren ist es bei uns, bei Robert und mir, nicht mehr üblich, sich mit Brot, Wurst und Käse am Abend gemeinsam an den Tisch zu setzen. Entweder war ich im Restaurant oder hatten unsere Hobbys am Abend. Ein Gürkchen dazu und kalter Hagebuttentee aus der dicken blauen Teekanne. Ich hätte heulen können, so schön war das. Die Kinder waren müde nach dem langen Tag draußen; sie wurden nach dem Essen erst im Teich eingeweicht, dann mit dem Schlauch abgespritzt und ins Bett gebracht. Wir Großen unterhielten uns weiter. Inzwischen wurde die Teekanne durch eine Flasche, na, was sonst … Rotwein ersetzt.

Simon berichtete von dem anstehenden Verkauf des alten Pfarrhauses nebenan. Leider war die Familie des Pfarrers schon weggezogen; sie hatten sich gut verstanden, genau wie wir damals mit der Pfarrersfamilie als Nachbarn. Nun stand das Haus zum Verkauf, da die Kirchengemeinde künftig von der Kreisstadt aus mit betreut werden sollte und der Pfarrer dort auch wohnen würde. Das war schade, damit war nun wieder eine Ära vorbei. Aber es gibt eine ständige Veränderung, auch wenn das nicht alle wahrhaben wollen. Simon schlug scherzhaft vor, das Pfarrhaus mit dem großen Pfarrgarten und den Nebengebäuden doch zu kaufen.

»Mama, dann machst du dort dein Wohnzimmerrestaurant auf!«

Robert: »Tolle Schnapsidee !«

Ich lachte: »Wenn, dann eher eine Rotweinlaune!«

Dann lachten wir alle, aber ich hatte wieder neue Bilder im Kopf. Ich goss mir noch einen Rotwein ein, lehnte mich zurück und fantasierte vor mich hin

Später im Gästebett hörte ich die Kirchturmuhr von Mieste schlagen. Es war viertel vor zwei Uhr in der Nacht. In der Miester Nacht. Ich konnte nicht schlafen. Es war alles so aufregend, mal wieder. War sie hier schon? Die Chance, zurückzukehren? Dürfte ich diesem übergroßen Bedürfnis nachgeben?

Am Frühstückstisch wurde das Thema nur knapp angerissen, denn dort war jetzt landwirtschaftlicher Alltag. So, wie ich es kannte und liebte. Es mussten noch zwei Felder geerntet und die Kinder in Schule und Kindergarten gebracht werden.

Robert und ich fuhren nach Hause, denn es wartete die Arbeit auf uns. Die Idee eines ›Pfarrhausrestaurants‹ ließ ich also schönen Traum in meinem Kopf verschwinden. Der Traum war einfach zu unrealistisch. Der Alltag war zu fordernd und ich konnte mein jetziges Restaurant nicht einfach im Stich lassen, nur weil ich etwas Besseres gefunden hatte. Auch wenn der Traum wunderschön war. Man kann nicht alles haben!

Langsam endete im Wohnzimmerrestaurant die Touristensaison, wir hatten in jeder Woche schon weniger Gäste.

Dann kam der 17. September.

Die seit Wochen verstörenden Gerüchte erwiesen sich als wahr. Die Regierung rief den Gasnotstand aus. Das bedeutete, dass alle Branchen mit Gasverbrauch, die nicht systemrelevant wären, sofort den Gashahn zudrehen mussten.

Sicherlich hatte ich schon gegrübelt, wie viele Gäste bei der Entwicklung überhaupt noch den Weg ins Restaurant finden würden bei der ungefähren Verdreifachung der Energiepreise. Ich hatte schon viele schlaflose Nächte deswegen hinter mir. Es war zu befürchten, eines Tages schließen zu müssen, weil die Aufrechterhaltung des Betriebes nicht mehr tragbar wäre. Wann würde ich die Hoffnung auf eine Verbesserung der Situation verlieren? Zu spät oder zu früh?

Daher war ich fast ein wenig erleichtert, dass mir die Entscheidung abgenommen worden war. Wir konnten den Betrieb noch aufrechterhalten, solange wir nicht heizen mussten, denn wir kochten, im Gegensatz zu den meisten Gastronomiebetrieben, nicht mit Gas, sondern mit Strom. Der war zwar auch verflixt teuer geworden, stand aber noch uneingeschränkt zur Verfügung. Das führte sogar dazu, dass wir in den letzten Wochen noch einen starken Zulauf hatten, denn wir waren in unserem Ort von acht Restaurants auf zwei geschrumpft. Wer denn noch essen gehen sollte, hatte wenig Auswahl.

Aber mir war klar, es wäre nur noch eine Frage der Zeit war, bis auch wir abschließen mussten. Staatliche Hilfen, wie sie bei Corona üblich gewesen waren, waren nicht in Sicht.

Wir waren ziemlich verzweifelt, aber damit waren wir nicht

allein. Jeder war in irgendeiner Form von dieser Entwicklung betroffen. Wir konnten aber auch nicht viel nachdenken, denn vorerst war mehr Betrieb im Restaurant denn je. Wir versuchten, so wenig wie möglich einzukaufen, viel aus unseren Vorräten zu kochen. Beim Fassbier gab es nur noch die Bestände, bei Flaschengetränken wurden nur noch einzelne Kisten nachgekauft. Das führte natürlich dazu, dass wir noch mehr beschäftigt waren. Spaß machte das nun überhaupt nicht mehr. Die Aussichten waren trübe und die Gäste auch nicht mehr so fröhlich, wie wir sie kannten. Es herrschte, positiv ausgedrückt, eine Abschiedsstimmung.

Das konnten wir noch drei Wochen so halten, dann mussten wir im Oktober ganz schließen, da wir die Räume nicht mehr heizen konnten.

Ich habe meinen Pachtvertrag gekündigt. Mein Verpächter tat mir auch leid, er hatte ja mit den Einnahmen kalkuliert. Aber das ganze Gefüge, gesellschaftlich und wirtschaftlich, war ins Wanken geraten. Ich habe geheult, als ich das Schild ›Jo's Wohnzimmerrestaurant‹ abmontiert habe.

Aber nach einer ungewissen Zeitspanne wieder zu öffnen, das war mir zu ungewiss. Eine Verbesserung der Situation war noch vager in Sicht als bei Corona. Geheult, als ich ausgeräumt habe. Wir haben zwei Container gemietet, um alles zu verstauen. Container gab es zum Spottpreis, denn der Welthandel war extrem geschrumpft. Aber damit tat ich nur das, was viele, eigentlich alle Restaurantinhaber, bereits vor wenigen Wochen erledigt hatten. Kinos, Theatern, allen ging es ähnlich. Es waren wieder die Branchen, die schon bei Corona nicht systemrelevant gewesen waren.

Zum Glück konnte Markus in einem Seniorenheim als Koch anfangen zu arbeiten, das war zwar weit unter seinem Niveau, aber wählerisch konnte man nun nicht mehr sein. Debbie wollte ohnehin eine Ausbildung anfangen. Selbst Mitarbeiter der Gastronomie wurden arbeitslos, ein Zustand, der noch nie dagewesen war.

Dann kam das große Loch. Robert und ich saßen zusammen im Haus, in dem wir auch nur noch in Küche und Wohnzimmer heizten. Im Wohnzimmer hatten wir unser Bett zusätzlich aufgebaut und dazu unser Büro. Denn auch wir heizten mit Gas. Bei meinem fehlenden Einkommen und erhöhten Preisen konnten wir, trotz erheblicher Ersparnisse, ausrechnen, wie lange das reichen würde.

Robert und ich überlegten, ob wir nach Mieste ziehen sollten, denn dort gab es immerhin eine Hackschnitzelheizung, die war ziemlich unabhängig. Simon hatte sogar einen Generator, der die Heizungsanlage betreiben würde. Wir machten uns sogar schon Gedanken, dass wir dort auch Gemüse anbauen würden. Die Welt war jetzt vollkommen verändert.

Uns hielt nur noch davon ab, dass wir Simon und Familie nicht belästigen wollten

Und dann, bei unserem letzten teuren Rotwein aus dem Restaurant, einem Bordeaux, kamen meine Bilder wieder:

Das könnte Ausweg und Erfüllung meines neuen Traumes sein! Robert, bei dem zwei Monate zuvor der Funke beim Gedanken des Restaurants im alten Pfarrhaus nicht übergesprungen war, erkannte sofort die Chance. Wir wären in Mieste auch mit einem Restaurant durch die Hackschnitzelheizung unabhängig vom Gas. Das Pfarrhaus dort mit anzuschließen, sollte kein Problem sein, das waren nur wenige Meter. Verboten war es nicht, ein Restaurant zu betreiben. Ja, auch potenzielle Gäste würden sparsamer sein, aber zusammen mit den günstigen Konditionen und Lebensmitteln direkt aus der Landwirtschaft könnte das klappen.

Wir machten unser Haus einbruchsicher, eine Handlung, die uns früher kaum einen Gedanken gekostet hätte, und stellten die Heizung auf Notbetrieb.

Dann fuhren wir gen Heimat, in die Altmark. Zuvor hatte ich bereits einen Termin beim Kreiskirchenamt gemacht und mich erkundigt: Ja, das alte Pfarrhaus in Mieste stünde immer noch zum Verkauf, sie hatten mangels Nachfrage sogar schon den Preis reduziert.

Ja, die Situation war schlecht, es konnte einem angst und bange werden, aber irgendwie musste es weitergehen und ich hatte nicht die schlechtesten Voraussetzungen für einen Neustart.

Im Kreiskirchenamt wurden wir schon erwartet; ich hatte das Gefühl, sie waren froh, dass sich endlich jemand für das Gebäude interessierte, denn es stand nun schon einige Monate leer. Wir durften sogar schon den Schlüssel mitnehmen, nachdem wir eine Reservierung unterschrieben hatten.

Noch ungeduldiger ging es nun Richtung Mieste. Wir fuhren erst mal auf unseren Hof, denn wir wollten nicht auf dem Pfarrhof parken. Selten war ich so aufgeregt, aufgeregter als bei der Besichtigung des Wohnzimmerrestaurants. Es ging um mehr, um die Existenz, aber vor allem ging es um Mieste!

Dann hielt uns aber nichts mehr. Wir sind hinüber auf das Nachbargrundstück gegangen, um die Räume zu besichtigen. Die Räume und das Grundstück. Robert kannte davon nur wenige Ausschnitte von Geburtstagsfeiern von Freunden, die dort im Gemeindesaal stattgefunden hatten. Nun stand es zwar leer, aber der Charme dieses alten Hauses war deutlich zu erkennen. Ich bemühte mich, nicht allzu euphorisch zu sein. Ich wollte Robert nichts aufdrücken, er sollte es für sich entscheiden, ob er es auch wollte.

Ich glaube schon, dass der Gedanke an die derzeitige Situation bei Robert die Lage anders einschätzen ließ als noch vor wenigen Wochen. Und er sagte mit einem seltenen, spitzbübischen Lächeln:

»Engel, allein wegen deiner leuchtenden Augen wäre es einen

Versuch wert. Und zu verlieren haben wir gar nichts!« Dann fielen wir uns in die Arme. Es war ein neues Gefühl. Und ein sehr gutes Gefühl.

Park und Garten des alten Pfarrhofes sahen ein wenig verwildert aus. Ansonsten war alles so, wie ich es in Erinnerung hatte. Die Küche war mehr eine Teeküche, da müsste noch etwas getan werden. Die Schränke waren alle leer, aber das war egal, denn wir hatten ja noch die ganze Ausrüstung vom Wohnzimmerrestaurant.

Ich konnte es vor mir sehen: Unter den alten Kastanien würden die Senioren vom Seniorenheim nebenan, teils zu zweit, teils mit ihren Familien, die zu Besuch waren, sitzen. Auf den alten Holzbänken, die ich für das Wohnzimmerrestaurant angeschafft hatte. Auf dem Tisch lagen rot-weiß karierte Tischdecken. Es war nicht besonders edel. Tische und Bänke standen auf dem Rasen. Unsere Gäste genossen meinen Apfelkuchen, mit Mehl aus Simons Getreideanbau. Die Sahne sah so lecker aus, auch sie stellte ich selbst her. Buttern und Käsen hatte ich einige Zeit früher schon gemacht. Das Können und die Ausrüstung dafür waren noch vorhanden. Am Abend würden die Miester meine Gäste sein und einen Brotzeitteller mit Brot aus dem Stein-Backofen im Park serviert bekommen. Den Ofen hatte unser Freund Albrecht als Pfarrer für gemeinsame Aktionen der Gemeinde bauen lassen. Wurst und Käse kämen aus eigener Produktion von Simon nebenan. Es war ein Landidyll, wie es viele Jahre von vielen Menschen erträumt wurde, für das sogar ein eigenes Zeitschriftensegment mit ›Landlust, Landidee und so weiter‹ entstanden war. Aber dieses Zeitschriften-Landidyll war nur zum Anschauen, denn ins reale Leben passte es bei den modernen Menschen nicht hinein. Den damit verbundenen Aufwand wollte kaum einer leisten. Aber die Zeiten hatten sich grundlegend verändert.

Zum ersten Mal in meinem Leben könnte selbst hergestelltes

Apfelmus kostengünstiger sein als der aus dem Supermarkt. Globalisierung adé!

Vielleicht würden wir uns auch an das Bierbrauen wagen. Leckeren Apfelwein aus eigenen Äpfeln hatten wir früher schon gekeltert. Es überschlugen sich die Ideen in meinem Kopf. Und das Schönste war: Robert war begeistert

Nun tagte der Familienrat. Simon, Katrin, Robert und ich in der Miester Küche. Die anderen, Felix, Beth, Franziska und Axel wurden per Skype zugeschaltet. Alle waren von der Idee mehr als angetan. Sie bot auch möglicherweise Chancen für alle. Gerade Franziska überlegte seit Langem, auch wieder nach Mieste zurückzukehren.

Das neue Abenteuer, das Projekt ›Unser Altes Pfarrhaus‹ wurde gestartet. Es war ein Risiko, aber durch die großen gesellschaftlichen und wirtschaftlichen Veränderungen war Planungssicherheit Vergangenheit – und mich hatte ein Neustart immer fasziniert.

Epilog

Ich hatte eine Farm in Mieste.

Jetzt werde ich dort in ein paar Tagen ein kleines Lokal eröffnen.

Ich habe eine weite Reise hinter mir, nicht in die Welt, sondern in persönliche Abenteuer, Schicksalsschläge und ständige Veränderungen. Ich bin dankbar für jede Erfahrung, die ich machen durfte, und ganz besonders für die tollen Menschen, die mich begleitet haben. Wir wissen nicht, wie die Zeiten sich entwickeln. Ich bin jedenfalls beseelt, bald wieder daheim zu sein. Ich brauche keinen Luxus, keine Reisen und teure Autos. Meine Familie, meine Heimat und fröhliche Gäste. Ich bin glücklich.

Jour Bromann

Danke

Dieses Buch wäre ohne den kräftigen Schubs meiner Freundin Ute aus Nordfriesland nicht entstanden. Liebe Ute, vielen Dank für deine unermüdliche Motivation und Danke für die vielen Stunden Freude, die mir das Schreiben gemacht hat.

Ich bedanke mich bei meiner tollen Familie für das Einverständnis, unsere gemeinsame Geschichte zu erzählen. Danke auch für die Geduld, die ich Euch in den letzten Monaten abverlangt habe.

Danke an meinen Mann, der so manches Gespräch mit mir über Inhalt und Organisation des Buches führen musste. Das hat oft geholfen.

Danke meiner Schwägerin für jedes Komma und Danke meiner Schwester für ständiges Lesen der gleichen Geschichten.

Bibliografische Information der Deutschen Nationalbibliothek:
Die Deutsche Nationalbibliothek verzeichnet diese Publikation in der
Deutschen Nationalbibliografie; detaillierte bibliografische Daten sind im
Internet über dnb.de abrufbar

© 2022 Jour Bromann

Satz, Herstellung und Verlag: BoD – Books on Demand, Norderstedt
Covergestaltung: Marlene Droop

Lektorat: worttaten.de, Michael Lohmann

ISBN: 978-3-7568-6662-5